新指導要録の解説と実務 ——小学校——

の解説と実務

編著

無藤　隆・石田恒好・吉冨芳正・石塚　等
服部　環・宮本友弘・鈴木秀幸

図書文化

ま え が き

無藤　隆（白梅学園大学）

　小・中学校の学習指導要領の改訂とその本格実施に伴い，それぞれの指導要録が改訂され，実施の運びとなります。それは単に指導要録の形式が変わるということではなく，中央教育審議会の答申，学習指導要領の改訂，中央教育審議会における学習評価の検討とその報告，などを経て，指導と評価の一体性を実質的なものとし，さらに今回の改訂の趣旨を生かすために学習評価の在り方が改めて検討されたということなのです。

　今改訂では，資質・能力の三つの柱「知識及び技能」「思考力，判断力，表現力等」「学びに向かう力，人間性等」を中核として議論が為され，それを受けて，学習評価について観点別評価を基本とし，その観点が「知識・技能」「思考・判断・表現」「主体的に学習に取り組む態度」とされました。資質・能力の中の「学びに向かう力」は観点別に評価すべきところを取り出して，粘り強く取り組むことと，自分の学習を調整することについて評価することとなりました。いずれも従来の考え方を発展させたもので，よりきめ細かく評価すると同時に，いたずらに詳しくではなく，授業の中に評価活動を一定程度設定して指導に役立つ範囲で行い，ペーパーテストやパフォーマンス課題や日頃の様子などから判断することを基本とします。

　さらにこの評価活動はカリキュラム・マネジメントの一環として，日頃の授業等における指導の改善と共に，長期的な教育課程の改善にも資するものとして位置づけることが求められます。いわゆる PDCA のサイクルが大小様々に動くようにしていくのです。また，評価から得た情報は，教師の指導に役立てるだけでなく，児童生徒自身が学習の改善に役立てられるように伝えていくことを重視します。

　こうして見ると，今回の改訂は，評価の働きが指導過程の一環であること，

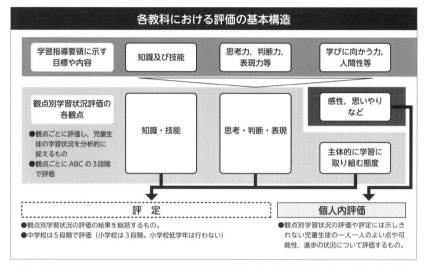

出典：中央教育審議会初等中等教育分科会教育課程部会「児童生徒の学習評価の在り方について（報告）」2019年1月21日，p6

　また評価が児童生徒の学力やさらに学ぶ力の向上に生きるようにすることを目指していることが分かります。そのために指導要録は具体的にはどうしたらよいのか。その指針を示すのが本書のねらいです。
　まず今回の指導要領の改訂のねらいとそこでの評価の在り方の基本を中央教育審議会の議論を踏まえて整理しました。次に各教科等の評価を行うためには，教科等における「見方・考え方」を捉え，それぞれの教科の目標に沿いながら，目標準拠評価の内実を明確にしていく必要があります。各教科等の専門家の協力を得て，詳細に踏み込んで評価の要点を示しました。さらに要録の書き方そのものも要を得た簡潔な書き方が求められており，そのポイントを示してあります。新しい教育課程における学習評価と指導要録作成の参考になれば幸いです。

『新指導要録の解説と実務 小学校』

目　次

本書の用語表記について（凡例）…… 64

■□■ 第1章　指導要録の基本的性格と取扱い上の注意 ■□■

1 指導要録の基本的性格 ……………………………………………… 10
　学習評価の基本的な考え方 10／指導要録の基本的性格 13／指導要録についての考察の視点 14／指導要録の機能 17

2 指導要録改訂の概要 ……………………………………………… 19
　改訂の経緯 19／改訂の方針 20／評価の観点に関する考え方の整理 25／評価の実施における留意点 33／指導要録の各項目の在り方 34

3 指導要録の取扱い上の留意事項 ………………………………… 38
　進学の場合 38／転学の場合 40／転入学の場合 41／学校統合，学校新設等の場合 42／退学等の場合 43／編入学等の場合 43／保存期間 44／対外的な証明書作成の場合 46／通知表等を作成する場合 47／特別支援学級の児童の指導要録 48／保存管理等 48／経過措置 49

4 記入上の全般的な留意事項 ……………………………………… 50
　記入上の留意事項 50／情報通信技術の活用による指導要録の作成 50／各欄の記入の時期 51

5 指導要録の本人への開示 ………………………………………… 52
　個人情報保護法制の考え方 52／指導要録の性格からの考え方 53／最高裁判決の考え方 54／本人への開示の問題についての基本的な対応と配慮事項 56

6 情報通信技術の活用による指導要録等の事務の改善 …………… 58
　情報通信技術の活用の基本的な方向 58／情報通信技術の活用に関する法令上の取扱い 59／情報通信技術の活用に際しての配慮事項 59／指導要録と通知表との連動 60／情報通信技術の活用に向けた取組 61

■□■ 第2章　学籍に関する記録 ■□■

1 学籍の記録　66

欄外の整理番号の欄 66／「学籍に関する記録」について 66／児童の欄 67／保護者の欄 68／入学前の経歴の欄 69／入学・編入学等の欄 70／転入学の欄 72／転学・退学等の欄 73／卒業の欄 76／進学先の欄 76

2 学校名及び所在地，校長氏名印・学級担任者氏名印　79

学校名及び所在地の欄 79／校長氏名印・学級担任者氏名印の欄 80

■□■ 第3章　指導に関する記録 ■□■

1 各教科の学習の記録　84

概説 85／「観点別学習状況」について 87／「評定」について 93
【各教科の評価の観点及びその趣旨】
国語 104／社会 106／算数 108／理科 110／生活 112／音楽 114／図画工作 116／家庭 118／体育 120／外国語 122

2 特別の教科　道徳　124

概説 124／評価の方法 127

3 外国語活動の記録　132

概説 132／小学校「外国語活動」の評価 134／領域別の評価欄の記入例 137

4 総合的な学習の時間の記録　140

概説 140／記入欄について 145／評価の方法 147

5 特別活動の記録　149

概説 149／記入欄について 151／評価の方法 152

6 行動の記録　155

概説 155／記入欄について 157／評価の方法 160

7 総合所見及び指導上参考となる諸事項　163

概説 163／記入内容について 164／標準検査の記録について 168／用語例 174／標準検査一覧表 178

8 出欠の記録　180

授業日数 180／出席停止・忌引等の日数 181／出席しなければならない日数 183／欠席日数 183／出席日数 183／備考欄 186／日数の書き方 186

5

□□■ 第4章　障害のある児童に係る学習評価の在り方 ■□□

1 障害のある児童に係る学習評価の基本的な考え方 ·················196

2 障害のある児童の指導要録の取扱い··························198
　学籍に関する記録 198／指導に関する記録 198

3 指導要録記入上の留意事項 ································200
　特別支援学級に在籍する児童 200／通級による指導を受けている児童 203
　／通級による指導の対象となっていないが，教育上特別な配慮を必要と
　する児童 204

4 評価方法・資料収集の工夫 ·······························205

□□■ 第5章　補助簿・通知表・調査書 ■□□

1 補助簿──指導記録── ··································208
　指導要録，補助簿，通知表及び調査書の関係 208／補助簿の意義と機能
　209／補助簿の内容と様式 211／取扱い上の注意 214

2 通知表と指導要録 ·······································215
　機能上の相違 215／評価の内容・方法上の異同 215

3 調査書と指導要録 ·······································217
　目的上の相違 217／高等学校入学者選抜での利用をめぐって 217

付録

　小学校，中学校，高等学校及び特別支援学校等における児童生徒の学習
　　評価及び指導要録の改善等について（通知）　220

　小学校及び特別支援学校小学部の指導要録に記載する事項等【別紙1】
　　227

　各教科等・各学年等の評価の観点及びその趣旨（小学校）　234

　◆小学校児童指導要録（参考様式）　245

　◆中学校生徒指導要録（参考様式）　248

　◆保育所児童保育要録（様式の参考例）　251

　◆幼稚園幼児指導要録（様式の参考例）　254

INDEX

■質疑応答

学籍に関する記録

学齢簿に記載する入学及び卒業年月日について（行政実例）　71

保護者の欄について――保護者が遠隔地にいる場合――　76

外国の学校からの編入学等について　76

夏季休業中（例7月22日）に転学の申し出があった場合について　77

児童自立支援施設へ入所した場合などについて　78

原級留置の取扱いについて　78

外国人の児童の氏名の表記について　81

学級担任者が2名いる場合の学級担任者氏名印について　81

指導に関する記録

出欠の記録

インフルエンザ等での学級閉鎖と出欠の記録について　187

転学または転入学に伴う旅行日数と授業日数の関係について　188

感染病で欠席した場合の，医師の診断期日までの期間の扱いについて　188

感染病の疑似の段階の処理について　188

忌引日数の基準について　189

非常変災等の基準について　189

対外運動競技，コンクール，国民文化祭等への参加の扱いについて　190

入学試験で出校しなかった場合の扱いについて　190

適応指導教室に通っている場合の扱いについて　190

■関係法令

指導要録の取扱い

行政手続等における情報通信の技術の利用に関する法律　62

文部科学省関係の行政手続等における情報通信の技術の利用に関する省令　62

民間事業者等が行う書面の保存等における情報通信の技術の利用に関する法律　62

文部科学省の所管する法令の規定により民間事業者等が行う書面の保存等に
おける情報通信の技術の利用に関する省令　63

電子署名及び認証業務に関する法律　63

出席停止

学校教育法第 35 条第 1 項（児童の出席停止）　192

学校保健安全法第 19 条（出席停止）　192

学校保健安全法施行規則第 18 条（感染症の種類）　192

学校保健安全法施行規則第 19 条（出席停止の期間の基準）　193

感染症の予防及び感染症の患者に対する医療に関する法律（関係部分抄）（入
院）　193

休業日

学校教育法施行規則第 61 条（公立小学校における休業日）　192

学校教育法施行規則第 62 条（私立小学校における学期・休業日）192

学校保健安全法第 20 条（臨時休業）　192

■コラム

コラム① 「主体的・対話的で深い学び」　99

コラム② パフォーマンス評価　100

コラム③ 目標準拠評価とスタンダード準拠評価，ルーブリック　102

第1章

指導要録の基本的性格と取扱い上の注意

1 指導要録の基本的性格 … 10

2 指導要録改訂の概要 … 19

3 指導要録の取扱い上の留意事項

進学の場合 … 38

転学の場合 … 40

転入学の場合 … 41

学校統合，学校新設等の場合 … 42

退学等の場合 … 43

編入学等の場合 … 43

保存期間 … 44

対外的な証明書作成の場合 … 46

通知表等を作成する場合 … 47

特別支援学級の児童の指導要録 … 48

保存管理等 … 48

経過措置 … 49

4 記入上の全般的な留意事項 … 50

5 指導要録の本人への開示 … 52

6 情報通信技術の活用による指導要録等の事務の改善 … 58

1

指導要録の基本的性格

学習評価の基本的な考え方

　教育基本法に定める教育の目的や目標，学校教育法に定める各学校段階の目的や目標の実現を図るため，各学校が編成する教育課程の基準である学習指導要領が定められている。学習評価は，学習指導要領に基づく学校における教育活動に関し，児童生徒の学習状況を評価するものである。各教科については，学習状況を分析的に捉える観点別学習状況の評価と総括的に捉える評定とを，学習指導要領に定める目標に準拠した評価として実施することが明確にされている。学習評価を行うに当たっては，児童生徒一人一人に学習指導要領の内容が確実に定着するよう，学習指導の改善につなげていく。

　各学校は，学習指導要領等に従い，地域や学校の実態等を考慮して適切な教育課程を編成し，学習指導と学習評価を実施する役割を担っている。一方，学校を設置する教育委員会等は，学校の管理運営に関する基本的事項を定める役割を担っており，指導要録の様式等学習評価に係る基本的事項について定めることとされている。国においては，各学校や設置者の参考となるよう，おおむね10年に一度行ってきた学習指導要領の改訂ごとに，その趣旨を反映した学習評価の基本的な考え方を示すとともに，指導要録に記載する事項等を提示してきている。

　昭和52年，基礎的・基本的な事項を確実に身に付けられるよう教育内容を精選し，知・徳・体の調和のとれた発達を目指して，小・中学校の学習指導要領が改訂された。この改訂に伴う指導要録の見直しにおいて，各教科の学習の記録について集団に準拠して評価する評定を引き続き実施しつつ，併せて目標に準拠して観点別学習状況の評価を実施することが明確にされた。

　その後，社会の変化に対応し主体的に生きていくことができる資質や能力の育成を重視した平成元年の学習指導要領の改訂に伴う指導要録の見直しに

おいて，各教科の学習の記録について，目標に準拠して実施する観点別学習状況の評価を基本としつつ，集団に準拠して評価する評定を併用することとされた。

さらに平成元年の学習指導要領の改訂の趣旨を発展させ，変化の激しい時代を担う子どもたちに必要な「生きる力」を育むことを目指して，平成10年に学習指導要領が改訂された。この改訂に伴う指導要録の見直しでは，評定についても目標に準拠した評価として実施することが適当であるとされた。

なお，児童生徒の学習状況を評価するに当たっては，観点別学習状況の評価や評定には十分示しきれない，児童生徒一人一人のよい点や可能性，進歩の状況等についても評価し，このような個人内評価を積極的に児童生徒に伝えることが重要であるともしている。個人内評価は，現在の指導要録においては，「総合所見及び指導上参考となる諸事項」において記入することとされている。

評価の観点については，昭和52年の学習指導要領の改訂に伴う指導要録の見直しの際，各教科の評価の観点として「関心・態度」が共通に示された。平成元年の学習指導要領の改訂に伴う指導要録の見直しの際，評価の観点については，「自ら学ぶ意欲の育成や思考力，判断力などの能力の育成に重点を置くことが明確になるよう」，基本的には「関心・意欲・態度」「思考・判断」「技能・表現（又は技能）」及び「知識・理解」で構成すること，文部省が通知において示す観点の順序もこのとおりとすることとされた。この考え方は，平成10年の学習指導要領の改訂に伴う指導要録の見直しに当たっても基本的に踏襲され，平成13年4月27日初等中等教育局長通知においては，評価の観点を，各教科を通じ基本的には「関心・意欲・態度」「思考・判断」「技能・表現」「知識・理解」（以下「評価の4観点」という）で構成することとされた。その後，国立教育政策研究所から，自ら学ぶ意欲や思考力，判断力，表現力などを含めて児童生徒の学習状況を適切に評価できるよう，平成14年2月に小・中学校の全ての教科について「評価規準の作成，評価方法の工夫改善のための参考資料」が示された。これには，学習指導要領の内容のまとまりごとの評価規準及びその具体例と，単元・題材の評価に関する事例が示されている。

その流れを受けて，今回の改訂が行われた。詳細は第2節で述べるが，中央教育審議会答申「幼稚園，小学校，中学校，高等学校及び特別支援学校の学習指導要領等の改善及び必要な方策について（答申）」（平成28年12月21日）において学習評価と指導要録の改訂の基本方針が示された。それを受けて，「児童生徒の学習評価の在り方について（報告）」（平成31年1月21日，中央教育審議会初等中等教育分科会教育課程部会）がまとめられた。その趣旨を踏まえ，「小学校，中学校，高等学校及び特別支援学校等における児童生徒の学習評価及び指導要録の改善等について（通知）」（平成31年3月29日，文部科学省初等中等教育局長）が発出された。

　そこでは，特に従来の観点別評価を重視して，3観点と改めた。すなわち，中央教育審議会答申・学習指導要領において，各教科等の目標及び内容を「知識及び技能」「思考力，判断力，表現力等」「学びに向かう力，人間性等」の資質・能力の三つの柱で再整理した。そこで，指導と評価の一体化を推進する観点から，観点別学習状況の評価の観点についても，これらの資質・能力に関わる「知識・技能」「思考・判断・表現」「主体的に学習に取り組む態度」の3観点に整理して示した。その際，「学びに向かう力，人間性等」については，「主体的に学習に取り組む態度」として観点別学習状況の評価を通じて見取ることができる部分と観点別学習状況の評価にはなじまず，個人内評価等を通じて見取る部分があることに留意する必要があることを明確にした。特に，「主体的に学習に取り組む態度」については，各教科等の観点の趣旨に照らし，「知識及び技能」を獲得したり，「思考力，判断力，表現力等」を身に付けたりすることに向けた粘り強い取組の中で，自らの学習を調整しようとしているかどうかを含めて評価することとした。

　さらに，学習評価の結果の活用に際しては，各教科等の児童生徒の学習状況を観点別に捉え，各教科等における学習状況を分析的に把握することが可能な観点別学習状況の評価と，各教科等の児童生徒の学習状況を総括的に捉え，教育課程全体における各教科等の学習状況を把握することが可能な評定の双方の特長を踏まえつつ，その後の指導の改善等を図ることが重要であることを明確にした。

指導要録の基本的性格

指導要録は，児童生徒の学籍並びに指導の過程及び結果の要約を記録し，その後の指導及び外部に対する証明等に役立たせるための原簿となるものである。文部科学省が平成 13 年 4 月 27 日初等中等教育局長通知により示している記載事項としては，小・中学校は次のようになっており，基本的に今回の改訂においてもこれを踏襲している（平成 31 年 3 月 29 日通知）。

① 「学籍に関する記録」（児童生徒の氏名，性別，生年月日及び現住所，保護者の氏名及び現住所，入学前の経歴，入学・編入学等，転入学，転学・退学等及び卒業に係る年月日，進学先・就職先等，学校名及び所在地，校長氏名印，学級担任者氏名印）

② 「指導に関する記録」として，「各教科の学習の記録」（観点別学習状況及び評定），「特別の教科　道徳」，「外国語活動の記録」（小学校のみ），「総合的な学習の時間の記録」，「特別活動の記録」，「行動の記録」，「総合所見及び指導上参考となる諸事項」，「出欠の記録」，を学年ごとに記入することとされている。

指導要録は，学習指導要領の改訂を受けて，その都度，改訂されてきた。学習指導要領が学習指導の指針であるように，指導要録は教育評価活動の指針となるものである。

指導要録は，小・中・高等学校における公簿であって，その作成は学校教育法施行規則に規定されている。

第 24 条　校長は，その学校に在学する児童等の指導要録（学校教育法施行令第 31 条に規定する児童等の学習及び健康の状況を記録した書類の原本をいう。以下同じ。）を作成しなければならない。

○2　校長は，児童等が進学した場合においては，その作成に係る当該児童等の指導要録の抄本又は写しを作成し，これを進学先の校長に送付しなければならない。

○3　校長は，児童等が転学した場合においては，その作成に係る当該児童等の指導要録の写しを作成し，その写し（転学してきた児童等については転学により送付を受けた指導要録の写しを含む。）及び前項の抄本又は写しを転学先の校長に送付しなければならない。

学校教育法施行令の該当箇所はこうである。

第31条　公立又は私立の学校（私立の大学及び高等専門学校を除く。）が廃止されたときは，市町村又は都道府県の設置する学校（大学を除く。）については当該学校を設置していた市町村又は都道府県の教育委員会が，市町村又は都道府県の設置する大学については当該大学を設置していた市町村又は都道府県の長が，公立大学法人の設置する学校については当該学校を設置していた公立大学法人の設立団体（地方独立行政法人法第6条第3項に規定する設立団体をいう。）の長が，私立の学校については当該学校の所在していた都道府県の知事が，文部科学省令で定めるところにより，それぞれ当該学校に在学し，又はこれを卒業した者の学習及び健康の状況を記録した書類を保存しなければならない。

　指導要録の歴史はきわめて古く，「学籍簿」という名称ではじめて制定されたのは，実に明治33（1900）年のことであるが，戦後，昭和24年に至ってその名称は「指導要録」と改められた。その後も，学習指導要領の改訂に伴って，たびたび改訂されて今日に及んでいる。

　指導要録は，ひとりわが国の学校においてだけではなく，諸外国の学校においても用いられているものであって，学校記録（school record）とか累加記録（cumulative record）とか呼ばれている。これらの記録はどこの国においても児童生徒の教育指導や進路指導など，一人一人の児童生徒に最も適した決定と処遇をするための資料となるものである。指導要録は，単なる形式的な事務的帳簿ではなく，指導と評価，及び管理のための重要記録である。

指導要録についての考察の視点

　今日の高度知識基盤社会では，いかなる施設・組織・機関もそれぞれその任務を全うすることに関連と必要のある範囲で，その対象とする個人に関する資料を収集し，記録し，保存しており，それはその組織の目的において明示されることにより個人情報保護と両立するのである。このことは，基本的には，一人一人の個人についての合理的な決定を下し，最適の処遇をするためでもある。

指導要録の目的として，一般に二つが考えられている。一つは，一人一人の児童生徒の特質に応じて適切に指導するための資料とするという「指導目的」である。もう一つは，後日において，その児童生徒が，いつ，どこの学校に入学し，どこの学校を卒業したかということを証明し，さらに進学や就職の場合の選抜や採用のための情報となるという，いわゆる「証明目的」である。

すなわち学校の指導要録の公開が，当該児童生徒やその保護者のプライバシーの侵害や差別など，不当な不利益を及ぼさないという限りであるが，外部証明などの社会的・公益的目的に利用されることは許されている。指導要録は，個人の能力，適性，学習の状況，行動の状況等について，次々に担任した複数の教師が，多年にわたって継続的に観察し評価した記録の結果である。この信頼のおける資料を，一定の規定に基づき，限界内において公共社会に提供することによってこそ，人事や選抜における社会的公正を期することができる。

もう一つの視点が教育的配慮によるものである。これはむしろ学習指導要領の視点といったほうがよいかもしれない。学習指導要領は，そのときのわが国の教育の目標，内容及び方法を具体化しているものであるから，指導要録もこの学習指導要領の趣旨に準拠することによって教育的に一貫したものとなる。

例えば，学習指導要領が，各教科，道徳，特別活動の領域及び総合的な学習の時間（及び外国語活動の時間・小学校のみ）から成り立っているのであるから，指導要録もこれに対応する評価・記録の欄を設ける。学習指導要領の各教科は，指導要録では「各教科の学習の記録」の欄で取り扱われ，道徳は，指導要録では「特別の教科　道徳」及び「行動の記録」欄の中で関連的に評価・記録され，特別活動は，指導要録では「特別活動の記録」の欄で取り扱われ，総合的な学習の時間や外国語活動の時間（小学校のみ）は，各々対応する「記録」の欄で取り扱われるのである。

また，各教科の学習の記録の中の「観点別学習状況」の欄に示してある各教科についての観点は，もとをたどれば学校教育法を基本に置いた上で学習指導要領の各教科の目標から出たものである。

第三の視点として，教育評価の視点を挙げることができる。ここで述べる教育評価や測定の視点は，主としてその要録に記載される情報の収集法（評価法）や在り方（妥当性・信頼性等）についての視点であり，理論である。

　指導要録の記載資料は，おおかたは，学籍の記録や出欠の記録など２，３の記録欄の資料を除けば，テストや観察など教育測定や評価の手立てを用いて，データを収集し，記録し，評価を行うこととなる。教育測定・評価には，例えば妥当性・信頼性・客観性あるいは継続性，総合性など，評価として満たすべき条件があり，それに対する努力が求められる。評価の目的を達成するためにもそういった条件を十分満たすことが必要なのである。証明資料などに利用するためにも，また指導資料としても大事なこととなる。

　なお，過去における学籍簿と同様に，今日の指導要録も，一面においては，あたかも戸籍のような法規的性格を有している。４月に学校に入学したというだけでは法的には不完全である。児童生徒本人の氏名，生年月日，入学の日付，保護者の氏名その他必要事項を記入した指導要録の作成により，はじめて法的に学籍を取得したことになる。この意味から指導要録は少なくともその「学籍の記録」欄に関しては，児童生徒が学校に入学した４月当初において編成されるべきものである。それは指導要録の重要な証明機能でもある。

　この学籍の証明を直接に分担している指導要録の記録欄は，「学籍の記録」である。ここに，前述したように本人の氏名，入学・編入学・転入学・転学・退学等の日付，卒業の日付，入学前の経歴と進学先・就職先等が記入される。次に関係の深いのが出欠の記録であろう。

　指導要録は，すでに冒頭に記したように，小・中・高等学校における公簿であって，学校教育法施行規則の規定によって，校長はその学校に在学する児童生徒の指導要録を作成しなければならないこと，並びにこれを一定期間保存すべきことが定められている。また，この規則の定めによって，児童生徒が転学あるいは進学した場合は，指導要録の原本はもとの学校に保存し，転学先にはその写しを，進学先にはその抄本または写しを送付することになっている。

　さらに，こういった指導要録の公的な位置付けは，学校教育の説明責任とそこでの評価の役割と結び付いている。学習の評価に当たっては，その根拠

となる資料やそこで評価したところの観点の規準が明確でなければならない。教師の主観を全く排除はできないし、望ましくもないが、同時に、その根拠が保護者や児童生徒や上級学校の関係者等に共有されねばならない。さらに、学校現場での裁量があるにせよ、個別の教師や学校が恣意的に決定してよいのではなく、指導要録の通知や学習評価の中央教育審議会の報告の趣旨を踏まえ、教育委員会等での十分な検討を経て、決定されるべきものである。同時に、それは世の中に対して公表され、学校教育の説明責任を果たすべきものでもある。

指導要録の機能

指導要録の「指導機能」を指導要録のような簡単な記録だけに期待することは無理であって、同時にその補助簿（個人指導票）と併せて考えておく必要がある。担任の教師にとっては、児童生徒の指導のための資料としては、その教師自身が平常評価し記録している補助簿のような資料が、指導資料として最も有用であることは言うまでもない。しかしこの場合でも同時に、一人一人の児童生徒の学業、能力、性格、行動に関する過去における評価情報もまた必要である。こうして、自分の観察・評価に基づいて作成された補助簿という資料を有している教師にとっても、指導要録の持つ指導機能は軽視することはできない。

教師が、指導要録の各欄に記載するための資料を集め、それをりっぱに整理・記載しておくということは、今後それらの児童生徒を担任する教師たちのよりよい指導計画の立案のための資料を提供することでもある。指導は、学年を越えて継続一貫した営みである。教師は、一人一人の児童生徒について、その児童生徒の過去における担任教師と協力して、その評価情報を指導要録に累加記録し、その記録を将来のその児童生徒の担任教師に引き継いで、その児童生徒のよりよい指導に役立てるのである。

第二は「証明機能」であり、この機能は公共的性格の濃厚な指導要録の機能である。その証明機能で最も重要なものは、すでに述べたところの法規的な学籍の証明である。ある個人が、いつ、どこの学校を卒業したというよう

なことの証明機能である。次に重要な証明機能は，進学や就職等の場合における人物や学業の証明原簿となるという意味での機能である。いわゆる内申書や調査書等の原簿として利用されている。

さらに，指導要録は，直接・間接に，教師の教育評価に関する態度や考え方を左右する。もし，学校における学習その他の指導のよりどころが学習指導要領であるとすれば，教育評価のよりどころは指導要録となるからである。

例えば，評価の観点の検討は言うまでもなく，指導要録が一年間の総括的評価の記録であるということから，教師は平常における形成的評価や診断的評価のみでなく，長期的な総括的評価も念頭において評価を進めねばならない。こうして，指導要録がどんな内容・形式からなり，どんな評価法を採用しているかによって，教師の評価の目標や方法に関する考え方が影響を受けざるをえなくなり，さらに，その評価観や教育観なども規定することになる。

指導要録の改訂に当たって，学校教育における評価の考え方を見直し，学習指導や評価の工夫・改善がなされる必要があろう。そのため，指導要録における各教科等の評価については，補助簿を大いに活用して，児童生徒の個人として優れている点や，長所などを積極的に見いだし，それを生かすようにする観点から，記入内容や記入の仕方を改めるよう留意することが大切である。

また，学校が通知表を作成して，家庭に配布することは法的に拘束されていないが，学校は，学習指導の過程や成果などについて不断に保護者との共通理解を深めることに努め，児童生徒の学習を適切に支援しなければならない。児童生徒自身にも評価の結果をしかるべく伝え，学習を励ましていくのである。

2

指導要録改訂の概要

改訂の経緯

　指導要録の改訂は学習指導要領の改訂を受けて行われる。今回の改訂の基本は，中央教育審議会から平成 28 年 12 月 21 日に「幼稚園，小学校，中学校，高等学校及び特別支援学校の学習指導要領等の改善及び必要な方策等について」として出された答申に示されている。この答申を受けて，平成 29 年 3 月に幼稚園，小学校，中学校の学習指導要領等が改訂され，平成 30 年 3 月に高等学校の学習指導要領等が改訂された。

　新しい学習指導要領等は，幼稚園については平成 30 年度から実施されており，小学校については令和 2 年度，中学校については令和 3 年度から全面実施，高等学校については令和 4 年度から年次進行により実施されることとなっている。また，特別支援学校については，幼稚園，小学校，中学校，高等学校それぞれに準じて実施されることとなっている。

　学習評価については，同答申において次のように言及されている。

○　学習評価については，教育課程や学習・指導方法の改善と一貫性を持った形で改善を進めることが求められる。また，「カリキュラム・マネジメント」の中で，学習評価の改善を，授業改善及び組織運営の改善に向けた学校教育全体のサイクルに位置付けていくことが必要である。

○　今後，観点別評価については，目標に準拠した評価の実質化や，教科・校種を超えた共通理解に基づく組織的な取組を促す観点から，小・中・高等学校の各教科を通じて，「知識・技能」「思考・判断・表現」「主体的に学習に取り組む態度」の 3 観点に整理することとし，指導要録の様式を改善することが必要である。

○　なお，観点別学習状況の評価には十分示しきれない，児童生徒一人一人のよい点や可能性，進歩の状況等については，日々の教育活動や総合所見等を通じて積極的に子供に伝えることが重要である。

（同答申 p60-62 より適宜抜粋・要約）

評価を学習指導に生かし，指導と評価の一体化をさらに進めるため，カリキュラム・マネジメントに位置付け，授業改善と組織運営の改善に資するという評価の機能をとりわけ強調している。特に，学習指導要領で目指す資質・能力の育成のため，その三つの柱（知識及び技能，思考力・判断力・表現力等，学びに向かう力・人間性等）を受けている。学びに向かう力は主体的に学習に取り組む態度に絞っている。同時に，簡素で効率的な学習評価ということで，学校現場の負担を重くしない，できれば軽減することが目指された。

　これを受けて，平成 29 年 7 月 18 日に，初等中等教育分科会教育課程部会の下に，「児童生徒の学習評価の在り方に関するワーキンググループ」を設置することとした。ワーキンググループは，同年 10 月 16 日の第 1 回以降 12 回開催された。その後，平成 31 年 1 月 21 日に中央教育審議会初等中等教育分科会教育課程部会より，「児童生徒の学習評価の在り方について（報告）」が示された。小・中・高等学校及び特別支援学校における学習評価のあり方の改善のために必要な事項についてまとめたものである。

　その上で，平成 31 年 3 月 29 日に文部科学省初等中等教育局長の通知として，「小学校，中学校，高等学校及び特別支援学校等における児童生徒の学習評価及び指導要録の改善等について（通知）」が出された。

　なお，今回の改訂の前提をなす基本的な考え方は中央教育審議会教育課程部会における以前の報告にまとめられており（「児童生徒の学習評価の在り方について（報告）」平成 22 年 3 月 24 日），今回の改訂の議論はそれを受け継いでなされた。

　以下は上記の諸資料に即しつつ，解説を行う。なお，国立教育政策研究所から「学習評価の在り方ハンドブック」という小冊子が刊行されており，それも参考にできよう（https://www.nier.go.jp/kaihatsu/pdf/gakushuhyouka_R010613-01.pdf）。

改訂の方針

　学習評価は，学習指導要領の示す目標に照らして児童生徒の学習の実現状

況を見ることが求められるものである。「児童生徒にどういった力が身に付いたか」という学習の成果を的確に捉え，教師が指導の改善を図るとともに，児童生徒自身が自らの学びを振り返って次の学びに向かえるようにする。

　そもそも学習指導要領は，各学校において編成される教育課程の基準として，全ての児童生徒に対して指導すべき内容を示したものであり，指導の面から全国的な教育水準の維持向上を保障するものである。それに対し，学習評価は，児童生徒の学習状況を検証し，結果の面から教育水準の維持向上を保障する機能を有するものといえる。

　また，従前より指導と評価の一体化が推進されてきたところであり，今後とも各学校における学習評価は，学習指導の改善や各学校における教育課程全体の改善に向けた取組と効果的に結び付け，カリキュラム・マネジメントにおける学習指導に係る PDCA サイクルの中で適切に実施されるべきものである。

　すなわち，教師や学校にとっては，

① 学校における教育課程の編成や，それに基づいた各教科等の学習指導の目標や内容のほか，評価規準や評価方法等，評価の計画も含めた指導計画や指導案の組織的な作成

② 指導計画を踏まえた教育活動の実施

③ 児童生徒の学習状況の評価，それを踏まえた授業や指導計画等の評価

④ 評価を踏まえた授業改善や個に応じた指導の充実，指導計画等の改善

といった，Plan（①），Do（②），Check（③），Action（④）の PDCA サイクルを確立することが重要である。

　このような PDCA サイクルは，毎日の授業，単元等の指導，学校における教育活動全体等の様々な段階で繰り返されながら展開されるものである。学習評価を通じて，教師が授業の中で児童生徒の反応を見ながら学習指導の在り方を見直したり，一連の授業の中で個に応じた指導を図る時間を設けたりすることや，学校における教育活動を組織として改善したりしていくこと等が求められる。

　このような学習指導に係る PDCA サイクルは，学校評価全体の枠組の中で適切に位置付けられ，実施されることが必要である。各教科等の学習評価

21

を通じて，例えば，「思考力，判断力，表現力等」に課題があることが明らかになれば，それらを育む学習活動を学校の教育課程全体の中で推進する等，学習評価を個々の授業の改善に加え，学校における教育活動全体の改善に結び付けることが重要であり，そういった取組を学校評価の枠組を通じて行うことが考えられる。このように個別の授業の改善にとどまらず，学校全体の評価の中に学習評価を組み込み，教育課程や指導計画・指導法の改善に生かすのである。従来以上に，学習評価の役割が広がり，大きなものとなってきているのである。

　なお，児童生徒にとっては，学習評価は自らの学習状況に気付き，その後の学習や発達・成長が促されるきっかけとなるべきものである。また，学習評価の結果を保護者に適切に伝えることは，学習評価に関する信頼を高めるものであるとともに，家庭における学習を児童生徒に促すきっかけともなる。児童生徒が行う自己評価や相互評価は，児童生徒の学習活動であり，教師が行う評価活動ではないが，児童生徒が自身のよい点や可能性について気付くことを通じ，主体的に学ぶ意欲を高めること等，学習の在り方を改善していくことに役立つことから，積極的に取り組んでいくことも重要である。また，児童生徒の自己評価を学校評価においても反映し，学校運営の改善につなげていくことも考えられる。

　以上述べた学習評価の意義や，また現在の学習評価の在り方が小・中学校を中心に定着してきていると見られること，また，新しい学習指導要領は次代を担う児童生徒に「生きる力」を育むという理念を引き継いでいることを踏まえれば，現在行われている学習評価の在り方を基本的に維持しつつ，その深化を図っていくべきである。このため，今後とも，きめの細かい学習指導の充実と児童生徒一人一人の学習内容の確実な定着を図るため，各教科における児童生徒の学習状況を分析的に捉える観点別学習状況の評価と，総括的に捉える評定とについては，目標に準拠した評価として実施していくのである。すなわち，目標準拠評価の理念を引き継ぎ，学習指導と学習評価の一体化をいっそう進めていくこととなる。

　中央教育審議会答申に述べられているように，今回の学習指導要領は資質・能力の育成を根幹に据えており，それを受けて学習評価の在り方を考え

ていく必要がある。答申は，「よりよい学校教育がよりよい社会をつくる」という理念を共有し，学校と社会との連携・協働を求める「社会に開かれた教育課程」の実現に向けて，変化の激しいこれからの社会を生きる児童生徒に必要な資質・能力（何ができるようになるか）を整理した上で，その育成に向けた教育内容（何を学ぶか），学習・指導の改善（どのように学ぶか），児童生徒の発達を踏まえた指導（児童生徒一人一人の発達をどのように支援するか），学習評価（何が身に付いたか）の在り方など，学習指導要領等の改善に向けた基本的な考え方を示している。また，新しい学習指導要領等の下での各学校における教育課程の編成，実施，評価，改善の一連の取組が，授業改善を含めた学校の教育活動の質の向上につながるものとして組織的，計画的に展開されるよう，各学校におけるカリキュラム・マネジメントの確立を求めている。

　答申では，子供たちの「学習の成果を的確に捉え，教員が指導の改善を図るとともに，子供たち自身が自らの学びを振り返って次の学びに向かうことができるようにするためには，学習評価の在り方が極めて重要」として，その意義に言及している。また，「学習評価については，子供の学びの評価にとどまらず，『カリキュラム・マネジメント』の中で，教育課程や学習・指導方法の評価と結び付け，子供たちの学びに関わる学習評価の改善を，更に教育課程や学習・指導の改善に発展・展開させ，授業改善及び組織運営の改善に向けた学校教育全体のサイクルに位置付けていくことが必要」とし，学習評価に関わる取組をカリキュラム・マネジメントに位置付けることの必要性に言及している。

　特に指導と評価の一体化を図るためには，児童生徒一人一人の学習の成立を促すための評価という視点をいっそう重視することによって，教師が自らの指導のねらいに応じて授業の中での児童生徒の学びを振り返り学習や指導の改善に生かしていくというサイクルが大切である。すなわち，新学習指導要領で重視されている「主体的・対話的で深い学び」の視点からの授業改善を通して各教科等における資質・能力を確実に育成する上で，学習評価は重要な役割を担っている。その視点から見ると，従来の学習評価の実態について次のような課題が一部の学校などに見られると指摘されていた。

・学期末や学年末などの事後での評価に終始してしまうことが多く，評価の結果が児童生徒の具体的な学習改善につながっていない。

・現行の「関心・意欲・態度」の観点について，挙手の回数や毎時間ノートを取っているかなど，性格や行動面の傾向が一時的に表出された場面を捉える評価であるような誤解が払拭し切れていない。

・教師によって評価の方針が異なり，学習改善につなげにくい。

・教師が評価のための「記録」に労力を割かれて，指導に注力できない。

・相当な労力をかけて記述した指導要録が，次学年や次学校段階において十分に活用されていない。

　学習指導要領の改訂の趣旨を徹底し，このような課題に応えるとともに，教員の働き方改革を進めることとも両立を図る必要がある。そこで，学習評価の在り方について次の方向が目指されている。

①　児童生徒の学習改善につながるものにしていくこと

②　教師の指導改善につながるものにしていくこと

③　これまで慣行として行われてきたことでも，必要性・妥当性が認められないものは見直していくこと

　なお，同時に，学力の捉え方とその育成について，従来進めてきた在り方を継承し，発展させていく必要がある。学校教育法の一部改正を受けて改訂された前回の学習指導要領の総則においては，「生きる力」を支える「確かな学力」「豊かな心」「健やかな体」の調和が重視されるとともに，学校教育を行うに当たり「基礎的・基本的な知識及び技能を確実に習得させ，これらを活用して課題を解決するために必要な思考力，判断力，表現力その他の能力をはぐくむとともに，主体的に学習に取り組む態度を養」うことに努めなければならないことが示されているが，今回の改訂はそれを継続し発展させているのである。そして，ここに明らかなように，平成10年・11年改訂の学習指導要領においても，改正教育基本法や学校教育法の一部改正を受けて改訂された前回の学習指導要領においても，教育の基本理念や育成すべき学力について大きな変化はない。ただ，そういった学校教育の基本を示す法規に学力の規定が盛り込まれたことの意義は大きかった。その規定を十分に受けて，学習評価の在り方を考え改訂が重ねられてきたのである。

このようなことを踏まえつつ，各学校においては，組織的・計画的な取組を推進し，学習評価の妥当性（評価がねらいどおりの事柄を捉えているか），信頼性（評価がどのように行っても同様の結果を示しうるか）等を高めるよう努めることが重要である。従前からいわゆる客観性のある評価ということを言い換え，学問的に意味のある妥当性・信頼性という用語を採用しているので，その点も注意してほしい。

なお，児童生徒の学習状況が記録される指導要録の様式は学校の設置者が定めるものであるが，指導要録は児童生徒の学習状況について異なる学校段階における円滑な情報の伝達を行うという機能を有することから，評価の結果が進学等において活用される都道府県等の地域ごとに，一定の統一性が保たれることも求められる。学校における裁量を広げつつも，評価の説明責任を確保し，保護者・住民からの信頼を維持するために恣意的な変更を防ぎ，同時に，上級学校の入試等で統一的な扱いが可能になるようにするのである。

評価の観点に関する考え方の整理

観点別学習状況の評価は，指導要録に記録するためだけでなく，きめの細かい学習指導と児童生徒一人一人の学習内容の確実な定着を図るため，日常の授業においても適切に実施されるべきものである。指導要録の学習評価とは単に学期末・年度末に評価を行い，書類に記録して，保存するためのものではない。日常の授業やカリキュラムの改善に役立てるためのものでもある。評価を書類の作成のこととして捉えれば，いたずらに煩瑣で多忙感を増すだけのことであるが，授業改善に役立てる営みと考えるなら，それは授業と表裏一体の活動となるのである。その意味で，日常の授業活動において実施して有益なものとする必要がある。

そのような視点から，新しい学習指導要領の趣旨に沿って学校における学習評価を進めていく際の評価の観点に関する考え方を整理する。

新しい学習指導要領においても「生きる力」の理念を引き継いでいること等を鑑みれば，現在の評価の観点を変えていく必要は全くない。一方で，基礎的・基本的な知識・技能の習得とこれらを活用する思考力・判断力・表現

力等をいわば車の両輪として相互に関連させながら伸ばしていくとともに，学習意欲の向上をはかるという考え方を資質・能力という根幹の力の育成と，指導における主体的・対話的で深い学びを進めるという今回の改訂の趣旨を反映させた観点にしていく必要がある。改訂の趣旨を反映し，学習指導と学習評価の一体化をさらに進めていくために，資質・能力の三つの柱，さらに連動する学力の三つの要素を踏まえて評価の観点に関する考え方を整理することとする。

　中央教育審議会答申でその大枠を整理している。評価の観点については，従来の4観点の枠組を踏まえつつ，学校教育法第30条第2項が定める学校教育において重視すべき三要素（「知識及び技能」「思考力，判断力，表現力等」「主体的に学習に取り組む態度」）を踏まえて再整理された。すなわち，これまでは「知識・理解」「技能」「思考・判断・表現」「関心・意欲・態度」の四つの観点が設定されていたところ，今回の改訂においては，全ての教科等において，教育目標や内容を，資質・能力の三つの柱に基づき再整理することとした。観点別学習状況の評価については，目標に準拠した評価の実質化や，教科・校種を超えた共通理解に基づく組織的な取組を促す観点から，小・中・高等学校の各教科を通じて「知識・技能」「思考・判断・表現」「主体的に学習に取り組む態度」の3観点に整理することとした。

　その際，「学びに向かう力，人間性等」に示された資質・能力には，感性や思いやりなど幅広いものが含まれるが，これらは観点別学習状況の評価になじむものではないことから，評価の観点としては学校教育法に示された「主体的に学習に取り組む態度」として設定し，感性や思いやり等については観点別学習状況の評価の対象外とすることとした。「主体的に学習に取り組む態度」と，資質・能力の柱である「学びに向かう力，人間性等」の関係については，「学びに向かう力，人間性等」には，①「主体的に学習に取り組む態度」として観点別評価（学習状況を分析的に捉える）を通じて見取ることができる部分と，②観点別評価や評定にはなじまず，こうした評価では示しきれないことから個人内評価（個人のよい点や可能性，進歩の状況について評価する）を通じて見取る部分があることに留意する必要がある。なお，これらの観点については，毎回の授業で全てを見取るのではなく，単元や題

材を通じたまとまりの中で，学習・指導内容と評価の場面を適切に組み立てていくこととして留意を促している。

　新しい学習指導要領においては，「知識及び技能」について，単なる断片的なものの繰り返しによる暗記を目指すものではなく，中核的な概念を中心に構造的で相互につながりのある統合されたものであることを強調し，その中核的な知識などによる概念的な理解を主として「知識」としている。技能もまたその中で相互に関連して，単なる型通りの動きではなく，場に応じた柔軟な体の動かし方を指している。そういった知識・技能であるからこそ，思考活動に活用でき，また実際的な問題解決でも活かしていけるのである。

　「思考力，判断力，表現力等」の育成においては，基礎的・基本的で構造的な知識・技能を活用する学習活動を重視するとともに，論理や思考等の基盤である言語の果たす役割を踏まえ，言語を中心とする表現活動を充実することとしている。これらの能力を適切に評価し，いっそう育成していくため，各教科の内容等に即して思考・判断したことを，その内容を表現する活動と一体的に評価する観点（以下「思考・判断・表現」という）を設定することが適当である。多様な表現の仕方を用い，それぞれの思考を表し，児童生徒同士また教師などとの間で交流し，対話することを通して，各自の思考が深い学びへとつながり，また物事の多面的な様相を理解していけるのである。だからこそ，思考力と判断力と表現力をセットにして常に言い表している。言語能力の捉え方においても，それと類似の PISA の読解力にしても，考えること，表すこと，コミュニケーションすること，協同することなどを一連の主体的で対話する活動として捉え，相互に伸ばし合っていく力であるとしているのである。

　「主体的に学習に取り組む態度」は「学びに向かう力」として資質・能力の重要な一つの柱としたもののうち，授業の流れの中で捉えられるところを評価の観点として取り上げている。学びに向かう力は意欲や意志といった情意的な傾向ないし力と，心理学でメタ認知と称する自らの思考を自覚する力や人と協働して学ぶ力などを総称するものである。粘り強く取り組む力と自己の様子とりわけ情意面を見直し調整する力からなるとして整理している。それはある程度，授業などにおける児童生徒の言動から把握でき，そして何

より重要なのは指導することが可能ということである。それが以前の評価の視点と大きく異なり，これまでの長年の実践と理論の進展を反映している。

　以上を踏まえ，新しい学習指導要領における評価について，基本的には，知識及び技能については「知識・技能」という観点において，それらを活用して課題を解決するために必要な思考力・判断力・表現力等については「思考・判断・表現」という観点において，学びに向かう力については「主体的に学習に取り組む態度」という観点において，それぞれ評価を行うこととして整理されている。

　なお，これらの三つの観点において重要性に違いがあるわけではない。どれが大事であり，ほかはそれに次ぐものであるといったことはなく，どれも同等に重要である。その意味で，観点を表記する際にもその順番に重要性の意味はない。むしろ，三角錐の三つの角に各観点があり，その観点が総合されて全体として授業活動を見直すための評価活動が成り立ち，授業改善に役立たせると捉えることができよう。

個々の観点について

　次に，個々の観点の捉え方について整理していく。中央教育審議会の報告において詳細に述べている。

　今回の学習指導要領では，各教科等の目標や内容を「知識及び技能」「思考力，判断力，表現力等」「学びに向かう力，人間性等」の資質・能力の三つの柱で再整理しており，これらの資質・能力に関わる「知識・技能」「思考・判断・表現」「主体的に学習に取り組む態度」の観点別学習状況の評価の実施に際しては，このような学習指導要領の規定に沿って評価規準を作成し，各教科等の特質を踏まえて適切に評価方法等を工夫することにより，学習評価の結果が児童生徒の学習や教師による指導の改善に生きるものとなる。また，これまで各学校において取り組まれてきた観点別学習状況の評価や，それに基づく学習や指導の改善の更なる定着につなげる観点からも，評価の段階及び表示の方法については，現行と同様に３段階（ＡＢＣ）となる。

(1) 「知識・技能」の評価

　「知識・技能」の評価は，各教科等における学習の過程を通した知識及び技能の習得状況について評価を行うとともに，それらを既有の知識及び技能

28

と関連付けたり活用したりする中で，他の学習や生活の場面でも活用できる程度に概念等を理解したり，技能を習得したりしているかについて評価するものである。

まず，新観点における「知識」は，各教科において習得すべき知識や重要な概念等を児童生徒が理解しているかどうかを評価するものである。新しい学習指導要領の下においても，旧観点「知識・理解」の趣旨を踏まえた評価を引き続き行うこととする。

次に，新観点における「技能」は，各教科において習得すべき技能を児童生徒が身に付けているかどうかを評価するものである。旧観点「技能」の趣旨を踏まえた評価を引き続き行うこととする。すなわち，算数・数学において式やグラフに表すことや理科において観察・実験の過程や結果を的確に記録し整理すること等については，従来「技能」において評価を行ってきたが，同様の評価は今後新観点「知識・技能」において行っていくこととなる。思考し工夫することと密接につながり，その現れがその都度にいろいろになり得るものは「思考・判断・表現」の表現と見なされるだろうが，それに対して，一定の形に常に表す類の表現は「技能」として従来扱われていたものであり，今回，新観点「知識・技能」に含められることになる。

(2) 「思考・判断・表現」の評価

「思考・判断・表現」は，それぞれの教科の「知識及び技能」を活用して課題を解決すること等のために必要な「思考力，判断力，表現力等」を児童生徒が身に付けているかどうかを評価するものである。学習指導要領等に示された「思考力，判断力，表現力等」は，学校教育においてはぐくむ能力を一般的に示したものであり，そのような能力を育成するという目標の下，各教科の内容等に基づき，具体的な学習評価を行うための評価の観点が「思考・判断・表現」である。この観点を評価するに当たっては，単に文章，表や図に整理して記録するという表面的な現象を評価するものではなく，例えば，自ら取り組む課題を多面的に考察しているか，観察・実験の分析や解釈を通じ規則性を見いだしているかなど，基礎的・基本的な知識及び技能を活用しつつ，各教科の内容等に即して「思考・判断」したことを，記録，要約，説明，論述，討論といった言語活動等を通じて評価するものである。このよ

うに，「思考・判断・表現」の評価に当たっては，それぞれの教科の知識及び技能を活用する，論述，発表や討論，観察・実験とレポートの作成といった新しい学習指導要領において充実が求められている学習活動を積極的に取り入れ，学習指導の目標に照らして実現状況を評価する。

「思考・判断・表現」の評価については，全国学力・学習状況調査の「主として『活用』に関する問題」を参考にして作成した適切な問題を用いて評価を行うこともできる。ただし，「思考・判断・表現」の評価は，そのような問題を一定の制限時間内に解決し，記述できるかどうかのみを評価するものではないことに留意し，様々な評価方法を採り入れるようにしていく。また，この観点については，指導後の児童生徒の状況を記録するための評価を行うに当たっては，「思考・判断」の結果だけではなく，その過程を含め評価することが特に重要である。

なお，評価の観点である「思考・判断・表現」の「表現」は，「知識及び技能」を活用する学習活動等において「思考・判断」したことと，その内容を表現する活動とを一体的に評価することを示すものである。これは，例えば，学習指導要領の音楽，図画工作，美術の各教科において示す領域の一つであり，歌唱，器楽，絵，デザイン等の指導の内容を示す「表現」とは異なるものである。

⑶ 「主体的に学習に取り組む態度」の評価

「関心・意欲・態度」の発展した観点である「主体的に学習に取り組む態度」は，それを育むことが「知識及び技能」の習得や「思考力，判断力，表現力等」の育成につながるとともに，「知識・技能」の習得や「思考力，判断力，表現力等」の育成が当該教科の学習に対する積極的な態度につながっていくなど，他の観点に係る資質・能力の定着に密接に関係する重要な要素でもある。

「主体的に学習に取り組む態度」は，各教科が対象としている学習内容に関心を持ち，自ら課題に取り組もうとする意欲や態度を児童生徒が身に付けているかどうかを評価するものである。この評価に際しては，単に継続的な行動や積極的な発言等を行うなど，性格や行動面の傾向を評価するということではなく，各教科等の「主体的に学習に取り組む態度」に係る評価の観点

の趣旨に照らして，「知識及び技能」を獲得したり，「思考力，判断力，表現力等」を身に付けたりするために，自らの学習状況を把握し，学習の進め方について試行錯誤するなど自らの学習を調整しながら，学ぼうとしているかどうかという意思的な側面を評価することが重要である。これまでの「関心・意欲・態度」の観点も，各教科等の学習内容に関心を持つことのみならず，よりよく学ぼうとする意欲を持って学習に取り組む態度を評価するのが，その本来の趣旨である。したがって，こうした考え方は従前から重視されてきたものであり，この点を「主体的に学習に取り組む態度」として改めて強調するものである。

　そこで，本観点に基づく評価としては，「主体的に学習に取り組む態度」に係る各教科等の評価の観点の趣旨に照らし，①「知識及び技能」を獲得したり，「思考力，判断力，表現力等」を身に付けたりすることに向けた粘り強い取組を行おうとする側面と，②①の粘り強い取組を行う中で，自らの学習を調整しようとする側面，という二つの側面を評価することが求められる。

　ここで評価の対象とする学習の調整に関する態度は必ずしも，その学習の調整が「適切に行われているか」を判断するものではなく，それが各教科等における「知識及び技能」の習得や，「思考力，判断力，表現力等」の育成に結び付いていない場合には，それらの資質・能力の育成に向けて児童生徒が適切に学習を調整することができるよう，その実態に応じて教師が学習の進め方を適切に指導するなどの対応が求められる。なお，学習の調整に向けた取組のプロセスには児童生徒一人一人の特性があることから，特定の型に沿った学習の進め方を一律に指導することのないよう配慮することが必要であり，学習目標の達成に向けて適切な評価と指導が行われるよう授業改善に努めることが求められる。

　これら①②の姿は実際の各教科等の学びの中では別々ではなく相互に関わり合いながら立ち現れるものと考えられることから，実際の評価の場面においては，双方の側面を一体的に見取ることも想定される。例えば，自らの学習を全く調整しようとせず粘り強く取り組み続ける姿や，粘り強さが全くない中で自らの学習を調整する姿は一般的ではない。「知識・技能」や「思考・判断・表現」の観点との関係を十分に考慮した上で，学習の調整が適切

に行われているか検討する必要がある。また，例えば，「知識・技能」や「思考・判断・表現」の観点が十分満足できるものであれば，基本的には，学習の調整も適切に行われていると考えられることから，指導や評価に際して，かえって個々人の学習の進め方（学習方略）を損なうことがないよう留意する。

　このような考え方に基づき評価を行った場合には，例えば，①の「粘り強い取組を行おうとする側面」が十分に認められたとしても，②の「自らの学習を調整しようとしている側面」が認められない場合には，「主体的に学習に取り組む態度」の評価としては，基本的に「十分満足できる」（Ａ）とは評価されないことになる。これは，「主体的に学習に取り組む態度」の観点については，ただ単に学習に対する粘り強さや積極性といった児童生徒の取組のみを承認・肯定するだけではなく，学習改善に向かって自らの学習を調整しようとしているかどうかを含めて評価することが必要だからである。

　仮に，①や②の側面について特筆すべき事項がある場合には，「総合所見及び指導上参考となる諸事項」において評価を記述することも考えられる。

　この考え方に基づけば，単元の導入の段階では観点別の学習状況にばらつきが生じるとしても，指導と評価の取組を重ねながら授業を展開することにより，単元末や学期末，学年末の結果として算出される３段階の観点別学習状況の評価については，観点ごとに大きな差は生じないものと考えられる。

　具体的な評価方法としては，授業や面談における発言や行動等を観察するほか，ワークシートやレポートの作成，発表といった学習活動を通して評価することが考えられる。その際，授業中の挙手や発言の回数といった表面的な状況のみに着目することにならないよう留意する必要がある。一部の現場では，客観性にこだわるあまり，そういった末梢的な行動の指標を取る向きもあるということであるが，授業の子どもの様子やレポートその他を総合的に見て捉える必要がある。

　各教科等が対象としている学習内容に関心を持ち，自ら課題に取り組もうとする意欲や態度を育むことは，他の観点に係る資質・能力の定着に密接に関係するものである。教師の指導により，学習意欲の向上は見られたものの，その他の観点について目標の実現に至っていない場合は，学習指導のいっそ

うの充実を図ることが重要である。その際，個人内評価を積極的に活用し児童生徒の学習を励ますことも有効である。

評価の観点の整理

　以上のことに加え，各教科等の特性やこれまでの実践の蓄積を踏まえ，次のような基本的な考え方に基づいた評価の観点の整理を行う。すでに述べたとおり，各教科等の観点を，知識及び技能（「知識・技能」），思考力，判断力，表現力等（「思考・判断・表現」）及び学びに向かう力（「主体的に学習に取り組む態度」）に対応させ整理する。その際，知識及び技能に関する観点（「知識・技能」）について，各教科等の特性に応じ，知識と技能に関する観点を分けて示すことができる。「思考・判断・表現」については，各教科等の目標や内容を踏まえ当該教科等において育成すべき能力にふさわしい名称とし，明確に位置付ける。

評価の実施における留意点

　観点別学習状況の評価を円滑に実施するに当たっては，適切な評価時期を設定し，学習指導の目標に沿った学習評価を行う。授業改善のための評価は日常的に行われることが重要である。

　一方で，指導後の児童生徒の状況を記録するための評価を行う際には，単元等ある程度長い区切りの中で適切に設定した時期において「おおむね満足できる」状況等にあるかどうかを評価することが求められる。教師は指導に際し常に三つの観点を念頭に置いておくであろうが，評価のための活動として，１時間ごとに詳細な評価を行うとか，必ず３観点による評価が必要だということはない。単元などを単位としてそこでの学力の形成の様子を把握すればよいのである。単元での評価により不十分だとなれば，補充的指導を行うようにするのである。

　「主体的に学習に取り組む態度」については，表面的な状況のみに着目することにならないよう留意するとともに，各教科等の特性や学習指導の内容等も踏まえつつ，ある程度長い区切りの中で適切な頻度で「おおむね満足できる」状況等にあるかどうかを評価するなどの工夫を行うことが重要である。

各教科等において，「知識及び技能の習得」を図る学習活動と「思考力，判断力，表現力等」の育成を図る学習活動は相互に関連し合って截然とは分類されるものではない。このため，同様の学習活動であっても，教師の指導のねらいに応じ，「知識・技能」の評価に用いられることも，「思考・判断・表現」の評価に用いられることもあると考えられる。このことを踏まえつつ，学習指導の目標に照らして実現状況を評価するという目標に準拠した評価の趣旨に沿って，学習活動を通じて子どもたちに身に付けさせようとしている資質・能力を明確にした上で，それに照らして学習評価を行うようにしたい。

指導要録の各項目の在り方

　観点別の評価の基本はすでに述べてきた。

　「観点別学習状況の評価」と「評定」については指導と評価の一体化の観点から見た場合には，それぞれ次のような役割が期待されている。

　　○　各教科の学習状況を分析的に捉える「観点別学習状況の評価」は，児童生徒がそれぞれの教科での学習において，どの観点で望ましい学習状況が認められ，どの観点に課題が認められるかを明らかにすることにより，具体的な学習や指導の改善に生かすことを可能とするものである。

　　○　各教科の観点別学習状況の評価を総括的に捉える「評定」は，児童生徒がどの教科の学習に望ましい学習状況が認められ，どの教科の学習に課題が認められるのかを明らかにすることにより，教育課程全体を見渡した学習状況の把握と指導や学習の改善に生かすことを可能とするものである。

　このように「評定」は，簡潔で分かりやすい情報を提供するものとして，児童生徒の教科の学習状況を総括的に評価するものであり，教師同士の情報共有や保護者等への説明のためにも有効である。このため，低学年を除く小学校，中学校及び高等学校において，評定を行うことは引き続き必要である。その際，新しい学習指導要領で明確にされた学力の三つの要素を全て含んだ教科の総括的な学習状況を示す情報としてこれまでと同様に示す。

各学校においては，設置者等の方針に沿って，自校における指導の重点や評価方法等を踏まえ，各教科の総括的な学習状況を捉える評定の決定の方法を検討し，適切な方法を定める必要がある。その際，異なる学校段階の間での児童生徒の学習状況を円滑に伝達するため，評価の結果が進学等において活用される都道府県等の地域ごとに一定の統一性を保つことが必要である。また，そのような評定の決定の方法を対外的に明示することも求められる。

そのように，評定を引き続き指導要録上に位置付けることとし，指摘されている課題に留意しながら，観点別学習状況の評価と評定の双方の本来の役割が発揮されるようにする。具体的には，様式等の工夫を含めた改善を行い，その趣旨を関係者にしっかりと周知して，評価における説明責任を果たすことが必要である。

特別の教科・道徳の評価については，文科初第604号「学習指導要領の一部改正に伴う小学校，中学校及び特別支援学校小学部・中学部における児童生徒の学習評価及び指導要録の改善等について（通知）」に基づき，学習活動における児童生徒の学習状況や道徳性に係る成長の様子を個人内評価として文章で端的に記述する。

小学校などの外国語活動の記録については，評価の観点を記入した上で，それらの観点に照らして，児童の学習状況に顕著な事項がある場合にその特徴を記入する等，児童にどのような力が身に付いたかを文章で端的に記述する。評価の観点については，設置者は，小学校学習指導要領等に示す外国語活動の目標を踏まえ，設定する。

総合的な学習の時間の記録については，この時間に行った学習活動及び各学校が自ら定めた評価の観点を記入した上で，それらの観点のうち，児童生徒の学習状況に顕著な事項がある場合などにその特徴を記入する等，児童生徒にどのような力が身に付いたかを文章で端的に記述する。評価の観点については，学習指導要領等に示す総合的な学習の時間の目標を踏まえ，各学校において具体的に定めた目標，内容に基づいて定める。

特別活動の記録については，各学校が自ら定めた特別活動全体に係る評価の観点を記入した上で，各活動・学校行事ごとに，評価の観点に照らして十分満足できる活動の状況にあると判断される場合に，○印を記入する。評価

の観点については，学習指導要領等に示す特別活動の目標を踏まえ定める。その際，特別活動の特質や学校として重点化した内容を踏まえ，例えば「主体的に生活や人間関係をよりよくしようとする態度」などのように，より具体的に定めることも考えられる。記入に当たっては，特別活動の学習が学校や学級における集団活動や生活を対象に行われるという特質に留意する。

特別活動は，望ましい集団活動や体験的な活動を通して，豊かな学校生活を築くとともに，公共の精神を養い，社会性の育成を図るものであり，「生きる力」を育むために重要な役割を果たすものである。現在，特別活動の評価については，各活動・学校行事ごとにその趣旨に照らして十分満足できる状況にあると判断される場合には○印を記入しているが，基本的には，この枠組を維持することが適当である。その上で，特別活動の目標に照らして育成しようとしている資質・能力と評価の関係を明確にするため，新しい学習指導要領で特別活動の各活動・学校行事に新たに目標が規定されたことを踏まえながら，各学校において評価の観点を設定し，指導要録においても明示することが適当である。

行動の記録については，各教科，道徳科，外国語活動，総合的な学習の時間，特別活動やその他学校生活全体にわたって認められる児童生徒の行動について，設置者は，学習指導要領等の総則及び道徳科の目標や内容，内容の取扱いで重点化を図ることとしている事項等を踏まえて示していることを参考にして，項目を適切に設定する。また，各学校において，自らの教育目標に沿って項目を追加できるようにする。各学校における評価に当たっては，各項目の趣旨に照らして十分満足できる状況にあると判断される場合に，○印を記入する。

総合所見及び指導上参考となる諸事項について，児童生徒の成長の状況を総合的に捉えるため，以下の事項等を文章で箇条書き等により端的に記述する。特に【5】のうち，児童生徒の特徴・特技や学校外の活動等については，今後の学習指導等を進めていく上で必要な情報に精選して記述する。

【1】　各教科や外国語活動（小学校のみ），総合的な学習の時間の学習に関する所見

【2】　特別活動に関する事実及び所見

【3】　行動に関する所見

【4】　進路指導に関する事項（中学校のみ）

【5】　児童生徒の特徴・特技，部活動（中学校のみ），学校内外における
　　　ボランティア活動など社会奉仕体験活動，表彰を受けた行為や活動，
　　　学力について標準化された検査の結果等指導上参考となる諸事項

【6】　児童生徒の成長の状況にかかわる総合的な所見

　記入に際しては，児童生徒の優れている点や長所，進歩の状況などを取り上げることに留意する。ただし，児童生徒の努力を要する点などについても，その後の指導において特に配慮を要するものがあれば端的に記入する。

　なお，児童生徒の学習意欲等の学びに向かう力を高め，その後の学習や発達を促していくためには，児童生徒のよい点をほめたり，さらなる改善が望まれる点を指摘したりするなど，児童生徒の発達の段階等に応じ，励ましていくことが重要である。このため，観点別学習状況の評価や評定を目標に準拠した評価として行う際には，そこでは十分示し切れない，児童生徒一人一人のよい点や可能性，進歩の状況等についても，積極的に児童生徒に伝えるとともに，個人内評価の結果として「総合所見及び指導上参考となる諸事項」に記入することが重要である。

3

指導要録の取扱い上の留意事項

　指導要録の進学，転学，転入学等の場合の取扱いや保存期間については，学校教育法施行令及び同施行規則において定められている。

　これらの規定に加え，平成3年の通知においては，「指導要録の取扱い上の注意」として，指導要録の作成，送付及び保存等についての留意事項が手厚く示されていた。具体的な事項としては，「進学」「転学」「転入学」「学校統合，学校新設等」「退学等」「編入学等」のそれぞれの場合の取扱いや保存期間，その他（対外的な証明，通信簿等との関係）についてである。

　平成13年の通知以降は，特に配慮が必要な事項が示されることはあっても，こうした網羅的な示し方はされていない。これは，指導要録の作成管理の権限と責任の主体は教育委員会や学校であり，今日の教育行政における国と地方の在り方からみて，指導要録の取扱いの詳細に至るまで，通知において示すのは適当でない，と判断されたこともあろう。

　また，これまでの指導要録の実務上の取扱いも定着してきている。したがって，学校においては，基本的には，従来どおり取り扱うこととなる。

進学の場合

　校長は，児童が進学した場合においては，その作成に係る当該児童の指導要録（以下「原本」という。）の抄本又は原本の写しを作成し，これを進学先の校長に送付しなければならないこととされている（学校教育法施行規則第24条第2項）。

　児童が小学校から中学校へ進学した場合には，当該学校の校長は，当該児童の指導要録の抄本又は写しを作成し，それを進学先の学校の校長に送付することとしている。この場合，「抄本」がよいか「写し」がよいかは，教育委員会や学校で十分検討する必要がある。

　すなわち，「写し」にすれば「抄本」に比べ事務的な手間が省け，また，小学校のナマの資料が進学先の学校における指導の参考として役立てられる

というメリットが考えられる。しかし，一方では，指導要録というきわめて重要な書類の扱いが安易に流れる危険性はないか，また，進学先に全ての記載内容がそのまま送られることから，指導要録の趣旨に沿った十分な記載が行われず，指導に生かすことができなくなる心配はないか，といったことも考えられる。「写し」にする場合は，こうした点に十分な配慮がなされることが前提となろう。

「抄本」とする場合には，児童を送り出す小学校において進学先の中学校において指導上参考としてもらいたいと考える事項にある程度精選できるというメリットがある。

「抄本」とするか「写し」とするかは，同一地区内で個々の市町村や学校でまちまちとならないよう，都道府県教育委員会のレベルで統一をは図ることが望ましい。さらに，例えば他の都道府県へ進学するような場合は，送付する学校側は機械的に自地区の方針で作成・送付するのではなく，受け入れ校側がどちらを求めているかを確認してから作成・送付するという配慮が必要となろう。

コピー機の普及に伴い，「写し」の作成・送付が多いのが現況と推測されるが，指導要録の電子化が進めば，必要な情報を抜粋した「抄本」の作成も容易になると考えられる。児童が進学する場合に「抄本」又は「写し」のいずれを送付するか，改めて検討すべき時期を迎えているといえよう。

指導要録の抄本を作成する場合の様式については，国からは格別示されていないので，各地域において工夫する必要があるが，その様式を決定する権限は第一義的には公立学校にあっては市町村教育委員会にあるので，市町村教育委員会が一定の様式を示すことが望ましいであろう。「抄本」を作成する場合，その抄本は当該学校の作成に係る指導要録に基づいて作成することになる。「抄本」の記載事項については，平成3年の通知では，下記の事項が示されていた。

ア　学校名及び所在地

イ　児童の氏名，性別，生年月日及び現住所

ウ　卒業年月日

エ　第6学年の各教科の学習の記録

オ　第６学年の特別活動の記録

カ　第６学年の行動の記録

キ　その他将来の指導上必要と思われるものがある場合にはその事項

　その後の学習指導要領や指導要録の改善の状況を踏まえれば，これらに次の事項を加えることが考えられる。

○　第６学年の特別の教科　道徳

○　第６学年の外国語活動の記録

○　第６学年の総合的な学習の時間の記録

○　第６学年の総合所見及び指導上参考となる事項

　なお，当該学校の作成に係る指導要録の原本及び転入学の際に送付を受けた指導要録の写しは，児童の進学先には送付せずに，そのまま当該学校に保存しておくわけである。これらの保存期間については，「保存期間」を参照していただきたい。

転学の場合

　校長は，児童が転学した場合においては，原本の写しを作成し，それを転学先の校長に送付する。転学してきた児童がさらに転学した場合においては，原本の写しのほか，転学してくる前に在学していた学校から送付を受けた写しも転学先の校長に送付することとなっている。これらの場合，幼稚園から送付を受けた抄本又は写しも転学先の校長に送付することとなっている（学校教育法施行規則第24条第３項）。

　また，児童自立支援施設（児童福祉法の一部を改正する法律（平成９年法律第74号附則第７条第１項）の規定により，学校教育に準ずる学科指導を実施している児童自立支援施設に限る。以下同じ）から移ってきた児童が転学した場合においては，児童自立支援施設から送付を受けた指導要録に準ずる記録の写しも送付することとなる。

　したがって，児童が転学した場合，当該学校に残るのは，児童がその学校に在学した期間中のことについて記録した指導要録の原本のみとなる。この指導要録の原本には，「転学・退学等」の欄に転学に伴う所要の事項を記入の上，校長及び学級担任が押印をして，以後それを学校に保存しておくこととなる。

［参考］ 指導要録送付の経路

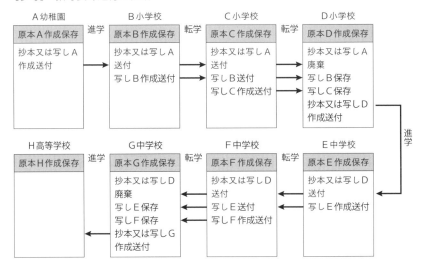

　上に，入学，転入学，転学，進学の際に指導要録の原本，写し，抄本又は写しがどのように流れていくか，またどこで保存されるかといったことを図示しておいたので，参考にしていただきたい。

転入学の場合

　校長は，児童が転入学してきた場合においては，当該児童が転入学した旨及びその期日を，速やかに，前に在学していた学校の校長に連絡し，当該児童の指導要録の写しの送付を受けることとなる。

　前の学校の校長は，児童の転学先の学校に指導要録の写しを送付しなければならない義務がある（学校教育法施行規則第24条第3項）。

　なお，この場合，転入学先の学校の校長は，新たに当該児童の指導要録を作成すべきであって，送付を受けた写しに連続して記入してはならない。

　つまり，児童を受け入れた学校は，新たに当該児童に係る指導要録を作成し，「学籍に関する記録」の必要な各欄（学校名及び所在地，校長氏名印・学級担任者氏名印，児童，保護者，転入学の欄など）について記入しておき，以後必要事項はこの新しく作成した指導要録に記入していくこととなる。前の学校から送付された指導要録の写しに連続して記入してはならないのであって，その写しは新しく作成した指導要録と併せてとじておくのである。

なお，転入学の受け入れ及びその期日などについては，学齢簿に基づくこととなるので，教育委員会と十分連絡をとる必要があり，学校の独断で行ってはならない。

学校統合，学校新設等の場合

　学校統合，学校新設等の場合に，学校名及び所在地の変更として取り扱うか，上記「転学」及び「転入学」に準じて取り扱うかは実情に応じて処理する。

　市町村合併などによって学校が統合されたり，学校が新設されたりして，児童の異動が生じる場合に，指導要録の扱いをどのようにしたらよいかという問題である。このような場合は，いろいろなケースがあるので，統一的な取扱いを決めておくことは困難である。したがって，「学校名及び所在地の変更」として取り扱うか，「転学や転入学の扱い」とするか，実情に応じて処理するのが適当と考えられるが，具体的にどのように取り扱うかは教育委員会が定めることとなろう。参考として下記に，その取扱いのケースとして考えられるいくつかを例として示した。

　⑴　**転学，転入学として取り扱う場合**

　　①　学校廃止　→　1校または数校の他校へ児童が異動

　　②　A校及びB校廃止　→　新設C校へ

　　③　通学区の変更など　→　1校または数校の他校へ児童の一部が異動

　　④　新設校の開校　→　1校または数校の児童のうちの一部が異動

　この場合，事情によっては，原本それ自体を児童とともに移すこともある。その場合には，教育委員会において原本の所在地を明確にしておく必要がある。

　なお，学校が廃止になった場合の指導要録の保存については，公立学校の場合は当該学校を設置していた市町村教育委員会が，私立学校の場合は当該学校を所管していた都道府県知事が，保存することとなっている（学校教育法施行令第31条）。

　⑵　**学校名，所在地変更として取り扱う場合（児童の異動がない場合）**

　　①　A校が校名変更　→　新しい校名に

　　②　A校がB校の分校に　→　B校に

③　A校の分校が独立　→　新しい校名に

④　A校の移転　→　A校のまま所在地のみ変更

⑤　A校の移転及び校名変更　→　新しい校名にして，所在地も変更

この場合は，「学校名及び所在地」の欄を訂正する。

退学等の場合

　校長は，児童が在外教育施設や外国の学校に入るため退学した場合等においては，当該学校が日本人学校その他文部科学大臣が指定した在外教育施設であるときにあっては，上記「進学」及び「転学」に準じて指導要録の抄本又は写しを送付するものとし，それ以外の学校などにあっては，求めに応じて適切に対応する必要がある。

　校長は，児童が児童自立支援施設に入所した場合においては，上記「転学」に準じて，当該児童の指導要録の写しを児童自立支援施設の長に送付し，児童の入所中の教育に資するようにする必要がある。

　児童が在外教育施設や外国の学校に入るために退学した場合，学齢を超過している児童の退学の場合，また，児童自立支援施設への入所などの就学義務の猶予・免除，あるいは居所が1年以上不明のため，在学しないものとして取り扱うこととなった場合には，学校は，指導要録の「転学・退学等」の欄に必要な事項を記入して，以後それを保存すればよいわけであるが，このうち，外国にある学校に入るために退学した場合及び児童自立支援施設に入所した場合については，実質的にみれば教育の継続であるから，できるだけ児童のために便宜をはかり，教育上の連携をはかることが望ましい。

　特に，昨今の国際化の進展にともない，児童が海外に出国し，在外教育施設や外国の学校へ入ることも多くなった実情をかんがみ，当該学校が日本人学校その他文部科学大臣が指定した在外教育施設である場合は，求めの有無と関係なく指導要録の写しや抄本を送付することとしている（質疑応答，p76）。

編入学等の場合

　校長は，児童が在外教育施設や外国の学校から編入学した場合においては，編入学年月日以後の指導要録を作成する。その際，できれば，在外教育施設や外国の学校における履修状況の証明書や指導に関する記録の写しの送付を

受けることが求められる。

　校長は，児童が児童自立支援施設から移ってきた場合においては，児童自立支援施設の長の発行した証明書及び児童自立支援施設の長の作成した指導要録に準ずる記録の写しの送付を受け，移った日以後の指導要録を作成する必要がある。

　校長は，就学義務の猶予又は免除の事由がなくなったことにより就学義務が生じ，児童が就学した場合においては，就学した日以後の指導要録を作成する必要がある。

　第2章「学籍に関するの記録」の解説で詳しく述べるが，「編入学等」の場合としては，児童が在外教育施設や外国の学校から編入学してくる場合，児童自立支援施設から移ってくる場合，就学義務の猶予・免除の事由がなくなったことにより，就学義務が生じて学校に就学してきた場合などがある（p71）。

　これらの場合は，当該児童が編入学等をしてきた日以後の指導要録を作成することとなるのであるが，その際，以前の教育状況を把握することは指導上きわめて大切である。そこで，児童自立支援施設から移ってきた場合には，校長はそれらの長が発行した証明書及び指導要録に準ずる記録の写しの送付を受ける必要がある。また，在外教育施設や外国の学校から編入学してきた場合も，校長はできればその間の履修状況の証明書や指導に関する記録の写しの送付を受ける必要がある。

保存期間

(1)　原本及び写しの保存

　学校における児童の指導要録の原本及び転入学の際に送付を受けた写しは，「学籍に関する記録」については20年間，「指導に関する記録」については5年間保存することとしている（学校教育法施行規則第28条第2項）。各学校においては，プライバシー保護の観点からも，保存期間経過後の指導要録は廃棄するなど，適切な措置がとられることが求められている。

　在外教育施設や外国の学校から編入学してきた際に送付を受けた履修状況の証明書や指導に関する記録の写し，あるいは児童自立支援施設から移ってきた際に送付を受けた証明書及び指導要録に準ずる記録の写しは，法令上保

存の義務はないが，便宜上転入学の場合に送付を受けた指導要録の写しに準じた取扱いをすることが適当であろう。

　転入学してきた児童が，さらに他の学校に転学した場合，転入学の際に送付を受けた写しは，そのまま転学先の学校に送付することとなっている（同規則第24条第3項）ので，当該学校には残らず，当該学校に保存するのは，その学校で作成した指導要録のみとなる。児童自立支援施設から移ってきた児童がさらに他の学校に転学した場合も，その際送付を受けた指導要録に準ずる記録の写しなどは，転学先の学校に送付することとされているので（「転学の場合」参照，p40），これも当該学校には残らないこととなる。

　また，外国の学校などから編入学してきた児童が他の学校に転校した場合は，その際送付を受けた履修状況の証明書や指導に関する記録の写しの扱いについては特に定められていないが，上記に準じて，これらの書類を転学先の学校に送付することが適当であろうから，当該学校には残らないこととなろう。

　次に，保存期間の始期であるが，児童が卒業した場合は，その卒業の日以後「学籍に関する記録」については20年間，「指導に関する記録」は5年間，それぞれ当該学校の作成に係る指導要録と転入学の際に送付を受けた写しを保存することとなる。また，中途で他の学校に転学した場合は，転学した日（転学先の学校が転入学を認めた日の前日）以後，この定められた期間，当該学校の作成に係る指導要録を保存することとなる。外国にある学校などへ入るための退学の場合，学齢を超過している児童の退学の場合，児童自立支援施設へ入所した場合などの就学義務の猶予・免除あるいは児童の居所が1年以上不明の場合の指導要録は，退学した日又は在学しない者と認められた日以後，この定められた期間保存することとなる。

(2) 卒業先から送られてきた抄本又は写しの保存

　児童が幼稚園から小学校に進学してきた場合には，指導要録の抄本又は写しが送付されてきているが，この抄本又は写しの保存義務年限については法令上は特に定めておらず（学校教育法施行規則第28条第2項），児童が当該小学校に在学している間保存すればよいこととされている。

　平成22年の通知により，児童が転学してきた場合に進学元から送付を受

けた幼稚園の指導要録の抄本又は写しは，当該児童の在学する期間保存すればよいことが明確にされた。幼稚園時代の状況は小学校で指導上利用されれば目的は達成されるのであり，公簿としては幼稚園に保存されているのであるから，進学先の学校で卒業後までもいたずらに保存する必要はないからである。

なお，学校が廃止になった場合は，公立の学校にあっては市町村教育委員会，私立の学校にあっては都道府県知事が指導要録関係の書類を引き継いで保存することとなっているが（学校教育法施行令第31条），その場合の保存期間は，保存を要する期間から，当該学校においてこれらの書類を保存していた期間を控除した期間である（学校教育法施行規則第28条第3項）。

対外的な証明書作成の場合

対外的に証明書を作成する必要がある場合には，指導要録の記載事項をそのまま転記することは必ずしも適切ではないので，プライバシー保護の観点や教育的な配慮の観点から，申請の趣旨等を確認した上で，証明の目的に応じて必要最小限の事項を記載するように留意する。

指導要録は，学校において備えなければならない表簿であって（学校教育法施行規則第28条第4項），指導に役立たせるほかに，外部に対する証明等のために役立たせるための原簿としての性格を持つものである。したがって，進学の際に調査書を求められたり，中学校以上にあっては就職の際に成績証明書を求められたり，その他いろいろな場合に証明書を求められたときに，学校は指導要録に基づいて証明書を作成することとなる。

しかし，このような場合には，指導要録に記載されている全ての事項について証明する必要があるわけではないので，単に指導要録の記載事項をそのまま転記することは必ずしも適当でない場合があり，証明の目的に応じて必要な事項を記載するように配慮することが大切である。

ただ，進学の場合の調査書のようなものは，通常の対外的証明の場合と若干事情が異なり，教育委員会などにおいてその様式や記載事項が定められている場合が多いので，このような場合には要求されている事項を全て指導要録に基づいて記載しなければならない。

また，近年，配偶者からの暴力など家庭内での暴力が問題になっている。

配偶者からの暴力の被害者の子どもについては，指導要録の記述を通じて転学先の学校名や所在地等の情報が加害者に伝わることが懸念される。

このような特別の場合には，平成21年の文部科学省の通知「配偶者からの暴力の被害者の子どもの就学について」を踏まえて，関係者は特別の事情があることを十分認識し，児童の転学先や居住地等の情報を厳格に管理し，それらを記している指導要録等の開示請求に対しては特に慎重にならなければならない。

通知表等を作成する場合

指導要録は法定の表簿であって，指導の過程や結果などを要約して記録しその後の教師の指導や児童の学習の改善に役立てたり証明の原簿としたりするものである。

一方，通知表等は，法令に定めがなく，各学校が児童の学習や生活の状況などを児童本人や保護者に伝えるために作成しているものである。両者には，こうした法令上の位置付けや性格の違いとともに，作成の時期にも違いがある。

一方，両者ともに，児童の学習の評価に関する表簿であり，教師の指導や児童の学習の改善につなげていくところに意義を見いだせるという点では共通するものがある。したがって，両者の関係をしっかり検討しておくことが必要である。指導要録における指導に関する記録自体は年度末に行われるものであるが，指導要録の評価の考え方を基本に据えて，年間の指導計画と併せて評価計画を作成することが重要である。そうした年間の計画の一環として，各学期末等の節目において通知表等によって児童や保護者に何をどのように伝えることが教育の目標を実現することにつながるのかを十分に検討し，通知表等の様式や内容を定めることが求められる。

なお，今回の通知では，通知表等の記載事項が指導要録の「指導に関する記録」に記載する事項を全て満たす場合には，設置者の判断により，指導要録の様式を通知表の様式と共通のものとすることが現行の制度上も可能であることが示されている。設置者がこうした判断を行う場合にあっても，評価を教師の指導と児童の学習の改善に生かす観点から十分な検討が行われることが望まれる。

特別支援学級の児童の指導要録

　小学校の特別支援学級の児童に係る指導要録については，特に必要がある場合には，特別支援学校の指導要録に準じて作成することが求められる。

　特別支援学級については，学習指導要領によることなく特別の教育課程を編成できる（学校教育法施行規則第138条）とされているので，当然指導内容や評価も異なってくる。特別支援学級の児童に係る指導要録の様式は，その教育課程によっては特別支援学校小学部の指導要録を参考にするのがむしろ適切な場合もある。このたび，小学校児童指導要録の改訂と併せて，特別支援学校小学部指導要録も同時に改訂されているので，それらを参照していただきたい。

　また，障害のある児童について作成する個別の指導計画に指導要録の指導に関する記録と共通する記載事項がある場合には，当該個別の指導計画の写しを指導要録の様式に添付することをもって指導要録への記入に替えることも可能であるとされている。

保存管理等

　学校においては，指導要録が有効に活用されるようにすることに配慮しつつ，保存管理の方法等の充実を図る観点から，学校の実情等に応じて，例えば，日常の指導に活用するための方法等について改善したり，保存管理に関する規程を整備したりするなど利用や保存管理の在り方を見直すことが大切である。

　指導要録の活用の現状をみると，証明のための原簿として大事に保管するあまり，必ずしも日常の指導に活用されているとは言いがたいような面もみられた。指導要録を日常の指導に生かすためには，例えば，新学期当初にあたっては，引き継いだ児童に係る指導要録を丹念に検討して，各欄に記載された諸記録の中から，指導上参考となる事実を一定の補助簿に転記しておくとか，あるいは前任者とこれからの担任者の間で指導要録をもとに，引き継ぎの打合せを行う場を設けるといった方法は，ぜひ行ってほしいものである。また，情報通信技術の活用によって，指導要録を指導により効果的に生かすことが可能になるのではないかと期待されている。

　保存管理に関する規程については，まだ定めていない学校もあり，規程を

定めていても，その内容は必ずしも十分なものとはいえない実情もある。これら学校においては，指導要録の保存管理や活用の在り方について検討を行い，とりわけ個人情報の保護に万全を期すという個人情報保護の法制整備の趣旨にかんがみれば，それを踏まえて規程の整備を図る必要がある。

規程については，教育委員会において統一的に定めることも考えられる。

規程にどのような内容を盛り込むかは，基本的には各学校における指導要録の保存管理や活用の在り方によるものであるが，一般的には次のような事項について規定することが考えられる。

① 規程を定める趣旨等に関する事項
② 保存管理の責任者及びその補助者に関する事項
③ 保存管理の方法に関する事項
④ 利用の方法等に関する事項
⑤ 外部に対する証明等への対応及びその手続きに関する事項
⑥ 保存期間経過後の取扱いに関する事項

経過措置

令和2年4月1日において小学校の第2学年以上の学年に在籍する児童に係る指導要録については，次のように取り扱うことになるものと考えられる。

(1) 従前の様式によりすでに作成されている指導要録のうち，「学籍に関する記録」については，今回の通知に基づいて新たに作成される指導要録の様式1「学籍に関する記録」とみなして取り扱うことができる。

(2) 今回の通知に基づいて新たに作成される指導要録の様式2「指導に関する記録」については，従前の様式によりすでに作成されている指導要録の記載内容を転記する必要はなく，両者を併せて保存する。

4

記入上の全般的な留意事項

記入上の留意事項

　指導要録の記入に当たっての全般的な留意事項については，従来通知において示されておらず，下記に示したものが一般的な留意事項と言えよう。

① 記入に当たっては，原則として常用漢字及び現代かなづかいを用いる。ただし，固有名詞はその限りではない。数字は算用数字を用いる。楷書で正確に記入する。

② 記入に当たっては，黒インクを用い，不鮮明なものや変色するものは避ける。なお，学校名・所在地等にゴム印を用いるのは差し支えないが，その場合は，明瞭な印を用い，スタンプインクの質も 20 年間の保存に耐えうるものを用いる。

③ 記入事項に変更があった場合には，その都度記入する。「学校名及び所在地（分校名・所在地等）」「校長氏名印」「学級担任者氏名印」，「児童」及び「保護者」の「現住所」など，変更または並記する必要の生ずる欄については，あらかじめその欄の上部に寄せて記入する。

④ 変更の必要が生じた場合は，その事項に 2 本線を引いて，前に書かれた部分が読み取れるようにしておく。変更には認印は不要だが，記入事項の誤記を訂正する場合には，訂正箇所に記入者（学級担任者）の認印を押したほうがよい。訂正印はできるだけ小さいものが望ましい。

情報通信技術の活用による指導要録の作成

　情報通信技術の活用に関する法整備が行われ，平成 22 年の通知において示されたように，指導要録の作成，保存，送付を情報通信技術を活用して行うことは，現行の制度上でも可能である。さらに今回の通知においては，教員の勤務負担の軽減を考慮し，その活用を通して指導要録等に係る事務の改善を推進することが重要であると強調されている。

　学校において情報通信技術を活用して指導要録の作成を行う場合には，上

に示した記入上の留意事項の一部を修正することとなる。すなわち，指導要録の作成は，電磁的記録によることとなる。また，指導要録の学籍に関する記録については，校長と学級担任者の氏名を記入し印を押すようになっているが，情報通信技術を活用し電磁的記録の作成を行う場合には，電子署名を行うことになる。指導要録において，校長と学級担任者の氏名の記入と押印については電子署名を行うことで替えることができる旨については，前回の通知において示され，今回の通知においても同様に示されている。

　なお，情報通信技術を活用して指導要録の作成を行う場合の留意事項については，第1章6節に詳細に示してあるので，参照していただきたい。

各欄の記入の時期

　指導要録は，児童の学籍ならびに指導の過程及び結果の要約を記録するものであるから，適切な時期に各欄を記入する必要がある。それぞれの欄は原則として次の時期に記入するのがよいであろう。

指導要録各欄の記入の時期

記入の時期	記入する欄
入学時	様式1（学籍に関する記録） 「児童」「保護者」「入学前の経歴」「入学・編入学等」「学校名及び所在地（分校名・所在地等）」
学年当初	様式1（学籍に関する記録） 「校長氏名印」「学級担任者氏名印」※氏名のみ 様式2（指導に関する記録） 「児童氏名」「学校名」「学級」「整理番号」
学年末	様式1（学籍に関する記録） 「校長氏名印」「学級担任者氏名印」※押印 様式2（指導に関する記録） 「各教科の学習の記録」「特別の教科　道徳」「外国語活動の記録」「総合的な学習の時間の記録」「特別活動の記録」「行動の記録」「総合所見及び指導上参考となる諸事項」「出欠の記録」
卒業時	様式1（学籍に関する記録） 「卒業」「進学先」
事由発生時	様式1（学籍に関する記録） 「入学・編入学等」「転入学」「転学・退学等」 ※その他，各欄のうち必要な事項（例：児童または保護者の姓の変更等）

5

指導要録の本人への開示

　指導要録の本人への開示については，これまで様々な議論がなされてきた。指導要録の性格は変わらないが，近年，個人情報保護の法制が整えられるとともに，最高裁の判決が示された。

　そこで，ここでは，個人情報保護法制，指導要録の性格，最高裁の判決の三つの観点から考え方を整理した上で，本人への開示の問題についての基本的な対応の原則と配慮事項を示すこととする。

個人情報保護法制の考え方

　近年，社会の情報化が急速に進展し，個人情報の利用とそのコンピュータやネットワークを通じた処理が拡大する中で，官民両部門を含めた個人情報保護の仕組みの確立への要請が高まっていた。また，欧米諸国では，1970年代から個人情報保護法制の整備が進められるとともに，1980年には，経済協力開発機構（OECD）「プライバシー保護と個人データの国際流通についてのガイドライン」（理事会勧告）が出され，八つの原則が示されていた。なお，その一つに，個人参加の原則がある。これは，自己に関するデータの所在や内容を確認させ，又は異議申立てを保障すべきとする考え方である。

　このような状況の下で，平成15年5月に，「個人情報の保護に関する法律」（以下，「個人情報保護法」という）をはじめとする関係の法律が制定された。

　個人情報保護の法制としては，まず「個人情報保護法」の前半で，「個人情報は，個人の人格尊重の理念の下に慎重に取り扱われるべきものであることにかんがみ，その適正な取扱いが図られなければならない」との基本理念や，国，地方公共団体がそれぞれ必要な施策を策定し，実施する責務を有することなどのいわば基本法的内容が定められている。その上で，個人情報の開示等については，民間部門については「個人情報保護法」の後半で，公的部門のうち国については「行政機関の保有する個人情報の保護に関する法

律」及び「独立行政法人等の保有する個人情報の保護に関する法律」で，それぞれ規定されている。また，地方公共団体については，各地方公共団体の個人情報の保護に関する条例によることになる。

　したがって，学校が保有する個人情報の開示等については，公立学校については，それぞれの地方公共団体の個人情報の保護に関する条例によって，国立学校（国立大学法人が設置する国立大学の附属学校）については，「独立行政法人等の保有する個人情報の保護に関する法律」によって，私立学校については，「個人情報保護法」によって，それぞれ取り扱うことになる。

　法令によって対象情報や適用除外の内容その他の規定は異なるが，本人からの開示請求に対し，一定の場合（例えば「独立行政法人等の保有する個人情報の保護に関する法律」では「当該事務又は事業の性質上，当該事務又は事業の適正な執行に支障を及ぼすおそれがあるもの」など）を除き，保有する個人情報を開示しなければならないという基本的な考え方は同じである。また，部分開示や訂正請求などについての規定があることも同じである。

　公立学校についてみると，総務省の調査によれば，平成 17 年度末までに全ての都道府県・市区町村で個人情報の保護に関する条例が制定されている。そして，そのほとんど全てにおいて，自己情報の開示や訂正の請求などについての規定が整備されている。しかし，その具体的内容は必ずしも一律ではなく，例えば，開示しないことができる自己情報について，「個人の評価……，判定，指導……等に関する情報」と規定したものもあれば，「個人の評価……，判定，指導……等に関するものであって，本人に知らせないことが明らかに正当であると認められるもの」と規定したものもみられる。

　したがって，指導要録の開示請求への対応については，それぞれ実際に適用される法律や条例等の規定を踏まえて検討を行う必要がある。

指導要録の性格からの考え方

　指導要録の本人への開示の問題について，平成 12 年の教育課程審議会の「児童生徒の学習と教育課程の実施状況の評価の在り方について（答申）」では，次のような考え方が示されている。

　　指導要録は，指導のための資料でもあることから，これを本人に開示するに当たっては，個々の記載内容，特に文章で記述する部分などについては，

53

事案によっては，それを開示した場合，評価の公正や客観性の確保，本人に対する教育上の影響の面で問題が生ずることなども考えられる。既に制定されている地方公共団体の個人情報保護条例においても，個人の評価等に関する情報については，事務の適正な執行に支障を生ずるおそれがある場合，開示しないことができる旨の規定が置かれているのが一般的であり，具体的な開示の取扱いについては，その様式や記載事項等を決定する権限を有する教育委員会等において，条例等に基づき，それぞれの事案等に応じ判断することが適当である。

　平成 31 年の中央教育審議会初等中等教育分科会教育課程部会の「児童生徒の学習評価の在り方について（報告）」や，それを踏まえた「学習評価及び指導要録の改善等について（通知）」では，直接触れられた部分はない。しかし，今回の通知でも，児童生徒の学籍並びに指導の過程及び結果の要約を記録し，その後の指導及び外部に対する証明等に役立たせるための原簿となるものであるという指導要録の性格は変わらないし，その記載事項や内容も基本的には変わらないといってよい。このことから，特に指導に関する記録を本人に開示した場合，上述のように，評価の公正や客観性の確保，本人に対する教育上の影響の面で問題が生ずることなどへの懸念があることは変わっていないと言える。

　したがって，指導要録の開示請求への対応については，このような指導要録の性格や記載内容から発生し得ると懸念される問題を考慮して検討を行う必要がある。

最高裁判決の考え方

　これまで，地方公共団体の個人情報の保護に関する条例に基づく指導要録の本人への開示請求に対する非開示の処分を不服として，いくつかの訴訟が提起され，それらの判決での判断は，高裁段階でも全面開示，部分開示，全面非開示と分かれていた。

　平成 15 年 11 月 11 日に最高裁（第三小法廷）の判決が示され，これをもって，これまで分かれていた司法の判断について一つの結論が示されたものと考えることができるであろう。

　最高裁の判決では，「指導に関する記録」のうち，「各教科の学習の記録」欄中の「Ⅲ所見」欄，「特別活動の記録」欄及び「行動及び性格の記録」欄

に記録されている情報について，「児童の学習意欲，学習態度等に関する全体的評価あるいは人物評価ともいうべきものであって，評価者の観察力，洞察力，理解力等の主観的要素に左右され得るものであるところ，……当該情報については，担任教師が，開示することを予定せずに，自らの言葉で，児童の良い面，悪い面を問わず，ありのままを記載していたというのである。このような情報を開示した場合，原審が指摘するような事態（※執筆者注：「当該児童等の誤解や不信感，無用の反発等を招き，担任教師等においても，そのような事態が生ずることを懸念して，否定的な評価についてありのままに記載することを差し控えたり，画一的な記載に終始するなど」）が生ずる可能性が相当程度考えられ，その結果，指導要録の記載内容が形がい化，空洞化し，適切な指導，教育を行うための基礎資料とならなくなり，継続的かつ適切な指導，教育を困難にするおそれを生ずることも否定することができない」として，条例の規定による「非開示情報に該当するとした原審の判断は，正当として是認することができる」と示されている。

一方，「各教科の学習の記録」欄中の「Ⅰ観点別学習状況」欄及び「Ⅱ評定」欄に記載されている情報については，「児童の日常的学習の結果に基づいて学習の到達段階を示したものであって，これには評価者の主観的要素が入る余地が比較的少ないものであり，3段階又は5段階という比較的大きな幅のある分類をして，記号ないし数字が記載されているにすぎず，それ以上に個別具体的な評価，判断内容が判明し得るものではない。そうすると，これを開示しても，原審がいうような事態やおそれを生ずるとはいい難い」とされ，また「標準検査の記録」欄に記載されている情報についても，「実施した検査の結果等客観的な事実のみが記載されているというのであるから，これを開示しても，原審がいうような事態やおそれ（※執筆者注：「児童等が，検査結果を固定的，絶対的なものとして受け止め，とりわけ結果が良好でなかった場合には学習意欲や向上心を失ったり，無用な反発をし，その結果，児童等と担任教師等との間の信頼関係が損なわれ，その後の指導等に支障を来すおそれがあるし，担任教師等においても，そのような事態が生ずることを懸念して検査結果の記載を差し控えるなどし，その結果，継続的かつ適切な指導，教育を困難にするおそれがある」）を生ずることは考え難い」

とされ，したがって，これらの情報については，条例の規定による「非開示情報に該当しないというべきである」と示されている。

　したがって，指導要録の開示請求への対応については，このような最高裁の判決の内容を考慮して検討を行う必要がある。

本人への開示の問題についての基本的な対応と配慮事項

　上述のような個人情報保護の法制の趣旨及び最高裁の判決その他から考えると，本人からの指導要録の開示請求については，次のような考え方に立って対応することが基本となるであろう。

　①　個人情報保護の法制が整備されたことから，本人からの指導要録の開示請求等については，それぞれの個人情報の保護に関する法律又は条例等の規定に基づいて検討し判断する必要があること。

　②　事務の適正な執行に支障がある情報を除いて，本人からの開示請求に応じる必要があること。不開示情報の整理については，最高裁の判決が参考になること。なお，不開示情報が含まれている場合でも，その部分を除いて開示をする必要があること。

　③　訂正等の請求については，明白な事実の誤りがあれば訂正等を行う必要があること。

　この問題を考えるに際しては，今後，次のような事項に配慮することが大切である。

⑴　児童の指導の過程及び結果の要約を記録しその後の指導に役立たせるという指導要録の性格と，個人情報の保護を両立させるように考えること

　指導要録の「指導に関する記録」については，指導に役立たせるという性格や5年間保存する表簿であることを考慮して，それにふさわしい情報を記録することが求められる。本人からの開示請求が想定されるからといって，指導要録に記録すべき情報の記載を躊躇したり，画一的な内容になったりしないようにする必要がある。指導要録の記録が形がい化することは，表簿としての存在の意義が失われるということであるが，さらに指導要録の評価の考え方や方法は日常の評価の基本となっており，日常の評価そのものが適切に行われなくなることにつながるおそれもある。

そうならないようにするためには，評価の妥当性や信頼性を高める工夫を進めることが求められる。

妥当性とは，「テストなどの評価用具が，測定しようとしているものを実際に測定している程度」（『教育評価事典』図書文化，2006，p66）のことである。その確保のためには，評価結果と評価しようとした目標の間に関連性があること，評価方法が評価の対象である資質や能力を適切に把握するものとしてふさわしいものであることなどが求められる。

また，信頼性とは，「測定の一貫性・安定性の程度」（同書，p66）である。その確保のためには，学校間での評価規準や評価方法の共有，評価に関する研修の推進などが大切である。

このような取組により，評価の結果がきめの細かい指導の充実や児童一人一人の学習の確実な定着にいっそう生かされるとともに，より明確な根拠をもって評価の結果を児童や保護者に対して説明できるようになるであろう。その際，評価結果の説明の充実とともに，評価に関する仕組み等を事前に説明することも大切である。

このように，指導要録の性格を踏まえた取組は，個人の人格尊重の理念の下に個人情報を慎重かつ適正に取り扱うことにつながるものと考えられる。

(2) 開示請求への対応についての事前検討

開示請求等に対する実施機関の決定については，それぞれの法律や条例において，例えば「○○日以内」といったように期限が定められていることが多い。開示請求が行われてから対応について検討をはじめるようでは十分な時間がとれないことも考えられる。すでに，法制が整備され，最高裁の判決が示されているのであるから，まだ開示請求がない地方公共団体等においても，請求があった場合に適切に対応するために，あらかじめ基本的な方針について検討しておくことが望まれる。

6 情報通信技術の活用による指導要録等の事務の改善

情報通信技術の活用の基本的な方向

　かつては書面により行うことが当然の前提と考えられてきた指導要録等の事務についても，情報通信技術のめざましい進歩によりこれを活用することが重要であると考えられるようになった。

　このことについて，今回の通知では，教師の勤務負担の軽減の視点から効果的・効率的な学習評価の推進にかかわって，次のような配慮事項を示している。

　　法令に基づく文書である指導要録について，書面の作成，保存，送付を情報通信技術を用いて行うことは現行の制度上も可能であり，その活用を通して指導要録等に係る事務の改善を推進することが重要であること。特に，統合型校務支援システムの整備により文章記述欄などの記載事項が共通する指導要録といわゆる通知表のデータの連動を図ることは教師の勤務負担軽減に不可欠であり，設置者等においては統合型校務支援システムの導入を積極的に推進すること。仮に統合型校務支援システムの整備が直ちに困難な場合であっても，校務用端末を利用して指導要録等に係る事務を電磁的に処理することも効率的であること。

　また，今回の通知のもととなった「児童生徒の学習評価の在り方について（報告）」（中央教育審議会初等中等教育分科会教育課程部会，平成 31 年 1 月）では，さらに幅広い視野から学習評価における情報通信技術の活用がとらえられ，その重要性が指摘されている。

　　教師の勤務実態なども踏まえ，指導要録や通知表，調査書等の電子化に向けた取組を推進することは不可欠であり，設置者である各教育委員会において学習評価や成績処理に係る事務作業の負担軽減に向けて，統合型校務支援システム等のＩＣＴ環境を整備し，校務の情報化を推進する必要がある。
　　とりわけ，現在ＣＢＴ化が検討されている全国学力・学習状況調査をはじ

め，様々な学習に関するデータが記録・蓄積されるようになると，こうした
データについて，進学や転校等に際してデータ・ポータビリティの検討が求め
められる。各学校設置者においては，こうした点も視野に入れながら，ＩＣ
Ｔ環境整備を行うとともに，電子的に記録された様々な学習情報の保護と活
用についても検討していくことが求められる。

　このように，かつては例えば指導要録や通知表をパソコンで作成してよい
かといった次元で考えられていたものが，今日では，指導要録を含めた学習
評価に関する事務，さらには教務関係事務全体を視野において情報通信技術
を活用することによって教育の効果や事務の効率を高め改善を推進していく
ようになってきたといえよう。

情報通信技術の活用に関する法令上の取扱い

　今回の通知において示されているように，指導要録の作成，保存，送付を
情報通信技術を活用して行うことは，現行の制度上でも可能である。

　すなわち，国・公立学校については，「行政手続等における情報通信の技
術の利用に関する法律」（平成 14 年法律第 151 号）と関係省令により，ま
た私立学校については，「民間事業者等が行う書面の保存等における情報通
信の技術の利用に関する法律」（平成 16 年法律第 149 号）と関係省令によ
り，それぞれ指導要録の作成，保存及びその写しや抄本の送付を電磁的方法
により行うことができることとなっている。例えば，作成についてみると，
「書面の作成に代えて当該書面に係る電磁的記録を行うことができる」と定
められている（関係法令，p62）。情報通信技術の活用を進めるに際しては，
このような関係法令を踏まえて取組を行うことが必要である。

　また，各地方公共団体では文書や情報の取扱いに関係する規程等が定めら
れている。情報通信技術の活用に当たっては，それらとの整合を図ることに
も留意することが必要である。

情報通信技術の活用に際しての配慮事項

　情報通信技術を活用して指導要録を含め評価資料を記録したり整理したり
するに当たっては，まず，個人情報の保護の観点から，データが流出すると
いったことなどがないよう万全の配慮を行うことが必要である。

　その上で，特に指導要録の性格を考慮すると，その事務に情報通信技術を

活用するに際しては，次のようなことに配慮することが必要である。

① 原本の真実性の保持

指導要録については，指導とともに外部への証明に役立たせるための原簿であり，真実性の保持が重要である。このため，書面による場合には，校長と学級担任者の氏名を記入し印を押すようになっている。情報通信技術を活用し電磁的記録の作成を行う場合には，電子署名を行うことになる。

電子署名とは，電磁的記録に記録できる情報について行われる措置であって，その情報が署名を行った者が作成したものであることを示すものであるとともに，情報が改変されていないかどうかを確認することができるものをいう。

指導要録において，校長と学級担任者の氏名の記入と押印については電子署名を行うことで替えることができる旨については，文部科学省の通知において示されている。

② 改ざんの防止

指導要録には，個人情報や学習評価に関する情報が数多く記録されていることから，改ざんされることがないようにしなければならない。例えば，接続できるパソコンの限定，IDやパスワード，電子証明書の利用など，適切なセキュリティ対策を施すことが求められる。

③ 長期保存への対応

指導要録は，学校教育法施行規則第28条第2項によって，指導に関する記録については5年間，学籍に関する記録は20年間保存しなければならない。このような長期間にわたって適切に保存できる方法が検討されなければならない。

これらにかかわって，個人情報保護等の観点から，データの流出や消失等の防止に十分な配慮が行われることが必要である。

指導要録と通知表との連動

平成22年の通知では，「情報通信技術の活用により指導要録等に係る事務の改善を検討することも重要である」との表現にとどまっていたが，今回の通知では，昨今の学校の働き方改革に伴う教員の勤務負担の軽減の視点から，指導要録と通知表との連動について，次のような表現が盛り込まれた。

統合型校務支援システムの整備により文章記述欄などの記載事項が共通する指導要録といわゆる通知表のデータの連動を図ることは教師の勤務負担軽減に不可欠であり，設置者等においては統合型校務支援システムの導入を積極的に推進すること。仮に統合型校務支援システムの整備が直ちに困難な場合であっても，校務用端末を利用して指導要録等に係る事務を電磁的に処理することも効率的であること。

　これらの方法によらない場合であっても，域内の学校が定めるいわゆる通知表の記載事項が，当該学校の設置者が様式を定める指導要録の「指導に関する記録」に記載する事項を全て満たす場合には，設置者の判断により，指導要録の様式を通知表の様式と共通のものとすることが現行の制度上も可能であること。その際，例えば次のような工夫が考えられるが，様式を共通のものとする際には，指導要録と通知表のそれぞれの役割を踏まえることも重要であること。

・　通知表に，学期ごとの学習評価の結果の記録に加え，年度末の評価結果を追記することとすること。
・　通知表の文章記述の評価について，指導要録と同様に，学期ごとにではなく年間を通じた学習状況をまとめて記載することとすること。
・　指導要録の「指導に関する記録」の様式を，通知表と同様に学年ごとに記録する様式とすること。

　「3　指導要録の取扱い上の留意事項」の「通知表等を作成する場合」（p47）には，これまで指導要録と通知表の性格を考慮し，それぞれの役割の視点から作成すべきとの考えを中心に記述している。今回の通知においては，指導要録と通知表がともに学習状況の評価を記録したものであること，教師の負担軽減が喫緊の課題であることなどの観点から，指導要録と通知表の連動のための具体的な工夫例が示された。

　各学校においては，今回の通知を参考に，指導要録と通知表の役割を踏まえつつ，学習評価を記録する際の教師の負担軽減につながるよう方策を検討することが求められる。

情報通信技術の活用に向けた取組

　情報通信技術の活用により指導要録等に係る事務の改善を検討するに当たっては，先行的な事例を参考にすることが考えられる。

　例えば，熊本県教育委員会においては，県立学校における指導要録をはじ

め成績一覧表や通知表を含めた校務支援システムなどの開発が進められてきている。教務関係を含めた校務支援システムの導入により,その調査研究の過程では,教員が児童生徒と向き合う時間が増加し,事務職員の事務量が削減されるといった効果もみられたようである。

　一方,情報通信技術の活用を全国的に普及させるためには,電子認証の在り方やコストなどの課題も指摘されている。

　今後,都道府県の教育委員会や小・中学校を設置する市町村の教育委員会などにおいて,先行的な事例の情報を集めつつ,情報通信技術の活用について検討が進められることが期待されている。

関係法令

行政手続等における情報通信の技術の利用に関する法律

（電磁的記録による作成等）
第6条　行政機関等は,作成等のうち当該作成等に関する他の法令の規定により書面等により行うこととしているものについては,当該法令の規定にかかわらず,主務省令で定めるところにより,書面等の作成等に代えて当該書面等に係る電磁的記録の作成等を行うことができる。
3　第1項の場合において,行政機関等は,当該作成等に関する他の法令の規定により署名等をすることとしているものについては,当該法令の規定にかかわらず,氏名又は名称を明らかにする措置であって主務省令で定めるものをもって当該署名等に代えることができる。
（備考）　この法律においては,「作成等」とは書面又は電磁的記録を作成し又は保存することを指している。

文部科学省関係の行政手続等における情報通信の技術の利用に関する省令

（署名等に代わる措置）
第5条
3　法第6条第3項に規定する主務省令で定める措置とは,電子署名を行い,当該電子署名に係る電子証明書であって,行政機関等の定めるものを添付することをいう。
（電磁的記録による作成等）
第8条　行政機関等は,法第6条第1項の規定により電磁的記録の作成等を行うときは,当該作成等に係る情報を行政機関等の使用に係る電子計算機に備えられたファイルへ記録する方法又は磁気ディスク（これに準ずる方法により一定の事項を確実に記録しておくことができる物を含む。）をもって記録する方法により行うものとする。

民間事業者等が行う書面の保存等における情報通信の技術の利用に関する法律

（電磁的記録による作成）
第4条　民間事業者等は,作成のうち当該作成に関する他の法令の規定により書面に

より行わなければならないとされているもの（当該作成に係る書面又はその原本，謄本，抄本若しくは写しが法令の規定により保存をしなければならないとされているものであって，主務省令で定めるものに限る。）については，当該他の法令の規定にかかわらず，主務省令で定めるところにより，書面の作成に代えて当該書面に係る電磁的記録の作成を行うことができる。

3　第1項の場合において，民間事業者等は，当該作成に関する他の法令の規定により署名等をしなければならないとされているものについては，当該法令の規定にかかわらず，氏名又は名称を明らかにする措置であって主務省令で定めるものをもって当該署名等に代えることができる。

（備考）　第2条の規定により，私立小・中学校は，民間事業者等に該当する。

文部科学省の所管する法令の規定により民間事業者等が行う書面の保存等における情報通信の技術の利用に関する省令

（法第4条第1項の主務省令で定める作成）

第5条　法第4条第1項の主務省令で定める作成は，別表第二の上欄に掲げる法令の同表の下欄に掲げる規定に基づく書面の作成とする。

別表第二（第5条—第7条関係）

法　令　名	条項
学校教育法施行規則	第24条

（電磁的記録による作成）

第6条　民間事業者等が，法第4条第1項の規定に基づき，別表第二の上欄に掲げる法令の同表の下欄に掲げる規定に基づく書面の作成に代えて当該書面に係る電磁的記録の作成を行う場合は，民間事業者等の使用に係る電子計算機に備えられたファイルに記録する方法又は磁気ディスク等をもって調製する方法により作成を行わなければならない。

（作成において氏名等を明らかにする措置）

第7条　別表第二の上欄に掲げる法令の同表の下欄に掲げる規定による作成において記載すべき事項とされた記名押印に代わるものであって，法第4条第3項に規定する主務省令で定めるものは，電子署名（電子署名及び認証業務に関する法律（平成12年法律第102号）第2条第1項の電子署名をいう。）とする。

電子署名及び認証業務に関する法律

（定義）

第2条　この法律において「電子署名」とは，電磁的記録（電子的方式，磁気的方式その他人の知覚によっては認識することができない方式で作られる記録であって，電子計算機による情報処理の用に供されるものをいう。以下同じ。）に記録することができる情報について行われる措置であって，次の要件のいずれにも該当するものをいう。

(1)　当該情報が当該措置を行った者の作成に係るものであることを示すためのものであること。

(2)　当該情報について改変が行われていないかどうかを確認することができるものであること。

本書の用語表記について（凡例）

答申
→ 幼稚園，小学校，中学校，高等学校及び特別支援学校の学習指導要領等の改善及び必要な方策等について（答申）（中教審第 197 号）（平成 28 年 12 月 21 日，中央教育審議会）
http://www.mext.go.jp/b_menu/shingi/chukyo/chukyo0/toushin/1380731.htm

報告
→ 児童生徒の学習評価の在り方について（報告）（平成 31 年 1 月 21 日，中央教育審議会初等中等教育分科会教育課程部会）
http://www.mext.go.jp/b_menu/shingi/chukyo/chukyo3/004/gaiyou/1412933.htm

通知
→ 小学校，中学校，高等学校及び特別支援学校等における児童生徒の学習評価及び指導要録の改善等について（通知）（30 文科初第 1845 号）（平成 31 年 3 月 29 日，文部科学省初等中等教育局）
http://www.mext.go.jp/b_menu/hakusho/nc/1415169.htm

新学習指導要領
→ 平成 29・30 年改訂学習指導要領
http://www.mext.go.jp/a_menu/shotou/new-cs/1384661.htm

旧学習指導要領
→ 平成 20・21 年改訂学習指導要領
http://www.mext.go.jp/a_menu/shotou/new-cs/youryou/index.htm

新観点（3 観点）
→「知識・技能」「思考・判断・表現」「主体的に学習に取り組む態度」。つまり，平成 31 年「通知」で示された観点別学習状況の 3 観点のこと。

旧観点（4 観点）
→「知識・理解」「技能」「思考・判断・表現」「関心・意欲・態度」。つまり，平成 22 年「通知」で示された観点別学習状況の 4 観点のこと。

今回の改訂
→「平成 29・30 年改訂学習指導要領」又は平成 31 年「通知」。及び両方のこと。

第2章

学籍に関する記録

様式1（学籍に関する記録）

区分＼学年	1	2	3	4	5	6
学　級						
整理番号						

① 学　籍　の　記　録

児童	ふりがな		性別		入学・編入学等	年　　月　　日　第1学年　入学 　　　　　　　　　　　第　学年編入学
	氏　名					
	生年月日	年　　月　　日生			転　入　学	年　　月　　日　第　学年転入学
	現住所					
保護者	ふりがな				転学・退学等	（　　　年　　月　　　日） 　　　年　　月　　　日
	氏　名					
	現住所				卒　業	年　　月　　　日
入学前の経歴					進　学　先	
学　校　名 及　　　　び 所　在　地 （分校名・所在地等）						

②

年　度	年度	年度	年度
区分＼学年	1	2	3
校長氏名印			
学級担任者 氏　名　印			

年　度	年度	年度	年度
区分＼学年	4	5	6
校長氏名印			
学級担任者 氏　名　印			

① 学籍の記録 … 66

② 学校名及び所在地，校長氏名印・学級担任者氏名印 … 79

学籍の記録

欄外の整理番号の欄

区分＼学年	1	2	3	4	5	6
学　級	3	3	1	1	2	2
整理番号	18	19	17	17	18	18

　この欄は，毎学年の所属学級や児童の番号を記入することによって，整理上の能率化をはかるという意味を持っている。

　これらは，各学校における指導要録の整理・保存に便利なように設けられているものであり，それぞれの学校の実情に応じた記載方法を工夫することが望ましい。

「学籍に関する記録」について

> 学籍に関する記録については，原則として学齢簿の記載に基づき，学年当初及び異動の生じたときに記入する。

　この欄は，「児童」の氏名，性別，生年月日，現住所，「保護者」の氏名，現住所，「入学前の経歴」「入学・編入学等」の年月日，事由等，「転入学」の年月日，事由等，「転学・退学等」の年月日，事由等，「卒業」の年月日，「進学先」について記録する欄である。指導要録が学校における児童の戸籍簿的性格を持っていることからして，この欄は重要な欄である。したがって，記入に当たっては，原則として学齢簿の記載に基づいて関係事項を記入することになっている。

　学齢簿は，市町村教育委員会が当該市町村に住所を有する者について，市町村長が作成した住民基本台帳に基づいて編製することになっている（学校教育法施行令第1条第2項，第2条後段）。住民基本台帳に記載されていない者であっても，当該市町村に住所を有する者であれば，この者についても学齢簿を編製することとなっており，この場合，教育委員会は，住民基本台

帳に脱漏または誤載があると認める旨を速やかに当該市町村長に通知しなければならない（住民基本台帳法第13条）。このように，学齢簿は，その市町村に住所を有する学齢児童であれば，必ず編製されることとなっている。

この学齢簿に記載する事項は，学校教育法施行規則第30条に掲げられており，おおむね，児童の氏名・現住所・生年月日・性別，保護者の氏名・現住所・保護者と児童との関係，就学する学校の名称・入学・転学・卒業年月日，その他就学の督促や就学義務の猶予・免除等に関する事項等があり，これらの事項によって，「学籍の記録」の欄の大部分が記入できるのである。

通常の場合，各学校においては，担任教師が児童の家庭調査を行って，「家庭調査票」とか「家庭環境票」というものを作成しているから，これらの諸票によってもこの欄の記入はできるが，指導要録が持っている公簿としての性格から，学齢簿によることを特に明示し，記載事項が同一のものについては，相互に一致させておく必要があるため，原則として学齢簿に基づいて記入することとなっている。

学校における調査などによって，学齢簿の記載のほうが間違っていることを発見したような場合には，教育委員会に連絡して学齢簿を訂正してもらい，それに基づいて指導要録も記入するというようにすることが望ましい。このようにして，つねに学齢簿と指導要録の「学籍の記録」との間に相違がないようにしておかなければならない。

この欄の記入の時期は，児童が小学校の第1学年に入学した当初か，転入学・編入学等，あるいは転学・退学等があった場合に記入する。

児童の欄

児童	ふりがな	さ　と　う　だ　い　き	性別	男
	氏　名	佐　藤　大　輝		
	生年月日	平成24 年　9 月　3 日生		
	現住所	東京都文京区大塚1丁目4番15号		

この欄は，原則として学齢簿の記載に基づき記入しなければならない。た

だし，児童の氏名につけるふりがなは，学齢簿に記載されていないから，別に「家庭調査票」などでよく確かめた上で記入しなければならない。

　性別については，男女はいずれか該当するほうを記入する。

　なお，氏名は，通称を持つ児童であっても，学齢簿の記載どおり正式の氏名を記入する。

［児童の現住所に変更があった場合］

　学齢児童の転入または転居について，住民基本台帳法第22条または第23条の規定に基づく届け出が市町村長に対して行われたときは，市町村長は，当該市町村の教育委員会に通知しなければならないこととなっている（学校教育法施行令第4条）ので，これに基づいて自動的に学齢簿の現住所の訂正が行われることとなる。学齢簿の現住所に変更があれば，この欄の現住所の訂正を行う必要があるが，学齢簿の記載事項に変更があった場合の学校と教育委員会相互の通知連絡関係は特に明定されていないので，学校が児童から連絡を受けて変更の事実を知ったときは，学齢簿の訂正を確認して記録する必要がある。

児童	ふりがな	たか はし ゆ い	性別	女
	氏　名	高　橋　結　衣		
	生年月日	平成24　年　10　月　23　日生		
	現住所	~~東京都文京区大塚1丁目4番15号~~ 東京都文京区大塚3丁目2番1号		

保護者の欄

保護者	ふりがな	い　とう　だい　すけ
	氏　名	伊　藤　大　輔
	現住所	児童の欄に同じ

　「氏名」の欄には，児童に対して親権を行う者を，親権を行う者のいないときは，未成年後見人を記入する。

68

保護者とは，学校教育法第16条にいう児童に対して親権を行う者であって，親権を行う者のいないときは未成年後見人をいう。つまり，この欄は，法律上の保護者について記入する欄である。したがって，父母と離れて祖母の家から通っている児童の場合でも，この欄に記入するのは，祖母ではなく親権者たる父母になるわけである。

　親権者という場合は，一般には父母の二人であるが，この欄に記入する場合には，両方を書く必要はなく，そのうちの実質的に親権を行う者を書けばよい。普通の場合は父親であると思われるが，家庭の特殊事情などで母親が実際に保護者の役目を果たしているような場合には，母親を書く。もちろん，この場合に学齢簿の記載と一致を図るようにしなければならない。

　氏名の欄　ここには，上述の保護者の氏名を記入するが，ふりがなは児童の氏名同様に別途に調べて記入する。

　現住所の欄　ここは，正確に記入しなければならないが，児童の現住所と同一の場合には，「児童の欄に同じ」と略記する。

[保護者の氏名・住所が変更した場合]

保護者	ふりがな	~~い　と　う　だい　すけ~~　　い　と　う　ゆう　こ
	氏　名	~~伊　藤　大　輔~~　　伊　藤　裕　子
	現住所	~~東京都文京区大塚1丁目4番15号~~ 東京都文京区大塚3丁目2番1号

入学前の経歴の欄

入学前の経歴	平成29年4月から平成31年3月まで 白百合幼稚園在園

> 　小学校及び特別支援学校小学部（以下「小学校等」という。）に入学するまでの教育・保育関係の略歴（在籍していた幼稚園，特別支援学校幼稚部，保育所又は幼保連携型認定こども園等の名称及び在籍期間等）を記入する。なお，外国において受けた教育の実情なども記入する。

　この欄には，例えば，令和○年○月から令和○年○月まで，○○幼稚園在園とか，○○保育所在所というように記入する。小学校入学前の教育又は保育機関である，幼稚園，特別支援学校幼稚部，保育所又は幼保連携型認定こ

ども園の名称及び在籍期間を記録しておく。ただし，家庭での保育について
はあまり詳しく記入する必要はないと考えられている。

外国で受けた教育の実情なども，この欄に記入すればよい。

入学・編入学等の欄

入学・編入学等	令和2　年　4　月　1　日　第1学年　入学 ~~第　学年編入学~~

(1)　入　学
　　児童が第1学年に入学した年月日を記入する。
(2)　編入学等
　　第1学年の中途又は第2学年以上の学年に，在外教育施設や外国の学校等
　から編入学した場合，又は就学義務の猶予・免除の事由の消滅により就学義
　務が発生した場合について，その年月日，学年及び事由等を記入する。

(1)　入学の場合

　指導要録の記入に当たっては，入学とか編入学等あるいは転学とか退学等
という用語の概念を理解しておくことが大切である。

　「入学」とは，児童が小学校の第1学年に初めて就学することをいう。し
たがって，同一の児童については，入学ということは，指導要録の上では，
小学校の第1学年に入る場合だけということになる。

　入学年月日については，昭和32年2月25日付通達「学齢簿および指導
要録の取扱について」によると，「入学年月日は，公立学校にあっては，教
育委員会が通知した入学期日，その他の学校にあっては，当該学校において
通知した入学期日とすること」となっている。すなわち，市町村立学校に
あっては，市町村教育委員会が通知した入学期日を記入し，私立学校や国立
学校にあっては，その学校が定めて通知した入学期日を記入することになっ
ている。

　ちなみに，市町村の教育委員会は，就学予定者の入学期日の通知，及び就
学すべき学校の指定をしなければならないことが，法令により定められてい
る（学校教育法施行令第5条—第8条）。

　この指定する年月日は，必ずしも入学式を挙行する日と一致するものでは
ない。例えば，入学すべき日を4月1日と指定し，入学式は2日以後に行う

場合もあるのである。この入学の年月日については，かつて，三重県教育長から質問があり，初等中等教育局長から，昭和29年8月12日付で次のように回答しているので，原則として4月1日とすることが適当であると言える。

質疑 応答

学齢簿に記載する入学及び卒業年月日について（行政実例）

問 学齢簿に記入する標記入学及び卒業年月日は，学校教育法施行規則（第59条）によって，それぞれ4月1日，3月31日と記入するのが正しいように思われるが，実状は実際に行った年月日を記入している向きも多いように思われるので，いずれにするのが正しいのか御照会申し上げます。

答 学齢簿に記入する入学年月日及び卒業年月日は，それぞれ教育委員会が通知した入学期日，校長が卒業を認定した期日であって，それらの期日は，原則として，4月1日又は3月31日とすることが適当である。

　この欄には，この趣旨を踏まえて入学年月日を記入し，「第1学年入学」の文字はそのまま生かして，その下にある「第　学年編入学」の文字は消除する。

　特定の児童が，家庭の都合その他やむをえない事情で，指定された入学期日よりも遅れて出校した場合においても，出校した日を記入するのではなく，この欄には他の児童同様に指定された入学期日を記入する。この出校するまでの日数についての出欠扱いは，休業日となっている場合は別であるが，入学期日の通知の遅延など特別の事情がない限り，欠席日数に計算されることになる。

　なお，この欄は，最初の就学について記入する欄であるから，他の学校に就学した者が第1学年の中途に転入学してきたような場合には，この欄には記入しないで，「転入学」の扱いをして，その該当欄に記入する。

(2) 編入学等の場合

　「編入学等」とは，第1学年の中途または第2学年以上の学年に入ること

を言う。ただし，次のような場合に限定されていて，普通の小学校から転校
してきた場合は，編入学とは言わないで転入学という概念に含めている。す
なわち，

① 外国にいた子どもが帰国して，小学校に入った場合
② 児童自立支援施設（児童福祉法第44条による施設）から，小学校に
　移ってきた場合
③ 上記②以外の場合で，学校教育法第18条の規定によって，就学義務
　の猶予・免除を受けていた者が，その事由消滅により，就学義務が発生
　して，小学校に入った場合

などの場合に，編入学等の概念で考えるのである。

　この欄には，上のような場合における，学校に入った年月日を記入し，
「第1学年入学」の文字は消除し，「第　学年編入学」の空白に学年を記入し，
その理由や事情等をこの欄の余白に記入する。

[児童自立支援施設から移ってきた場合]

入学・編入学等	令和2　年　9　月　1　日　~~第1学年　入学~~ 　　　　　　　　　　　　　　第3学年編入学 〇〇市〇〇学園退所，同園の証明により編入学

[就学猶予・免除の事由が消滅した場合]

入学・編入学等	令和2　年　9　月　1　日　~~第1学年　入学~~ 　　　　　　　　　　　　　　第3学年編入学 〇〇の病気が全快，就学可能のため，猶予された当時の 第3学年に編入学

転入学の欄

転　入　学	令和2　年　1　月　8　日　第5学年転入学 川越市立川越北小学校 埼玉県川越市北町2丁目7番1号 保護者の勤務地が変わり，本校学区域転居のため

　他の小学校等から転入学してきた児童について，転入学年月日，転入学年，
前に在学していた学校名，所在地及び転入学の事由等を記入する。

(1) 「転入学」とは，他の小学校等の児童が転校してきた場合のみを言う。すなわち，小学校間の移動についてのみ転入学という概念で考えている。したがって，小学校以外の学校，例えば，児童自立支援施設から移ってきた場合などは，これには含まない。これらは編入学等の概念に含めることになっている。

(2) この欄には，転入学の年月日，転入学年を記入し，その余白に，転入学以前に在学していた学校名，その所在地，及び転入学の事由等を記入する。もちろん，この転入学年月日も教育委員会が指定した年月日であって，保護者は，児童の住所地に変更があったときは，速やかに新住所地の市町村長に届け出なければならないことになっている（学校教育法施行令第4条）。

転学・退学等の欄

転学・退学等	（令和2　年　9　月　1　日） 令和2　年　9　月　1　日 山口市立第三小学校 山口県山口市栄町229番地 第5学年転入。保護者の転居のため

　他の小学校等に転学する場合には，転学先の学校が受け入れた日の前日に当たる年月日，転学先の学校名，所在地，転入学年及びその事由等を記入する。また，学校を去った年月日についても併記する。

　在外教育施設や外国の学校に入るために退学する場合又は学齢（満15歳に達した日の属する学年の終わり）を超過している児童が退学する場合は，校長が退学を認めた年月日及びその事由等を記入する。

　なお，就学義務が猶予・免除される場合又は児童の居所が1年以上不明である場合は，在学しない者として取り扱い，在学しない者と認めた年月日及びその事由等を記入する。

(1)　転学の場合

「転学」とは，児童がその学校から他の同種の学校に転校する場合を言い，転入学に対応する概念である。

この欄には，転学先の学校がその児童を受け入れた日の前日に当たる年月日を，下部の括弧のない年月日の欄に記入し，その余白に転学先の学校名，

所在地，転入学年及びその事由等を記入する。

　この欄の上部の括弧のある欄には，児童が転学のために学校を去った年月日，例えば，その学校の最後の授業を終えて校門を去った年月日を記入する。この日付は，学校に転学を願い出た日や，在学証明書の日付とは必ずしも同一ではない。実際に学校を去った日である。

　このように，二通りの年月日を記録するようにしているのは，転学の際には多くの場合，いわゆる転学のための旅行日数が何日かあることにかんがみ，その事実を明確に把握しようとしたためである。すなわち，転学のために学校を去り，その学校に通学していないことは事実であるが，その児童が転学先の学校でまだ受け入れられていないため，その児童の籍はまだもとの学校に置いておかなければならないということがある。したがって，事実としてはその学校に通学していないのであるが，なおその学校の児童とみなす日と，正式にその学校の児童ではないとした日とを明らかに区別するために，このような記入の仕方になっていると解される。

　しかし，転学先の学校が近隣のために，例えば，午前中はもとの学校で，午後は転学先の新しい学校で授業を受けるというような，いわゆる即日転学の場合がありうる。このような場合には，記入上の配慮事項どおり記入すると事実と矛盾したことが起こるから，括弧内にも，括弧のないほうにも，同じ日付を記入すればよい。そうしてその場合には，転学先の学校は受け入れ日をその日付の翌日としたほうがよい。そうするとその児童にとっては新旧両校に在籍が重複することはなくなる。

(2)　退学等の場合

　「退学等」とは，大体上述の編入学等に見合う概念である。すなわち，退学等には次のような場合が含まれる。

① 在外教育施設や外国の学校等に入るために学校を去る場合

② 学齢（満15歳に達した日の属する学年の終わりまで）を超過している児童が，就学義務がなくなったことによって学校を去る場合

③ 児童自立支援施設に入所する場合

④ 上記③以外の場合で就学義務の猶予・免除の措置がなされた場合

⑤ 児童の居所が1年以上不明で長期欠席を続けている場合

①と②の場合は，いわゆる退学という概念にふさわしいものであって，この場合には，校長が退学を認めた日を，下部の括弧のない年月日欄に記入し，その余白に事由等を記入する。

　③④⑤は退学と性格を異にする面もあり，昭和32年2月25日付「学齢簿および指導要録の取扱について」の通達（p70）の趣旨にも従って，在学しない者として取り扱うこととしている。この場合の記入の仕方は，校長が在学しない者と認めた年月日を，上部の括弧書きの年月日に記入し，その余白にその事由等を記入する。

[外国にある学校に入る場合]

転学・退学等	（　　年　　月　　日） 令和2　年　9　月　19　日 アメリカ合衆国サンフランシスコ市，現地日本人学校へ，父親の転勤のため。（2年）

[児童が死亡した場合]

転学・退学等	（　　年　　月　　日） 令和3　年　7　月　10　日 交通事故にて児童死亡のため除籍（3年）

[就学義務の猶予・免除の場合]

転学・退学等	（令和2　年　9　月　18　日） 　　年　　月　　日 小児麻痺のため就学免除，自宅療養（2年）

[転学を申し出て，そのまま行方不明の場合（1年後に退学させる）]

転学・退学等	（令和3　年　4　月　5　日） 　　年　　月　　日 転学を申し出て，行先を神戸市と告げ，そのまま行方不明につき退学（5年）

第2章

1　学籍の記録（様式1）

75

卒業の欄

卒　　業	令和3　年　3　月　31　日

　校長が卒業を認定した年月日を記入する。

　この年月日は，原則として3月末であることが適当であるとされている。このことについては，前述の質疑応答「学齢簿に記載する入学及び卒業年月日について」（p71）を参照されたい。

進学先の欄

進　学　先	文京区立茗荷谷中学校 東京都文京区大塚1丁目4番15号

　進学先の学校名及び所在地を記入する。

　児童が進学した中学校名とその所在地を記入する。この中学校には，特別支援学校中学部，義務教育学校の後期課程及び中等教育学校の前期課程が含まれる。

保護者の欄について―保護者が遠隔地にいる場合―

問　保護者（父母）が児童と離れて遠隔地にいて，実質的に親権を十分行使することができない場合でも保護者として記入するのか。

答　義務教育では親権を行う者が児童の就学についての義務を負っているのであるから，たとえ親権者が遠隔地（国外を含む）にいて親権を十分に行使できない場合でも，法律上の保護者を記入すべきである。

外国の学校からの編入学等について

問　児童が外国の学校に入るために退学したり，外国から帰国したりして編入学するような場合に，指導要録の記入や扱いはどうするか。

答　まず，外国の学校などに入るため退学する場合は，退学の扱いとして，「学籍の記録」の「転学・退学等」の欄の下部の年月日のところに校長が退学を認めた日を，その下の余白にその事由を記入する。学籍欄以外の各欄にも所要の事項を記入し，最後に校長が記載事項に誤りのな

いことを確認して押印する。これをもって原本の記載は完了し，この日の翌日以後「学籍に関する記録」は20年間，「指導に関する記録」は5年間，別に整理して保存することになる。

　校長は児童が外国にある学校などに入るために退学した場合等においては，当該学校が日本人学校その他の文部科学大臣が指定した在外教育施設であるときにあっては，国内の学校へ進学または転学した場合に準じて指導要録の抄本又は写しを送付することとし，それ以外の学校などにあっては，求めに応じて適切に対応することとなる。

　次に，外国から帰ってきた場合は，「編入学」の扱いとなる。この場合，新たに指導要録を作成することになるので，「学籍の記録」その他の欄に，所要事項を速やかに記入しなければならない。特に「入学・編入学等」の欄では，その学校に入った年月日（すなわち教育委員会が通知した日）を記入し，「第1学年入学」の文字を消除し，「第　学年編入学」の空白に，編入学した学年とその事由を下部の余白に記入する。

　なお，この場合，在学した外国の学校などにおける履修状況や指導の記録の写しなどの送付を受け，原本とあわせてつづっておくことが望ましい。このことについて旧文部省では，平成3年3月26日付で日本人学校長等あてに通知を出し，その中で，日本人学校及び私立在外教育施設においては，児童が日本に帰国した場合には，指導要録の写しを当該児童を受け入れた学校に送付することとしている。

夏季休業中（例7月22日）に転学の申し出があった場合について

問1 7月19日（金）が1学期の最後の授業日だが，7月22日に転学の申し出があった。この場合，指導要録の「転学・退学等」の欄の上部の括弧書きの年月日は何日とすべきか。

答「7月22日」となる。学校を去った年月日を記入すればよい。平常の場合は，申し出をしても授業を受け続ける日があるので，申し出た日と一致しない。しかし，休業中であれば，申し出の日を去った日としてよい。

問2 在学証明書を発行する場合，「○月○日まで在学したことを証明する」の日付は何日とすべきか。

答 たとえ夏季休業中に転学（学校を去る）しても，転学先の学校が受け入れる前日までは前の学校に籍があるとみなす。「転学・退学等」の欄の下部の括弧のない年月日がそれで，この日付を記入することになる。（例）7月22日に学校を去り，受け入れ校が9月1日に転入したという連絡を受ければ，8月31日まで在学したということになる。

問3 転学先の学校に何日に転入したかが不明の場合，7月の在籍の取扱いはどうするか。

答 原則はあくまでも転学先の学校あるいは教育委員会に問い合わせて転入日を確認してから数えるものである。しかし，長期休業期間中の場合，転学先学校への転入の問い合わせに対する返信は遅れがちになる。そこで，この例の場合は，普通，8月1日を転入日として指定する場合が多いので，見込みとして7月31日まで在籍していたことになろう。

問4 問3に関連して，出席簿の月末統計の在籍数はどう記入するか。「月末」とは，7月31日か，最後の授業日7月19日か。

答 月末統計の基準とする「月末」とは7月31日である。ゆえに，転学先の受け入れ日が8月1日以後であれば7月31日までは在籍とみなし在籍者に数え，受け入れ日が7月23日から7月31日の間であれば7月31日時点で籍はないわけで在籍者として数えない。

　なお，実際のケースとしては，このような場合，教育委員会のほうで書類上の手続きとして8月1日付の転入を指定し，7月31日までは前の学校に在学する，とする場合が多い。

児童自立支援施設へ入所した場合などについて

問 児童自立支援施設へ入所した場合など，就学義務の猶予・免除の措置がなされた者の指導要録の記入や扱いはどうするか。

答 児童自立支援施設へ入所した者については，「転学」に準じて指導要録の写しを作成し，これを入所先の児童自立支援施設の長に送付し，児童の教育に資することにしている。これらの児童自立支援施設に入所した場合など，就学義務の猶予・免除の措置がなされた場合は，指導要録の上では在学しない者として取り扱い，「学籍の記録」の「転学・退学等」の欄の上部括弧内に，校長が在学しないと認めた年月日を記入し，下部の余白にその事由を記入して，別のつづりに移して保存することになる。

　逆に，児童自立支援施設から移った場合など，就学義務の猶予・免除を受けていた者が，その事由の消滅により就学義務が生じて学校に入ってきた場合は，「編入学等」の扱いとなる。この場合，新たに指導要録を作成し，上問の「外国の学校からの編入学等について」の場合と同じ要領で所要事項を記入する。

原級留置の取扱いについて

問 原級留置となった児童について，留め置かれた学年から新指導要録に変わる場合，その学年の前の記録はどうなるか。

答 留め置かれた学年から新しく指導要録を作成し，前年までを記録した用紙と重ねて保管すればよいであろう。例えば，5年生で原級留置となった児童については，前の5年生は旧指導要録に，留め置かれた5年生以後は，新指導要録に記載することになる。

2

学校名及び所在地，校長氏名印・学級担任者氏名印

学校名及び所在地の欄

学 校 名 及 び 所 在 地 （分校名・所在地等）	文京区立茗荷谷小学校 東京都文京区大塚３丁目２番１号

> 分校の場合は，本校名及び所在地を記入するとともに，分校名，所在地及び在学した学年を併記する。

　この欄には，学校名及び所在地を記入しなければならない。その際，学校名や所在地は略さず正確に記入しなければならない。学校名については，市立，区立，町立，村立，組合立を省かずに，また所在地は，町名等の変更の場合を考えて余白を残して記入するよう配慮することが大切である。

　分校の場合は，本校名及び本校の所在地を記入するとともに，分校名，所在地及び在学した学年を併記しなければならない。指導要録は校長が作成するものとされていることから，学校の本拠たる本校名及び本校の所在地についての記載が当然必要となる。それとあわせて，分校名，所在地及び在学した学年を記入する。

　なお，分校の児童が途中から本校に通学するようになった場合には，その旨及び年月日を空白部分に記入しておくとよい。

　この欄の記入には，ゴム印の使用が正確かつ便利であろう。

校長氏名印・学級担任者氏名印の欄

年　度	令和 2　年度	令和 3　年度	令和 4　年度
区分＼学年	1	2	3
校長氏名印	小林　健二　㊞	小林　健二　㊞	小林　健二 （4～10 月） 渡辺　直美　㊞ （11～3 月）
学級担任者 氏　名　印	鈴木　聡子　㊞	鈴木　聡子　㊞ （4～8 月, 11～3 月） 宮田　徹平 （9～10 月）	加藤　健太 （4～12 月） 関口　彩香　㊞ （1～3 月）

　　各年度に，校長の氏名，学級担任者の氏名を記入し，それぞれ押印する。
（同一年度内に校長又は学級担任者が代わった場合には，その都度後任者の
氏名を併記する。）

　　なお，氏名の記入及び押印については，電子署名（電子署名及び認証業務
に関する法律（平成 12 年法律第 102 号）第 2 条第 1 項に定義する「電子署
名」をいう。）を行うことで替えることも可能である。

　この欄は，指導要録の作成を義務づけられている校長の氏名と，記入を担
当した教師の氏名とを明らかにし，その責任の所在を明確にするという意味
をもっている。

　校長及び学級担任者の氏名は原則として学年当初に記入することとなるが，
同一年度内に校長または学級担任者が代わった場合は，同じ欄内に後任者の
氏名を併記することとなっている。しかし，転入学児童について，新しく指
導要録を作成するときには，前校の校長氏名，学級担任者氏名は記入しない。

　学級担任者については，女子教員の産前産後の休暇中に臨時的に任用され
た教員が学級を担当した場合など，比較的短期の学級担任者であってもその
氏名を併記しなければならない。その際，氏名のそばに，臨時に担当した期
間を括弧書きで記入しておくとよい。

　校長及び学級担任者の押印は，指導要録の記入が完結したときに，その記
入責任を明らかにする意味で，通常，学年末に行うのが普通であるが，児童
が転学・退学等をした場合には，その児童については，その時点で指導要録

の記入は終わるわけであるから，その際押印して別に保存することになる。また，学級担任者の印については，通常の場合，押印するのは正規の学級担任者であるが，前記のような臨時に学級を担当した教師が，たまたま学年末や児童の転学などで指導要録の記入に当たった場合には，その教師が押印することになる。したがって，学年途中で学級担任者が代わった場合，前任者は押印する必要はない。

今回の通知でも示されているように，指導要録の作成，保存，送付を情報通信技術を活用して行うことは，現行の制度上でも可能である。学校において情報通信技術を活用して指導要録の作成を行う場合には，指導要録の学籍の欄については，校長と学級担任者の氏名を記入し印を押すようになっているが，これを電子署名によって替えることができることとしている。

外国人の児童の氏名の表記について

問 児童の氏名の欄に，外国人の児童の氏名の表記はどのようにしたらよいか。

答 児童の氏名の欄は，学齢簿の記載どおり記入することになっているので，その記載に従って記入することになる。外国人の児童の場合，学齢簿には，母国語により表記がなされている場合や片仮名表記等の場合がある。その場合，母国語表記や漢字表記の場合は，そのまま記入し，ふりがなは母国語に近い読み方で記入する。また，片仮名表記の場合は，外国人名の一般的な表記法である片仮名によりそのまま表記するのがよいだろう。

学級担任者が2名いる場合の学級担任者氏名印について

問 学級担任者を2名置いている場合，どのように記入し，押印するのか。

答 その場合の学級担任は，責任を有する主たる立場と補佐する副の立場があるが，記入押印は主たる者のみでよい。ただし，副たる者も慣例で記入押印しているのであれば踏襲してもよい。

第3章

指導に関する記録

様式2（指導に関する記録）

児 童 氏 名	学 校 名	区分	学年	1	2	3	4	5	6
		学 級							
		整理番号							

1 各 教 科 の 学 習 の 記 録

教科	観 点　　　　学 年	1	2	3	4	5	6
国語	知識・技能						
	思考・判断・表現						
	主体的に学習に取り組む態度						
	評定						
社会	知識・技能						
	思考・判断・表現						
	主体的に学習に取り組む態度						
	評定						
算数	知識・技能						
	思考・判断・表現						
	主体的に学習に取り組む態度						
	評定						
理科	知識・技能						
	思考・判断・表現						
	主体的に学習に取り組む態度						
	評定						
生活	知識・技能						
	思考・判断・表現						
	主体的に学習に取り組む態度						
	評定						
音楽	知識・技能						
	思考・判断・表現						
	主体的に学習に取り組む態度						
	評定						
図画工作	知識・技能						
	思考・判断・表現						
	主体的に学習に取り組む態度						
	評定						
家庭	知識・技能						
	思考・判断・表現						
	主体的に学習に取り組む態度						
	評定						
体育	知識・技能						
	思考・判断・表現						
	主体的に学習に取り組む態度						
	評定						
外国語	知識・技能						
	思考・判断・表現						
	主体的に学習に取り組む態度						
	評定						

2 特 別 の 教 科 道 徳

学年	学習状況及び道徳性に係る成長の様子
1	
2	
3	
4	
5	
6	

3 外 国 語 活 動 の 記 録

学年	知識・技能	思考・判断・表現	主体的に学習に取り組む態度
3			
4			

4 総 合 的 な 学 習 の 時 間 の 記 録

学年	学 習 活 動	観 点	評 価
3			
4			
5			
6			

5 特 別 活 動 の 記 録

内 容	観 点　　　　学 年	1	2	3	4	5	6
学級活動							
児童会活動							
クラブ活動							
学校行事							

1 各教科の学習の記録 … 84

2 特別の教科　道徳 … 124

3 外国語活動の記録 … 132

4 総合的な学習の時間の記録 … 140

5 特別活動の記録 … 149

児 童 氏 名	

6 　　　　　　　　　　　　　　行　動　の　記　録

項　目 ＼ 学年	1	2	3	4	5	6	項　目 ＼ 学年	1	2	3	4	5	6
基本的な生活習慣							思いやり・協力						
健康・体力の向上							生命尊重・自然愛護						
自主・自律							勤労・奉仕						
責任感							公正・公平						
創意工夫							公共心・公徳心						

7 　　　　　　　　総　合　所　見　及　び　指　導　上　参　考　と　な　る　諸　事　項

第1学年		第4学年	
第2学年		第5学年	
第3学年		第6学年	

8 　　　　　　　　　　　　　　出　欠　の　記　録

区分 ＼ 学年	授業日数	出席停止・忌引等の日数	出席しなければならない日数	欠席日数	出席日数	備　考
1						
2						
3						
4						
5						
6						

6 行動の記録 … 155

7 総合所見及び指導上参考となる諸事項 … 163

8 出欠の記録 … 180

1

各教科の学習の記録

参考様式

各教科の学習の記録							
教科	観点　　　　　学年	1	2	3	4	5	6
国語	知識・技能						
	思考・判断・表現						
	主体的に学習に取り組む態度						
	評定						
社会	知識・技能						
	思考・判断・表現						
	主体的に学習に取り組む態度						
	評定						
算数	知識・技能						
	思考・判断・表現						
	主体的に学習に取り組む態度						
	評定						
理科	知識・技能						
	思考・判断・表現						
	主体的に学習に取り組む態度						
	評定						
生活	知識・技能						
	思考・判断・表現						
	主体的に学習に取り組む態度						
	評定						
音楽	知識・技能						
	思考・判断・表現						
	主体的に学習に取り組む態度						
	評定						
図画工作	知識・技能						
	思考・判断・表現						
	主体的に学習に取り組む態度						
	評定						
家庭	知識・技能						
	思考・判断・表現						
	主体的に学習に取り組む態度						
	評定						
体育	知識・技能						
	思考・判断・表現						
	主体的に学習に取り組む態度						
	評定						
外国語	知識・技能						
	思考・判断・表現						
	主体的に学習に取り組む態度						
	評定						

国語→ p104

社会→ p106

算数→ p108

理科→ p110

生活→ p112

音楽→ p114

図画工作→ p116

家庭→ p118

体育→ p120

外国語→ p122

概　　説

　「各教科の学習の記録」の欄は，学習指導によって，児童が各教科で学習指導要領の目標をどの程度実現できたか，その結果を評価し記録する欄である。評価に当たっては，各教科の観点の趣旨を踏まえて，信頼性，妥当性（注①，p95）が高まるように評価しなければならない。

　特に新学習指導要領が資質・能力の育成を目指したものであることを踏まえて，評価の在り方を考える必要がある（注②，p95）。特に学習指導要領の作成過程で重要とされたコンピテンシー（注③，p95），新学習指導要領の総則に示された「主体的・対話的で深い学び」（コラム①，p99）に資するような評価の在り方を考える必要がある。

　そのために評価においては，パフォーマンス評価（コラム②，p100）やポートフォリオ評価なども部分的に活用することが求められる。ペーパーテストについても，単なる知識の記憶を確認するものではなく，一定程度の理解の深さを確かめる問題を組み込むことを意識しなければならない。

　学習指導要領の趣旨に沿った評価を行う必要があるのは，児童の学習観が評価の在り方によっても大きく影響されるためである。例えば，思考力を育成するつもりで指導していても，テストが知識を問う問題ばかりであれば，児童は知識の記憶こそ学習すべきことであると認識し，学習とは知識を頭に詰め込むことであるとの学習観を持つ。そのため，評価の在り方と学習指導要領の趣旨，指導の在り方は整合性を持っていなければならない。学習観の変化についても，目を配らなければならないのである（注④，p96）。

　さて，各観点は新学習指導要領等の各教科の目標に照らして，「十分に満足できる」状況と判断される場合にはA，「おおむね満足できる」状況と判断される場合にはB，「努力を要する」状況と判断される場合はC，と評価する点はこれまでと同様である。

　評定に関しても，これまでと同様に，新学習指導要領等に示す各教科の目標に照らして，「十分に満足できる」状況と判断される場合には3，「おおむね満足できる」状況と判断される場合には2，「努力を要する」状況と判断される場合は1，と評価する。

すべての教科が三つの観点に整理

　すべての教科が新しい三つの観点「知識・技能」「思考・判断・表現」「主体的に学習に取り組む態度」で評価されることとなった。これは従前の四つ（国語は五つ）からの大きな変更である。また，旧観点の「知識・理解」と「技能」が統合されて新観点「知識・技能」となった（旧観点がこれに当てはまらない教科もある）。さらに旧観点「関心・意欲・態度」は新観点「主体的に学習に取り組む態度」となり，観点を構成する意味内容にメタ認知能力が加わった（観点の名称は統一されたものの，各観点で示す意味内容は教科により実際には異なっている部分もある。ここでは一般的な意味を中心に観点の評価の留意点を説明する。教科ごとの観点の具体的な意味の違いは，「各教科等の評価の観点および趣旨」，p234～を参照されたい）。

　このように観点が大幅に整理されたのには二つの理由がある。直接の理由は，学習指導要領が資質・能力の三つの柱に従って整理されたことによる。三つの柱は「知識及び技能」「思考力，判断力，表現力等」「学びに向かう力，人間性等」である。このうち「学びに向かう力，人間性等」については，観点別評価になじむ部分とそうでない部分があることから，観点別評価になじむ部分として「主体的に学習に取り組む態度」を観点とした。この「主体的に学習に取り組む態度」の中には，メタ認知能力が含まれている（注⑤，p97）。ほかの二つの柱は，ほぼそのまま観点となった。

　三つの観点になったもう一つの理由は技術的な問題である。児童の資質・能力を構成する要素を細かく分析的に示すことはできても，実際の評価にあたっては構成要素を単独に評価することは極めて困難である。例えば1956年にブルーム（Bloom, B.S.）が「教育目標の分類学」で六つの教育目標（知識，解釈，応用，分析，総合，評価）とそれらを評価する問題例を示したが，その後の研究で，区別して評価できるのは知識を一方の極とし，総合と評価をもう一方の極とする二つであると考えられるようになった。総合と評価を極とする能力は，現在では「高次の技能」と言われる。要するに，認知的な分野に関しては，二つに区分して評価するのがせいぜいであると現在では考えられている。新観点「知識・技能」と「思考・判断・表現」はこれらとは名称が異なるとはいえ，ほぼこの二つの区分に相当する。

形成的評価の必要性の強調

　評価の改訂の議論の中では形成的評価の必要性が強調された。本書のテーマである指導要録の機能は基本的に総括的評価である。しかしながら今回の学習評価に関する中教審教育課程部会の報告（平成 31 年）や学習評価に関するワーキンググループの議論の中で形成的評価が重要であるとされたことを受けて，形成的評価についても簡単に説明する（注⑥，p97）。

　議論の中では，評価した結果を学習の改善に生かすべきであると述べられている。指導要録につながる日々の評価の中で，評価の結果を指導に生かすこと，形成的評価を実施することが求められているのである。形成的評価の時間を確保するために（教師の負担軽減のためにも），一部ではあるが指導要録の簡素化，一定の条件を満たせば通知表と指導要録の様式を共通にすることが認められた。

　形成的評価に関して今回このように強調されているのは，1998 年にイギリスのブラック（Black, P.）とウィリアム（William, D.）が *Assessment in Education* 誌に「Assessment and Classroom Learning」という論文を載せ，形成的評価を実施した場合の効果が非常に大きいことを示したためである。各観点の評価でこの形成的評価をどう実施するかも考えなければならない。指導要録は先に述べたように基本的に総括的評価ではあるが，工夫の仕方によっては一部ではあれ形成的評価の機能を持たせることもできる。

「観点別学習状況」について

観点別評価と評定

　学習評価については，これまでと同様に観点別評価と評定を併用することとなった。観点別評価は，児童の能力や技能をいくつかの視点から分析的に捉えて評価するものである。この視点について，新学習指導要領により，すべての教科が三つの観点「知識・技能」「思考・判断・表現」「主体的に学習に取り組む態度」で評価されることとなった。これに対して評定は，三つの観点をまとめて学習状況の全体を示したものである。観点別評価の場合には，三つの観点それぞれの状況を分けて細かに見るのに対して，評定は児童の学

第3章　1　各教科の学習の記録（様式2）

87

習状況を一つの指標にまとめて示す役割を持っている。例えば同じ評定2であっても,「知識・技能」の評価は高いが,「思考・判断・表現」の観点の評価が低くて評定2となった場合と,「知識・技能」の評価は低いが,「思考・判断・表現」の観点の評価が高いために評定2となった場合とがある。学習上のいろいろな側面が相殺されて示されるため,評定を見ただけでは,どこに学習上の問題があったかを見ることはできない。

これに対して,観点別評価は学習上の重要な側面が分けて示されるため,学習上のどの側面に問題があるかが分かる。このような観点別評価の特徴は,形成的評価のために有用な情報を提供する。この点において評定は形成的評価としては機能しない。ただし,評定自体に評価基準を設定して評価する場合には,形成的評価の機能を持つようになる。

以下,三つの観点と評定について,評価にあたり留意すべき点を示す。

「知識・技能」の観点の評価

この観点の特徴は,一つ一つの学習内容(例えば2桁の足し算,漢字,磁石のN極とS極,大化の改新を行った人物)を習得したかを評価することである。基本的には各学習内容を習得したかを調べる問題を出題して,各問題に対する解答状況を見て評価する。このような評価方法をドメイン準拠評価と言う。ドメイン準拠評価は,ペーパーテストの形式を用いて,一定の学習範囲について,考えられる多数の問題からいくつかの問題を出題して,その正解数(または得点)により,一定の区分をして評価する方法である。このように書くと難しく感じられるかもしれないが,要するにこれまで多くの教師が用いてきた多数の問題で構成されるペーパーテストとその得点による評価のことをさす。

ただし新学習指導要領では,「深い学び」が求められていることから,単なる知識の記憶を求める問題ばかりであってはならない。例えば,「江戸時代に大名が江戸と領国を1年おきに往復した制度を何と言いますか」というように用語を答えさせる問題だけではなく,「参勤交代とはどのような制度ですか」というような用語の説明を求める問題を出すことである。さらに「なぜ江戸幕府は参勤交代という制度をつくったのでしょうか」というような用語の背景を問う問題も出題することが大切である。

実際のペーパーテストでは，用語を答えさせるだけの問題から，説明させる問題，理由を問う問題など，いろいろな問題を組み合わせることとなる。これらの問題がどの程度組み合わせられるかで難易は大きく変わってくる。また問題ごとに配分する点数により，獲得できる点数も変わってくる。そこで生じる問題は，テストで何点を取ったらこの観点での評価をAとしたり，Bとしたりするかの判断基準である。

　これに関しては，いまのところ各教師の判断，つまり各教師が区分する点数を決めることとなる。同じ学年の教師の判断が大きく違うことは避けるべきであり，教師間の調整が行われることが望ましい。

　この観点については，教師の負担軽減を考えれば，ここまで述べたようにペーパーテストを中心とした評価をせざるを得ないが，余裕がある場合は，通常の授業の中で児童の学習状況（教師の質問に対する口頭での解答，グループワークの様子）を加味して評価することが望ましい。

「思考・判断・表現」の評価

　この観点について前記の中教審の教育課程部会の報告では「各教科等の知識及び技能を活用して課題を解決する等のために必要な思考力，判断力，表現力等を身に付けているかどうかを評価するものである」と述べている。そのため，知識や技能を応用して，課題や問題を解決するのに役立てているかを調べる観点であると言える。

　この観点では，「……ということを何というか」というような用語や概念，事実について聞く問題や，「……について説明せよ」というような問題はそぐわない。「……というような問題があります。これについてどのような原因が考えられますか，またそのように言える根拠について答えなさい」というような問いに答えさせることが大切である。また，ペーパーテストだけでなく，パフォーマンス評価（コラム②，p100）を用いることも考えるべきである。特にコンピテンシーの育成を考えるならば，現実生活で生じるような問題や課題を用いて評価することが望ましい。

　例えば国語では，パフォーマンス評価として「話すこと・聞くこと」「読むこと」「書くこと」の三つを実際に行う中で評価すべきである。これまでは「読むこと」を中心に評価してきたが，「話すこと・聞くこと」と「書く

こと」も評価すべきである。「読むこと」が中心であったのは，ほかの二つについてはどのような評価基準を用いればよいか十分に理解されていなかったことが原因の一つにある。この評価基準の問題については後に述べる。「話すこと・聞くこと」の場合には，テーマを決めてそれについて話す場面を設定して評価したり，クラスで一つの問題や課題について話し合う場面で，児童の様子（話したり聞いたりして話し合いに参加していること）を観察して評価することとなる。「読むこと」のうち文章の解釈はペーパーテストによる評価も可能であるが，文章の音読は実際に音読させる必要がある。ただしこれまでは文章の解釈について，主として短い文章を用いて評価してきたが，現実社会では長い文章や本1冊の解釈が必要であったりすることもあるため，ときおり長い文章や，本1冊を対象とした解釈の評価も必要である。「書くこと」の場合も同様であり，いろいろな長さの文章を書かせたり，目的に応じた文章のスタイルを用いたりできるかを評価する必要がある。もちろんこれは，解釈も同様であり，文章の内容によって解釈の仕方を変えることができるかを評価する必要がある。論理的な文章と詩では，解釈の方法が全く異なる。

指導要録のこの観点の評価は，三つの要素を一つにまとめて評価するため，いろいろな言語活動において得意なものと不得意なものが相殺されて示される。形成的評価のためには，いろいろな言語活動に対する児童の学習状況を見取る必要があり，ポートフォリオを作成して，児童の能力の特徴を実際の作品等で分かるようにしておくことが望ましい。このようなポートフォリオがあれば，新しく国語を指導する教師にとっても，各児童の特徴や課題がよく分かる。

また，理科ではこの観点の趣旨として，平成31年の指導要録の改善の通知で「自然の事物・現象から問題を見いだし，見通しをもって観察，実験などを行い，得られた結果を基に考察し，それらを表現するなどして問題解決している」と示されている。そのため，問題や課題の発見，調べる方法や観察方法の計画，実験観察の実施，データの分析，結論，改善点の考察など一連の過程を実施するパフォーマンス評価を実施するのが望ましい。しかし，この実験観察活動のパフォーマンス評価を実施するには時間と労力がかかる

ため，何度も実施することはできない。前記の国語でのパフォーマンス評価でもほぼ同様である（短い文章の解釈を除く）。しかし，「知識・技能」で評価しようとする能力や技能と比べ，この観点の能力については短時間で発達したり身に付いたりするものではないため，何度も実施する必要はない。1学期に1～2回程度実施できれば十分である。また，あまり望ましくはないが，時間の制約などが厳しい場合にはこのプロセスの一部を取りだして実施することも考えられる。例えば，データの分析，結論だけを全員の課題として行うことである。ただし，すべて部分だけの実施というのは避けるべきである。

　多くの教科のこの観点の評価には，レベルの区分を必要とするパフォーマンス評価を実施する必要がある。例えば国語の「書くこと」では，「知識・技能」のペーパーテストのような「正解，一部正解，誤り」といった採点による評価はできない。論理的な文章を求められた場合には「論旨や論理が明快であり，適切な事例が示されており，説得力のある文章である」というような高いレベルから「論旨が分かりにくく，事例は不適切であり，説得力に乏しい」という低いレベルまで，いくつかのレベルを区分できるだけである。

　このようなレベルの区分を示す方法としてスタンダード準拠評価（コラム③，p102）が適している。スタンダード準拠評価は，パフォーマンス評価の課題に対する児童の作品などを評価する場合，いくつかのレベルに分けて各レベルの特徴を示す評価基準を示すのが特徴である（前記の国語の「書くこと」のレベル区分はその一部である）。ただし評価基準だけでは具体的な姿は分かりにくいので，各レベルの評価基準に相当する児童の実際の作品例を添付するのが特徴である。作品例自体を見ることで，評価基準が具体的にどのようなことを意味しているのか理解できるのである。国立教育政策研究所が作成している「評価規準の参考資料」でも，評価基準の例とともに，数は少ないが児童の作品例が付属しており，評価基準を具体例で示すようになっている（注⑦，p98）。

「主体的に学習に取り組む態度」の評価

　この観点の評価については，先に述べたように，旧観点の「関心・意欲・態度」で評価された内容に加えて，メタ認知能力が加わった。メタ認知能力

は自分の学習状況を把握して，自己コントロールできる能力のことである。

「関心・意欲・態度」同様，信頼性や妥当性のある評価が難しい。授業中の挙手の回数やノートの取り方等の表面的な様子で評価すべきではないと言われてきたが，この点は今回も同様に注意すべきである。

新たに加わったメタ認知能力を考えれば，次のようなメタ認知能力の発達段階を参考にして，評価していくことが必要である。

段階1：面白かった，楽しかったなどの感想を言う。さらにどこが面白かったかなどについてその内容や部分が言えること。
段階2：まとまりのある学習が終了した時点で，何を学習したかを言うことができる。例えば「今日は三角形の性質について学習した」などと言えることである。
段階3：どこが難しかったかを言えたり，分かったこと分からなかったことを言えたりすることである。例えば，「正三角形の書き方がよく分かった」などと言えることである。
段階4：分からなかった点について，分かるようになるための工夫や方法を考えることができるようになる。例えば「熱の移動についてよく分からなかった，もう一度教科書を読み直してみよう」などである。

このような簡単な発達段階があるとはいえ，どの段階に児童が当てはまるかを確認するのはなかなか時間がかかり，正確に評価するのは難しいと言わざるを得ない。

また，メタ認知能力とほかの二つ観点の評価は基本的に連動することに留意すべきである。つまり，知識や思考力等の高い児童は，メタ認知能力も高い傾向が見られる。もちろん知識や思考力等とメタ認知能力の関係の程度は児童によって異なるが，前記報告では「知識・技能」と「思考・判断・表現」の二つがAの児童が「主体的に学習に取り組む態度」についてはCであったり，逆に二つがCである児童がこの観点だけAであったりすることは通常ないと述べている。そのような例外的な評価をする場合は，それなりの明確な根拠が必要であろう。報告での取り扱いの注意点と，この観点の評価の難しいことを考えた場合，基本的にはBと評価し，AとCはそのように評価する根拠がある場合とすることも一つの方法と考えられる。

形成的評価が重要であることを考えれば，メタ認知能力についても，ある

程度その発達を促す評価が望ましいことは言うまでない。前記（p92）の段階を見てみると，自己評価能力に関わるものになっている。メタ認知能力を育成するには，まず自分の学習の状況について知る必要があるため，児童の自己評価能力がどの段階にあるかを評価することで，次の指導を考えることができるのである。

　メタ認知能力を育成するには，自己評価に加えて児童が自分で学習の目標を立てることも必要であると言われている。特に自主的に学習に取り組む態度を育成し評価する方法として，キャリア・パスポートが指導要録の審議の中でも議論された。今のところ高等学校でのキャリア・パスポートが入試との関係で開発が進んでおり，JAPAN　e-Portfolio と呼ばれている（注⑧，p98）。

「評定」について

　観点が児童の学習状況を分析的に示すものであるのに対して，評定は観点の評価を総合して，児童の学習状況についての簡略化した情報を提供するものである。観点のところでも述べたように，評定は児童の得意な部分と不得意な部分を総合したものであるため，評定を見ただけでは児童の学習状況を細かく見ることは難しい。そのため，評定は総括的評価としての機能が中心であり，形成的評価としての機能は弱い。ただし，個別教科の評定ではなく，全教科の評定を見渡した場合には，児童の得意な教科，課題のある教科が分かることとなり，学習活動全般での改善すべき点（教科）を示すという意味で形成的評価の機能を持つとも言える。

　評定の定め方について，観点別評価の結果から数値的な計算で求める方法は，時間のかからない簡単な方法である反面，評定自体には計算結果以上の意味はない（もちろん評定が３ならば十分に満足できる成績というような意味はあるが）。

　観点の評価を用いて数値的な計算で評定をどう出すかは，各学校の裁量に任されている。そのため，いくつかの求め方を例示する。

　各観点から評定を出す場合に，各観点がどの程度のウエートを占めるかに

よりいろいろな計算方法があるが，以下二つの方法を例示したい。

⑴　三つの観点を同一のウエートとする方法

　観点の評価でAは3，Bは2，Cは1と数字に置き換えて三つの観点の合計を出し，合計に従って3〜1の評定をつける方法

　9〜8：評定3　　7〜5：評定2　　4〜3：評定1

　この例では評定2の範囲が広いのが特徴である。評定3の範囲を広げることも考えられる。

⑵　観点のウエートを変える場合

　例えば「主体的に学習に取り組む態度」の評価に関しては，信頼性，妥当性の高い評価は難しいこと，また前に述べたようにほかの二つの観点との連動性を考えれば，この観点のウエートをほかの観点の半分にする方法が考えられる。その場合には，「知識・技能」の観点の評価と「思考・判断・表現」の観点の評価を，Aの場合には6，Bは4，Cは2とし，「主体的に学習に取り組む態度」だけはAを3，Bを2，Cを1として，三つの観点の合計点を出し，合計点に従って次のように評定をつける。

　15〜12：評定3　　11〜7：評定2　　6〜5：評定1

　これらはあくまで例であり，具体的な方法は各学校の裁量で決めることとなる。

注① 妥当性と信頼性

　評価の質を判断する概念に妥当性（validity）と信頼性（reliability）がある。

　妥当性は，意図した能力や技能を正確に評価しているかを問題とする概念である。例えば思考力を評価しようと意図しているにも関わらず，実際には知識を評価しているような場合は，その評価の妥当性が低いと言う。

　信頼性は，同じ内容のテストや評価を繰り返しても同じような結果が出るかを問題とする概念である。例えば，連立１次方程式のテストを２回したとき，２回のテストの点数が同じようなものになれば，その評価（この場合はテスト）の信頼性が高いと言う。また，異なった評価者が評価しても同じような結果が出ることも意味する。これを特に評価者間信頼性と言う。例えば，ある児童の文章を二人の教師が評価したとき，一人の教師は高い評価であるのに，もう一人の教師は低い評価をした場合は，その文章の評価の信頼性（厳密には評価者間信頼性）が低いと言う。当然，妥当性と信頼性の両方が高いことが望ましいが，両立は容易ではない。注⑥で述べるように，評価に求める機能により，どちらの質が重要かは異なってくる。

注② 評価の在り方：カリキュラムの構成方法

　教育課程をどう編成するかに関する基本的な考え方，つまりカリキュラムの構成方法は三つある。

　一つ目は内容中心のカリキュラム構成である。これは指導すべき学習内容（事実的な知識，法則，原理など）を中心として記述して，これをどの年齢段階で指導するか詳細に規定するカリキュラムである。わが国のこれまでの学習指導要領はこれに該当する。

　二つ目は資質・能力を中心に規定するカリキュラムである。このカリキュラムは，育成すべき資質・能力を中心として記述する。特に育成すべき思考力や判断力等をどのように伸ばすか，その指導段階や発達段階を詳しく規定するのが特徴である。わが国の新学習指導要領の教育課程は，このカリキュラム構成方法を一部採用したと言える。

　三つ目は，学習の結果としてどのような知識や能力，技能を持つことを求めるかを規定し，そこに到る指導過程は教師や学校の裁量に任せるカリキュラムである。結果中心のカリキュラムと言う。

注③ コンピテンシーの育成

　コンピテンシー（competency）とは，学習した能力や技能を実際の生活の中で活用できることを意味する。もともとは，いわゆる実技教科（体育，図画工作，音楽，家庭）で学習した能力や技能のことを意味する言葉であった。これらの教科では，学習した能力や技能はほぼそのまま実際の活動に結び付くものであり，ほかの教科で学習する能力や技能と区別してコンピテンシーと呼んだ。コンピテンシーが注目されたのは，OECD が「コンピテンシーの定義と選択」（DeSeCo）プロジェクト（2003年最終報告）の中で，人生の成功や社会の発展のために様々な場面で必要な個人の能力として，重要なものをコンピテンシーとして指摘したことによる。コンピテンシーという用語を使ったのは，これまでの能力という用語では，様々な場面で活用できる

能力という意味を強調できなかったためである。現在ではこれを受けて，コンピテンシーとは，いろいろな場面（特に実際生活）で活用できる能力や技能，要するに実践力のことをさす。

このようなコンピテンシーが重要であると考えられるようになると，学習指導の在り方や評価に関しても工夫を必要とする。先に述べたように，評価の在り方は児童の学習観に大きく影響するためである。

コンピテンシーの育成に寄与する評価とはどのようなものであろうか。代表的な評価方法は，コラム②（p100）で紹介するパフォーマンス評価である。

注④ 学習観の変化

ここまで述べてきたような，コンピテンシーやパフォーマンス評価，アクティブ・ラーニングなどが求められる背景には，学習観が変わってきたことがある。これまでの学習観は以下の二つの前提で成り立っていた。

一つ目の前提は分割可能性である。分割可能性はブロック積学習モデルに由来する。学習とはブロックを積み上げるように，知識や技能を積み上げていくものであるとする考えである。ブロックにあたる個別の知識や技能を増やしていけば，学習が進歩すると考える。さらに複雑な実践能力は，これを構成すると見なされる知識や技能に分解して学習できると考えるのが分割可能性である。分解した知識や技能を習得すれば，自然に複雑な課題の実践能力の獲得につながると考えるのである。

二つ目の前提は非文脈化である。これは複雑な技能の構成要素は固定されており，どのような場合でも同じ形をとるとする考え方をさす。言い換えると，ある特定の文脈で学習した知識や技能は，異なる文脈でも同じように用いることができるという考え方である。これを学習の転移という。例えば，実験のやり方について教科書上で学習すれば，実際の実験場面でも適切に実験ができると考えることである。

現在では，このような分割可能性や非文脈化の前提に疑問が投げかけられている。複雑な技能を構成要素に分割して学習しても，複雑な技能の獲得につながらないこと，特定の文脈で学習したことが異なった文脈に応用して使えるわけではないことである。また，単に知識や技能を増やしていっても，実際には長く記憶されなかったり，応用して用いることができなかったりすることが分かってきた。

このような学習観に代わって登場したのが構成主義の学習観である。構成主義の学習観では，学習とは児童が新しく学習した知識や技能と，それまでに学習した知識や技能を比較して，矛盾する場合には古い学習内容を新しいものと組み替えていく作業であると考える。新学習指導要領で求めている「深い学び」とは，この構成主義のような学習であると言える。

知識や技能の構造を児童自らが組み替えていく構成主義の考え方に立てば，教師が指導することを受動的に受け入れる学習では不十分であり，自分で学習内容に積極的に取り組んでいく能動的な姿勢が必要となる。そのためにアクティブ・ラーニングが求められることとなった。

さらに特定の文脈で学習したことが，必ずしもほかの文脈で応用できるとは限らないことを踏まえて，同じような知識や技能であっても，いろいろな文脈で学習すべきであるとされた。そのため，コンピテンシーのような実践力を育成するには，教科書

等で学習するだけでなく，様々な実践場面での指導や評価が必要であるということになる。つまりパフォーマンス評価（コラム②，p100）が必要となるわけである。

注⑤ メタ認知能力

旧観点「関心・意欲・態度」に代わって「主体的に学習に取り組む態度」が登場した。新学習指導要領を構成する三つの柱として位置づけられた「学びに向かう力・人間性等」のうち観点別評価になじむ部分を取り出して「主体的に学習に取り組む態度」としたものである。注意しなければならないのは，新観点には，旧観点の「関心・意欲・態度」で示された内容に加えて，メタ認知能力が含まれていることである。

メタ認知能力とは，自分の学習に関してそれが適切であるか，効果が上がっているかを自分で判断し，必要な場合には修正していくことのできる能力である。自分の学習を一段上から見渡して，自己コントロールすることのできる能力といえる。メタ認知能力が注目されたのは，学習上で良好な結果を示している生徒を調べてみると，自分の学習状況についてよく知っており，必要な場合には上手く修正できていたためである。「主体的に学習に取り組む態度」の観点には，このメタ認知能力を含むこととなっているため，これに関する評価を必要とする。

注⑥ 評価の機能の区分：総括的評価と形成的評価

評価の機能を区分する場合，総括的評価と形成的評価に分けて考えるのが普通である。このほかに診断的評価という区分もあるが，この区分を用いるのはかなり特別な場合であるためここでは割愛する。

形成的評価の基本的な機能は，評価によって得た児童の学習状況に関する判断結果を児童の学習の改善に用いることである。学習の改善のためには，指導方法を変えたり，児童に問題点を改善する方法を指導したりする。一定のまとまりとなる学習過程の最後に形成的評価を行ったのでは，改善を指導する時間がとれないので，形成的評価は指導過程の途中で行うのが普通であると考えられるようになった。

一方，総括的評価は，一定の学習過程での児童の学習成果について，全体を見渡して判断する評価である。形成的評価と異なり，学習の改善を直接目指すものではない。総括的評価の結果は，次の学年の教師が指導を始めるにあたって参考とする場合もある。さらに，異なった学校段階で総括的評価が用いられたりする場合には，選抜の資料としての機能を持つこともある。選抜の資料として用いられる場合，公平の観点から同じような学習の達成度の児童は同じような評価を受ける必要がある。つまり信頼性が高いこと，特に評価者間信頼性が高いことがまず必要である。妥当性も高いことが望ましいが，信頼性の高いことが優先される。具体的に言えば，異なる教師や学校の評価結果が選抜の資料となることを考えれば，教師間や学校間での評価者間信頼性の高いことが必要ということである。

形成的評価の場合は，総括的評価と異なり，評価の結果が選抜等に用いられることはないため，信頼性の高いことを必要としない。また，たとえ誤った判断をしたとしても，修正の機会がある。逆に妥当性は高いことが望ましい。この点では，評価対象の能力や技能により違いはあるとしても，形成的評価は学習指導の過程で行われるた

め，おおむね妥当性は高くなることが普通である。もちろん，国語の文章を書く能力を漢字の書き取りのテストで評価するようなことがあれば，妥当性が低くなることは当然である。

注⑦ 「評価規準」と「評価基準」

「評価規準」と「評価基準」の使い分けには様々な考え方や立場がある。本書では原則として「評価基準」の表記で統一しているが，文部科学省の文書等では「評価規準」が用いられている。そこで本書では，文部科学省からの引用が明確な場合のみ「評価規準」と表記している。

なお，文部科学省の資料では，学習指導の狙いが児童の学習状況として実現された状況を具体的に示したものが「評価規準」であると説明されている。また，この用語には，子供たちが身に付けた資質・能力の質的な面，すなわち，学習指導要領の目標に基づく幅のある資質・能力の育成の実現状況の評価を目指すという意味合いが含意されているということである。

参考：
・文部科学省「評価規準の作成，評価方法等の工夫改善のための参考資料」平成23年11月
・文部省「小学校教育課程一般指導資料」平成5年9月
・藤岡秀樹「評価規準と評価基準」『教育評価事典』図書文化，2006年，p80。
・鈴木秀幸「『基準』か『規準』か：評価用語の混乱を超えて」『スタンダード準拠評価』図書文化，2013年，pp82-88。

注⑧ キャリア・パスポートとポートフォリオ

JAPAN e-Portfolio と呼ばれるキャリア・パスポートは，高校生が在学中に自ら学習の目標を立てたり，自分の学習状況や成果について自己評価したりした一連の記録をインターネットの上のデータベースに保管するシステムである。主体的な学習態度の育成を目指すとともに，その記録を大学の入学者選抜にも用いることが目的とされている。今のところ高大接続の一環として開発が進んでいるものであるが，小中学校でも自ら学習の目標を立てたり，自分の学習状況や成果について自己評価したりした一連の記録を，ポートフォリオとして作成することが考えられる。このポートフォリオには，総合的な学習の時間に児童が作成した作品などを組み込んで，学習の成果を示す方法としても使用できる。もちろんこれは指導要録のように必ず作成しなければならないものではないが，指導要録の総合的な学習の時間の記入をする場合の手助けになるものであり，一種のポートフォリオ評価となる。加えて，「主体的に学習に取り組む態度」の育成と評価の資料としても利用できるものである。

このようなキャリア・パスポートとしてポートフォリオを作成する場合，そこに組み込む内容によってはかなりの時間や労力を要するものである。小中学校では総合的な学習の時間での作品の保管を中心として考え，これに加えて1学期に1回程度，児童生徒に学習の目標を立てさせたり，自己評価させたりした記録をポートフォリオに組みこむ程度が現段階では適切であろう。

コラム①

「主体的・対話的で深い学び」

　新学習指導要領では，コンピテンシーと並んで「主体的・対話的で深い学び」や「アクティブ・ラーニング」の推進が強調された。これらを評価の側面から見た場合には「深い学び」について考慮しなければならない。「主体的・対話的な学習」や「アクティブ・ラーニング」を推進する目的の一つが，「深い学び」の実現であるため，「深い学び」が実現したか，評価しなければならないのである。

　「深い学び」が強調されるようになった背景には，「浅い学び」が問題となったことがある。「浅い学び」の問題とは，テストが終わると，学習した知識や技能がすぐに忘れ去られたり，少しでも練習問題と異なる問題にぶつかると，解き方が分からなくなったりすることである。「浅い学び」はいわばマニュアル的な学習であり，なぜそのようになるのか根本が分かっていないため応用して用いることができない。また新しく学習したことと以前に学習したことが関連付けられていないため，せっかく新しいことを学習しても，古くから持っている知識や経験で問題に対処したり説明したりしてしまうのである。

　例えば，なぜ冬や夏といった季節や気温の変化が起こるのかについての学習で，太陽光線を受ける角度によって同じ面積でも受け取る熱量が異なることを学び，地球の自転軸が公転面に対して直角ではなく傾いているため，太陽の高度が各月で異なり，太陽高度が高い夏は単位面積当たりの受け取る熱量が多いので，気温が上がり夏となることや，太陽高度が低いと受け取る熱量が少なくなるので，気温が下がり冬となることを習う。しかし数年後に冬や夏が起こる原因を聞かれると，地球が太陽に近づいたり遠ざかったりするからだという説明をする児童が多い。ストーブに近づくと熱く，遠ざかるとそうでもないという素朴な経験を用いて説明してしまい，学習した知識が生かされない例である。これは，季節や気温の変化については，熱源に対する距離で説明できないことを，自分の経験と学習したことを照らし合わせて自覚できていない状態である。

　この「浅い学び」の問題が認識されるようになり，これとは対極の「深い学び」の育成が求められるようになった。「深い学び」は，新しく学習したことをただ記憶するのではなく，これまでの知識と照らし合わせて，矛盾する場合には知識を組み替えていく。また，なぜそうなるか根本的な理由を理解することにより，適切な活用の範囲と限界を認識するようになる。先の例でいえば，平面が太陽光線を受ける角度の違いが，受け取る熱量の違いになることを学習した場合，季節の変化についても太陽の高度と地表が受け取る熱量の変化を関連付けて説明できるようになることである。

パフォーマンス評価

　パフォーマンスとは，いわゆる実技教科（体育，音楽，図画工作，家庭）での実演を意味する。つまり，体育では走ったり，跳び箱を跳んだりする身体運動，図画工作では絵を描いたり，粘土で造形作品を作ること，音楽では歌ったり，楽器を演奏すること，家庭科では調理実習などである。いずれもペーパーテストで評価するのではなく，運動，作品，演奏などを実際に行ったり製作したりする実技を求められる。この実技を通して評価する方法をパフォーマンス評価という。

　もともと実技教科で行われていたこの評価を，実技教科以外でも実施するようになったことで，改めてパフォーマンス評価として注目を集めるようになった。実技教科以外でパフォーマンス評価を考えるようになったのは，ペーパーテストでは評価できる能力や技能に限界があると考えられるようになったためである。例えば，理科の実験観察の技能をペーパーテストで評価することは，これまでもよく行われてきた。実験器具や測定用具の図を描いて，それについて問題に解答させるペーパーテストである。しかし，ペーパーテスト上の実験はあくまで現実の実験の代替物に過ぎず，ペーパーテスト上の問題ができたとしても，実際に実験観察活動を適切に実行できることを意味しない。これは体育のサッカーで，ペーパーテスト上でインサイドキックの注意すべき点についての問題に正解したとしても，実際にインサイドキックを適切にできることを意味しないのと同じことである。そこでペーパーテスト上の代替物で評価するのではなく，実際に実験や観察活動をする中で評価するべきであるとするパフォーマンス評価の考え方が生まれた。言い換えれば，実験観察活動を実行する能力をペーパーテスト上で評価することは，妥当性の点で問題がある。妥当性を高めるためには実際に実験観察活動をする中で評価することが必要である。

　パフォーマンス評価のもう一つの特徴は，現実社会で起こる課題の複雑さを考慮して課題を設定し評価しようとすることである。現実の課題は単純ではなく，いろいろな要因が複合的に絡み合っている。評価にあたって，問題を要因ごとに分解した課題を設定すると，現実の課題とは隔たりが生じる。

　例えば，理科の実験観察の技能の評価をペーパーテスト上で行う場合，実験に影響する様々な要因は一定であり影響しないと仮定する。ところが実際の実験や観察では，結果に影響する様々な要因のすべてを完全にコントロールできるとは限らないため，得られるデータにばらつきが生じることも多い。具体的には，紫外線の強さの測定では，わずかにセンサーの角度を変えただけでも数値はかなり異なってくる。また，目に見えない程度の薄い雲の影響を受けて思わぬ数値が出てくることもある。

実際の実験や観察では，いろいろなデータの中で，おかしなデータを判断し，ばらつきのあるデータからおおよその傾向を考えることが求められるのである。場合によっては，おかしなデータが出た原因を考えたり，より正確な方法を工夫したりする必要も出てくる。

　さらにパフォーマンス評価として望ましいのは，一定の探究活動の一部分を取り出して評価するのではなく，探究活動の全体を通して評価することである。理科の例で言えば，測定だけを取り出して評価するのではなく，実験観察活動の計画，実行，データの分析，結論，改善点の発見など一連の活動を実施する中で評価することが望ましい。また，体育のサッカーの例で言えば，キックの技能を評価するだけではなく，ゲームの中でいろいろなサッカーの技能を評価することが望ましい。ゲームという実践の中で技能を発揮できることが最も重要である。

　パフォーマンス評価の問題点としては，多くの時間や教師の労力を要するものであることが挙げられる。そのため，繰り返し実施することは難しい。これは評価の信頼性を高めることが困難であることを意味する。パフォーマンス評価は，一般に妥当性は高いと言われているが，逆に信頼性に関しては先に示した信頼性の基本的な考えからして，そもそも信頼性の概念に当てはまらない。一つの学年において実際にできるのは数回程度であろう。そのためパフォーマンス評価に関しては，ポートフォリオを作成して，学年を超えてその評価を累積していくことにより，児童の様々な課題に対する能力の特徴を調べることが望ましい。これは形成的評価には特に必要なことである。

目標準拠評価とスタンダード準拠評価，ルーブリック

　評価結果の示し方によって評価方法を分類すると，相対評価と目標準拠評価があることは広く知られている。正確に言えば，相対評価にもノルム準拠評価（norm referenced assessment）と集団準拠評価（cohort referenced assessment）がある。わが国が現在採用している目標準拠評価（criterion referenced assessment）は，1963年にアメリカのグレイサー（Glaser, R.）が提案したものである。グレイサーは，相対評価のように集団の中の児童の相対的位置づけで評価する方法ではなく，一定の評価基準（criterion）に達したかどうかで，児童の学習を評価すべきであると主張した。しかし，グレイサーは用いる評価基準については明確な考え方を示さなかった。そのため，評価基準をどのようなものとすべきかに関して二つの考え方が登場した。そのため目標準拠評価に関しても二つの考え方がある。

　最初に登場したのは，ポファム（Popham, W.J.）の提唱したもので，彼はペーパーテストを前提として考えた。彼は一定の明確に区分できる学習範囲をまず設定する。その学習範囲で考えられるすべてのテスト問題から，何題かを抽出してペーパーテストを実施する。このテストでの一定の点数（このような点数をカッティング・ポイントという）を超えた場合，該当の学習分野について習得したと判断する。必ずしもこの区分は二つでなくて構わない。三つに区分する場合は，カッティング・ポイントを二つ決めることとなる。このような評価方法をドメイン準拠評価（domain referenced assessment）と言う。この評価は，学習内容が一つ一つ数えられるような場合に適合する。そのため「知識・技能」の評価に適したものである。このように言うと難しく聞こえるが，現在学校で実施しているペーパーテストはほぼこの考え方に準拠している。

　これに対してサドラー（Sadler, R.）が提案したのが，スタンダード準拠評価である。サドラーは，多数の問題を出題して正解数や点数で評価できない高次の技能（higher order skills, 思考力や判断力，問題解決力などをさす）を評価する方法として提案した。高次の技能に相当する能力は，課題を解決したり取り組んだりする場合の洗練の程度を評価するものである。非常に高度な取り組み方から，幼稚な取り組み方までいくつかのレベルに区分して評価する方法である。

　例えば思考力を正解や誤りという形で評価することはできない。思考力は単純な思考や幼稚な思考を一方の極とし，複雑な思考や高度な思考をもう一方の極として，両極の間のどの位置に相当するかを大まかに区別できるだけである。知識のように100点満点中65点の思考力というような区分ができるわけではない。両極の間を何段階に区分できるかは，評価者（人間）の弁

別力に依存する。評価者は一人ではないから，評価者となる多くの人々がどの程度の区分ができるかに依存するというべきである。

　統一した評価を行うには，評価者が共通の評価基準を持つことが必要である。そのためには，言語表現で評価基準を示すのが普通であるため，何段階に区分できるかは言語の弁別力にも依存することになる。

　しかし，言語を用いた場合には，どうしても言語特有の曖昧さがついてまわることとなる。例えば「非常に説得力のある文章である」という評価基準の「説得力のある」とはどのようなことを言うのか，「非常に」とはどの程度のことなのかは文章自体からは分からない。

　そこでスタンダード準拠評価では，「説得力ある」文章自体や，「非常に」に該当する文章自体を示すことで，評価基準の理解を助けることにしている。このように，各レベルの特徴を示した評価基準と，この評価基準の各レベルに該当する児童の作品自体（評価事例集という）を示すことで，評価基準の具体的な意味を示す方法をスタンダード準拠評価という。

　最近，パフォーマンス評価の評価基準としてルーブリック（rubric）という言葉が用いられることがあるが，基本的な考え方はスタンダード準拠評価と共通するものがある。ただしルーブリックの場合は，個別のパフォーマンス評価の課題に対応した評価基準という意味でもともとは用いられている。スタンダード準拠評価の場合は，特定の課題に対応したものではなく，いろいろなパフォーマンス評価（通常は特定の教科の範囲を対象とする）の課題に共通して用いることができる点が特徴である。そのため，抽象的な言語表現を用いているので，これを補完するのが評価事例集である。ルーブリックの場合は，特定の課題に合わせた具体的な評価基準であり，そのため評価事例集が必要であるとはしていない。

第3章　1　各教科の学習の記録（様式2）

103

観点	趣旨
知識・技能	日常生活に必要な国語について、その特質を理解し適切に使っている。
思考・判断・表現	「話すこと・聞くこと」、「書くこと」、「読むこと」の各領域において、日常生活における人との関わりの中で伝え合う力を高め、自分の思いや考えを広げている。
主体的に学習に取り組む態度	言葉を通じて積極的に人と関わったり、思いや考えを広げたりしながら、言葉がもつよさを認識しようとしているとともに、言語感覚を養い、言葉をよりよく使おうとしている。

改訂のポイント

国語の最大の変更点は、評価の観点が五つから三つに変更されたことである。これまでの「国語への関心・意欲・態度」「話す・聞く能力」「書く能力」「読む能力」「言語についての知識・理解・技能」という五つの観点は、「知識・技能」「思考・判断・表現」「主体的に学習に取り組む態度」という三つの観点に再整理された。

それと連動して、言語活動の能力（話す・聞く能力、書く能力、読む能力）は評価の観点名からは消えて、「思考・判断・表現」の観点における各領域の名称として位置付けられることとなった。

知識・技能

本観点は、国語の目標(1)「日常生活に必要な国語について、その特質を理解し適切に使うことができるようにする」を受けている。

具体的には、日常生活において必要な国語（話し言葉、書き言葉、漢字、語彙、文や文章、言葉遣い、音読・朗読など）について、言葉の特徴や使い方、話や文章に含まれている情報の扱い方（情報と情報との関係、情報の整理）、我が国の言語文化（伝統的な言語文化、言葉の由来や変化、書写、読書）に関する知識・技能を、日常生活における様々な場面で、主体的に活用できる、すなわち、生きて働く知識・技能として習得できているかどうかを評価するものである。

観点の趣旨としては、全学年で共通の内容が示されている。

思考・判断・表現

本観点は，国語の目標(2)「日常生活における人との関わりの中で伝え合う力を高め，思考力や想像力を養う」を受けている。

具体的には，「A　話すこと・聞くこと」「B　書くこと」「C　読むこと」の各領域において，「考える力や感じたり想像したりする力，日常生活における人との関わりの中で伝え合う力，自分の思いや考えを広げることができる力」（＝思考力・判断力・表現力等）が育成されているかどうかを評価するものである。

観点の趣旨は学年によって異なり，第1学年及び第2学年は「自分の思いや考えをもっている」，第3学年及び第4学年は「自分の思いや考えをまとめている」，そして第5学年及び第6学年は「自分の思いや考えを広げている」とされ，系統的に評価する必要がある。

評価は各領域（読むこと等）の授業を通して行うが，評価の観点名は言語活動の領域ではなく，「思考・判断・表現」であることに留意したい。

主体的に学習に取り組む態度

本観点は，国語の目標(3)「言葉がもつよさを認識するとともに，言語感覚を養い，国語の大切さを自覚し，国語を尊重してその能力の向上を図る態度を養う」を受けている。

具体的には，「言葉がもつよさを感じること，読書をすること，国語を大切にして思いや考えを伝え合おうとする態度」が育成されているかどうかを評価するものである。

観点の趣旨は学年によって異なり，「言葉のもつよさ」と「読書をすること」について，第1学年及び第2学年では「言葉のもつよさを感じようとしている，楽しんで読書している」，第3学年及び第4学年では「言葉のもつよさに気付こうとしている，幅広く読書している」，第5学年及び第6学年では「言葉のもつよさを認識しようとしている，進んで読書している」とされ，系統的に評価する必要がある。

なお，「主体的に学習に取り組む態度」の評価は，他教科等と同様に，観点別学習状況の評価と個人内評価とを合わせて行うことになっていることに留意したい。

観点	趣旨
知識・技能	地域や我が国の国土の地理的環境，現代社会の仕組みや働き，地域や我が国の歴史や伝統と文化を通して社会生活について理解しているとともに，様々な資料や調査活動を通して情報を適切に調べまとめている。
思考・判断・表現	社会的事象の特色や相互の関連，意味を多角的に考えたり，社会に見られる課題を把握して，その解決に向けて社会への関わり方を選択・判断したり，考えたことや選択・判断したことを適切に表現したりしている。
主体的に学習に取り組む態度	社会的事象について，国家及び社会の担い手として，よりよい社会を考え主体的に問題解決しようとしている。

改訂のポイント

社会では，従前の「社会的事象への関心・意欲・態度」「社会的な思考・判断・表現」「観察・資料活用の技能」「社会的事象についての知識・理解」の4観点が，「知識・技能」「思考・判断・表現」「主体的に学習に取り組む態度」の3観点に改められた。

「観察・資料活用の技能」と「社会的事象についての知識・理解」が合わさる形で「知識・技能」として一つの観点に統合されている。また，「関心・意欲・態度」に変わって「主体的に学習に取り組む態度」が示された。その趣旨を見ると，これまでと異なり，指導と評価の一体化を強く意識した表記となっている。

知識・技能

この観点は，教科の目標(1)に対応している。社会の内容は，中学校社会とのつながりを考慮して，地理的環境と人々の生活，歴史と人々の生活，現代社会の仕組みや働きと人々の生活の三つの枠組で整理されている。社会で身に付ける知識は，この枠組に沿って，「地域や我が国の国土の地理的環境，現代社会の仕組みや働き，地域や我が国の歴史や伝統と文化の学習を通して社会生活について理解すること」である。

評価に当たっては，用語・語句などに関する基礎的知識，社会的事象の事実に関する具体的知識の習得はもとより，社会的事象の見方・考え方を働か

せた応用性や汎用性のある概念的知識が獲得できたかどうかを見取ることがポイントである。また，技能については，これらの知識を獲得するために，「様々な資料や調査活動を通して情報を適切に調べまとめること」が求められる。評価に当たっては，情報を収集し，読み取り，課題解決に向けてまとめる技能が身に付いたかどうかを，知識の獲得と合わせて見取ることがポイントである。

思考・判断・表現

この観点は，教科の目標(2)に対応している。社会における「思考力，判断力」について，新学習指導要領の解説では，「社会的事象の特色や相互の関連，意味を多角的に考える力，社会に見られる課題を把握して，その解決に向けて，学習したことを基に，社会への関わり方を選択・判断する力」と示されている。また，「表現力」とは，「考えたことや選択・判断したことを説明する力や，考えたことや選択・判断したことを基に議論する力など」とされている。これら思考力，判断力，表現力の育成には，問題解決の過程において，社会的事象の見方・考え方を働かせて追究することが必要である。

「思考・判断」と「表現」は一体の関係であり，評価に当たっては，「思考・判断」したことが，理由や根拠を明確にして「表現」されているかどうか見取ることがポイントである。

主体的に学習に取り組む態度

この観点は，教科の目標(3)に関係している。社会の「学びに向かう力，人間性等」は，「『よりよい社会を考え主体的に問題解決しようとする態度』と，『多角的な思考や理解を通して』涵養される自覚や愛情など』」と説明されている。このうち，観点別評価によって見取ることができる部分を「主体的に学習に取り組む態度」として示している。

評価に当たっては，国家及び社会の担い手として，よりよい社会を考え「主体的に問題解決しようとしている」側面と「学習したことを社会生活に生かそうとしている」側面から，粘り強く学習に取り組み，自らの学習を調整しようとしている姿を見取る必要がある。なお，「学びに向かう力，人間性等」のうち，観点別学習状況評価になじまないものについては，個人内評価で評価することになる。

算 数

観点	趣旨
知識・技能	・数量や図形などについての基礎的・基本的な概念や性質などを理解している。 ・日常の事象を数理的に処理する技能を身に付けている。
思考・判断・表現	日常の事象を数理的に捉え，見通しをもち筋道を立てて考察する力，基礎的・基本的な数量や図形の性質などを見いだし統合的・発展的に考察する力，数学的な表現を用いて事象を簡潔・明瞭・的確に表したり目的に応じて柔軟に表したりする力を身に付けている。
主体的に学習に取り組む態度	数学的活動の楽しさや数学のよさに気付き粘り強く考えたり，学習を振り返ってよりよく問題解決しようとしたり，算数で学んだことを生活や学習に活用しようとしたりしている。

改訂のポイント

　算数では，これまでの「算数への関心・意欲・態度」「数学的な考え方」「数量や図形についての技能」「数量や図形についての知識・理解」の四つの観点が，新しい三つの観点へと整理された。「数量や図形についての技能」「数量や図形についての知識・理解」が合わさる形で「知識・技能」に，「数学的な考え方」が「思考・判断・表現」に，「算数への関心・意欲・態度」が「主体的に学習に取り組む態度」に改訂された。

知識・技能

　従来同様に基礎的・基本的な概念や性質，用語や記号の意味やよさについての理解と，その理解に裏付けられた確かな知識及び技能の習得について確認することが大切である。例えば，計算の仕方の意味を理解することなく公式として暗記していたり，計算を形式的に速く処理したりするなどの技能を期待するのではなく，計算の仕方の基となる原理・原則を理解すること，原理・原則を活用して処理の仕方が考え出されることなどの状況を見取ることが大切である。実際の問題解決の過程で的確かつ能率的に知識・技能を生かせているかに注目する必要がある。

思考・判断・表現

　算数らしく問題解決に関わっているかどうかを確認することが大切である。

まずは，事象を数理的に処理するために事象の理想化，単純化，さらには条件を捨象したり，ある条件を満たすものと見なしたりするなど，定式化を行えるかどうかを見取る。

次に，見いだした数量や図形の性質を異なる複数の事柄をある観点から捉え，それらに共通点を見いだして一つのものとして捉え直したり（統合），ものごとを固定的なもの，また確定的なものとせずに，考察の範囲を広げていくことで新しい知識や理解を得ようとしたり（発展）することができるかを確認する。内容の本質的な性質や条件を考えたり，新しいものを発見し物事を多面的に捉えたりすることは算数の価値として重要である。

さらに，事象を数理的に考察する過程で，数量や図形の性質などを的確に表したり，考察の結果や判断などについて根拠を明らかにして筋道を立てて説明したり，また既習の算数を活用する手順を順序よく的確に説明したりすることを確認する。数学的な処理の様子を簡潔，明瞭かつ的確に表現することで，論理的に考えを進めたり，新たな事柄に気付いたりしていることも重要である。数学的な表現を柔軟に用いることで，互いに自分の思いや考えを共通の場で伝え合ったり，それらを共有したり質的に高めたりしているかについても注視したい。表現することによって知的なコミュニケーションを充実させ，数学的な表現の質が高まっていくためである。

主体的に学習に取り組む態度

数学的活動を通して，算数の本質に関わった活動性に富むものや教科ならではの興味深い活動に楽しさを感じているかを確認する。また，算数を学習することのよさに気付き，算数への学習意欲が高まるとともに学習内容の深い理解につなげていくことができているかを見取ることが大切である。よさについては，狭く考えず，数量や図形の知識及び技能に含まれるよさや，数学的な思考，判断，表現等に含まれるよさ，有用性，簡潔性，一般性，能率性，発展性，美しさなど，様々な視点から児童の学びの様子を捉えていきたい。また，児童が常に創造的かつ発展的に算数の内容に関わりをもち粘り強く学び続け，よりよい問題解決になるように批判的に思考するなどして最後まで取り組むとともに，身に付けた資質・能力を生活や学習の様々な場面で活用するなどして数学のよさを実感できているかについても確認する。

理　科

観　点	趣　　旨
知識・技能	自然の事物・現象についての性質や規則性などについて理解しているとともに，器具や機器などを目的に応じて工夫して扱いながら観察，実験などを行い，それらの過程や得られた結果を適切に記録している。
思考・判断・表現	自然の事物・現象から問題を見いだし，見通しをもって観察，実験などを行い，得られた結果を基に考察し，それらを表現するなどして問題解決している。
主体的に学習に取り組む態度	自然の事物・現象に進んで関わり，粘り強く，他者と関わりながら問題解決しようとしているとともに，学んだことを学習や生活に生かそうとしている。

改訂のポイント

　理科の評価では，それまで示されていた「自然事象への関心・意欲・態度」「科学的な思考・表現」「観察・実験の技能」「自然事象についての知識・理解」の四つの観点が，「知識・技能」「思考・判断・表現」「主体的に学習に取り組む態度」の三つの観点に整理された。

　旧観点の「自然事象についての知識・理解」と「観察・実験の技能」が合わさる形で「知識・技能」に，また旧観点「科学的な思考・表現」が「思考・判断・表現」に，さらに旧観点「自然事象への関心・意欲・態度」が「主体的に学習に取り組む態度」に改訂された。

　それぞれの観点の趣旨をみると，指導と評価の一体化を意識した表記となっている。

知識・技能

　「知識・技能」は，例えばエネルギー，粒子，生命，地球などの自然の事物・現象について，習得すべき知識や概念などを理解したり，器具や機器などを用いて観察や実験を行う技能を習得したりしているかを評価する観点である。さらに，ほかの学習や生活場面でも活用できる程度に概念等を理解したり，技能を習得したりしているかどうかを評価することも求められている。

　知識面の評価では，学習事項が個別の知識や科学概念の習得に関わるため，

110

従前から用いられているワークシート，ペーパーテストや質問紙を用いることが中心となるだろう。一方，技能面の評価では，電気回路の組み立て，顕微鏡の操作等について，学習している実際の状況下で見取ることも欠かせない。

思考・判断・表現

理科の問題解決過程の中では，違いに気付く，比較する，対象と既有知識を関係付けることなどが求められている。

思考力を育成するためには，既有の体系と関係付けるなど，新しい意味の体系を構築していくことが欠かせない。特に，問題解決の見通しや方略を発想する場面においては，対象となるものと既有知識を関係付けたり，対象が生じる原因や要因を類推したりしなければならない。

判断力では，獲得した情報について重みを付けたり，価値を付けたりすることが欠かせない。問題に対する解決の見通しや方略を整理し，それらを実行することにより得られた情報を対応付け／関係付けて判断しているかを評価することが求められる。

表現力では，表現活動の中で，目標を的確に表出した活動ができているか，また，見通しや方略の下で結果を得るために行われた活動ができているかを評価することが求められる。

主体的に学習に取り組む態度

「主体的に学習に取り組む態度」は，自らの学習状況を把握し，学習の進め方について調整しながら学ぼうとしているかが評価の対象である。

例えば，第3学年・第4学年では「他者と関わりながら問題解決しようとしているとともに，学んだことを学習や生活に生かそうとしている」かどうか，第5学年・第6学年の観点の趣旨は，第3学年・第4学年を踏まえ，さらに「粘り強く」という文言が加わっている。ここでは，問題解決に積極的に向かい，繰り返される友人との協働的な活動を評価することが求められている。

なお，本観点は観点別評価を通じて見取ることができる部分とともに，観点別評価や評定にはなじまず，個人内評価を通じて見取る部分があることに留意した。

生 活

観 点	趣 旨
知識・技能	活動や体験の過程において，自分自身，身近な人々，社会及び自然の特徴やよさ，それらの関わり等に気付いているとともに，生活上必要な習慣や技能を身に付けている。
思考・判断・表現	身近な人々，社会及び自然を自分との関わりで捉え，自分自身や自分の生活について考え，表現している。
主体的に学習に取り組む態度	身近な人々，社会及び自然に自ら働きかけ，意欲や自信をもって学ぼうとしたり，生活を豊かにしたりしようとしている。

改訂のポイント

　生活では，従前の「生活への関心・意欲・態度」「活動や体験についての思考・表現」「身近な環境や自分についての気付き」の三つの観点が，「知識・技能」「思考・判断・表現」「主体的に学習に取り組む態度」の三つの観点に整理された。新旧の観点の対応関係について，「身近な環境や自分についての気付き」が「知識・技能」に，「活動や体験についての思考・表現」が「思考・判断・表現」に，「生活への関心・意欲・態度」が「主体的に学習に取り組む態度」にそれぞれ関連している。

　新学習指導要領における教科目標の記述は資質・能力の育成を踏まえたものとなっており，生活においても「具体的な活動や体験を通して，身近な生活に関わる見方・考え方を生かし，自立し生活を豊かにしていくための資質・能力を次のとおり育成することを目指す。(1)活動や体験の過程において，自分自身，身近な人々，社会及び自然の特徴やよさ，それらの関わり等に気付くとともに，生活上必要な習慣や技能を身に付けるようにする。(2)身近な人々，社会及び自然を自分との関わりで捉え，自分自身や自分の生活について考え，表現することができるようにする。(3)身近な人々，社会及び自然に自ら働きかけ，意欲や自信をもって学んだり生活を豊かにしたりしようとする態度を養う」(下線は筆者)と示されている。「見方・考え方」については本稿では割愛する。

　生活の評価の観点も資質・能力の三つの柱を踏まえたものとなっている。

知識・技能

　旧観点「身近な環境や自分についての気付き」に部分的に関連する。見る，聞く，触れる，作る，探す，育てる，遊ぶなどの具体的な活動や体験を通して様々な対象に働きかける過程で，身近な環境や自分自身のよさなどに気付くことはこれまで通り大切にしたい。

　今次改訂ではさらに「何が分かり，何ができるようになったか」が求められる。無自覚だった個別的な気付きが他者との関わりや対話を通して，既存の経験や他の気付きと関連付けられることで確かな認識と変わる。例えば，「うごくおもちゃ」としてゴムで走る車を制作している場合であれば，「○○さんとなんども考えて，キャップを付けたぼうをストローに入れて，せんろみたいにならべてつけたら，よく走りました」といった認識である。生活習慣や生活技能にとどまらず，それまでの体験や学習で身に付けた知識・技能をどう生活場面で活用しているかについても見取りたい。

思考・判断・表現

　旧観点「活動や体験についての思考・表現」に対応する。これまでと同様，思考と表現が一体化していることは変わりない。生活での様々な体験を通してどんな気付きや思いを持っているのか，次は何をするのかを考え，それらを多様な他者との関わりの中で言葉や文，絵など身に付けた多様な方法でどのように表現し，見通し，試し，工夫しているのかを，活動の様子やカード，作品などから捉えていきたい。

主体的に学習に取り組む態度

　旧観点「生活への関心・意欲・態度」に対応する。授業中だけでなく，生活場面においても身近な対象や自分自身に対する関心や意欲，よりよく生活しようとする態度の育ちを捉えることはこれまでと同様であるが，児童自身が対象に働きかけようとしているか，意欲的に学ぼうとしているか，自ら生活を豊かにしようとしているかなど，児童自身がいかに主体的・自立的に，対象と関わろう，活動に取り組もうとしているかを見取りたい。

　いずれの観点においても，教師だけの見取りにとどまらず，関わった多様な大人や児童同士の評価などを参考にしたい。

音楽

観　点	趣　旨
知識・技能	・曲想と音楽の構造などとの関わりについて理解している。 ・表したい音楽表現をするために必要な技能を身に付け，歌ったり，演奏したり，音楽をつくったりしている。
思考・判断・表現	音楽を形づくっている要素を聴き取り，それらの働きが生み出すよさや面白さ，美しさを感じ取りながら，聴き取ったことと感じ取ったこととの関わりについて考え，どのように表すかについて思いや意図をもったり，曲や演奏のよさなどを見いだし，音楽を味わって聴いたりしている。
主体的に学習に取り組む態度	音や音楽に親しむことができるよう，音楽活動を楽しみながら主体的・協働的に表現及び鑑賞の学習活動に取り組もうとしている。

改訂のポイント

　新しい三つの観点は，新学習指導要領の骨格となる資質・能力の三つの柱と対応している。これまでの4観点は，表現領域が「音楽への関心・意欲・態度」「音楽表現の創意工夫」「音楽表現の技能」で，鑑賞領域が「音楽への関心・意欲・態度」「鑑賞の能力」で評価してきたように，各観点が領域と対応するように示されていた。一方，新しい3観点はいずれも両領域に対応している。この違いが大きな改訂点となる。資質・能力の三つの柱に即して示されているため，今後，学習指導案を作成する際，目標・内容・評価規準をより明確に整合性を保って定めやすくなるだろう。

　また次の3点は，変わることのない評価の意義である。①評価は目標に対して行うものである，②指導と評価は表裏一体であり，評価結果は児童の学習と教師自身の指導改善に寄与させるものである，③三つの側面（観点）で評価はするが，資質・能力の三つの柱はそれぞれ互いに関わり合っているものである。以上を全て正しく認識することが重要となる。

知識・技能

　「知識・技能」の趣旨は，上記のように知識と技能とに分かれている。しかし，音楽活動において知識と技能は別々に育成するものではない。例えば，

器楽の「曲想と音楽の構造との関わり」についての知識は，「範奏を聴いたり，リズム譜などを見たりして演奏する技能」などとともに深まり合っていく。そのため，指導は知識と技能の二つを関わらせながら行い，観点別評価は知識と技能の成果を分けて見取っていく。具体的な評価の方法としては，ペーパーテストや実技テストを連想しやすい。しかし音楽で求める知識と技能は，音楽表現を楽しんだり思いや意図を表現したりするためのものである。表現を楽しむための知識として理解されているかをペーパーテストで評価することは難しく，活動を通して評価する工夫が必要である。同様に，思いや意図を表現するための技能が身に付いているかを評価するには，実技テストで演奏技術だけを見るのではない，教師の高い評価力量が求められる。

思考・判断・表現

　思考する事柄は，「音楽を形づくっている要素について聴き取ったこと（客観的な音楽の仕組み）と，感じ取ったこと（仕組みが生み出すよさなどの質）との関わり」，判断する事柄は，「思考を通して得られる自分にとっての音楽の価値など」である。表現では，「思考したことや判断したことを音，音楽，言葉などで表すこと」が求められる。よって，思考したことや判断したことが，表現される音や音楽，言葉などと整合しているかどうかを，発言やワークシート，活動などを通して見取ることが大切である。

主体的に学習に取り組む態度

　この観点で評価する対象は，「音楽活動を楽しんでいるか」「主体的・協働的に学習活動に取り組もうとしているか」の二つである。そして趣旨にあるように，この二つは「ながら」という並行を表す接続助詞でつながっていることに注意すべきである。両者を総合的に見取ることが求められる。

　音楽で涵養する「学びに向かう力，人間性等」の目標は，「音楽活動の楽しさを体験することを通して，音楽を愛好する心情と音楽に対する感性を育むとともに，音楽に親しむ態度を養い，豊かな情操を培う」ことである。この中で，「音楽を愛好する心情」「音楽に対する感性」「豊かな情操」は，一授業や一題材では評価することが難しく，観点別評価としてもなじまない。よって個人内評価として成長を継続的に見取り，児童や保護者に伝えていくことになる。

115

観点	趣旨
知識・技能	・対象や事象を捉える造形的な視点について自分の感覚や行為を通して理解している。 ・材料や用具を使い，表し方などを工夫して，創造的につくったり表したりしている。
思考・判断・表現	形や色などの造形的な特徴を基に，自分のイメージをもちながら，造形的なよさや美しさ，表したいこと，表し方などについて考えるとともに，創造的に発想や構想をしたり，作品などに対する自分の見方や感じ方を深めたりしている。
主体的に学習に取り組む態度	つくりだす喜びを味わい主体的に表現及び鑑賞の学習活動に取り組もうとしている。

改訂のポイント

　図画工作では，旧観点の「造形への関心・意欲・態度」「発想や構想の能力」「創造的な技能」「鑑賞の能力」の四つが，「知識・技能」「思考・判断・表現」「主体的に学習に取り組む態度」の三つの観点へと整理された。

　新旧の観点の関係性については，新学習指導要領の図画工作の目標や内容が，新たな資質・能力の枠組で整理されたことなどから，単純な組み替えであるとは言いがたい。しかし大枠で捉えれば，旧観点の「造形への関心・意欲・態度」が新観点の「主体的に学習に取り組む態度」，旧観点の「発想や構想の能力」及び「鑑賞の能力」が新観点の「思考・判断・表現」と関連している。また一つの観点としてではなく，全てを通して示されていた「対象や事象を捉える造形的な視点について自分の感覚や行為を通して理解する」こと及び「創造的な技能」が，「知識・技能」として新観点に引き継がれている。

　なお「造形遊び」「絵や立体，工作」などの「表現」の評価は三つの観点から評価し，「鑑賞」の評価は，「知識・技能」のうちの「知識」，「思考・判断・表現」「主体的に学習に取り組む態度」の三つの観点から評価する。

知識・技能

　図画工作の教科の特性に基づき，「知識」と「技能」に分けて趣旨を示している。「知識」は，材料や作品，出来事などを捉える際の「形や色など」

「形や色などの感じ」「形や色などの造形的な特徴」などの造形的な視点について，自分の感覚や行為を通して理解しているかどうかを捉える観点である。児童が自分の感覚や行為を大切にした学習活動をすることで一人一人の理解が深まることから，「知識」については，指導計画の作成と内容の取扱い２(3)などを参考にし，それぞれの題材でどのような造形的な視点を理解するのかを明確にした上で指導・評価する必要がある。

「技能」は，手や体全体の感覚などを働かせ，材料や用具の特徴を生かしながら使い，工夫して創造的につくったり表したりしているかを捉える観点である。「技能」には材料や用具に十分に慣れたり，適切に扱ったりするなど「材料や用具を使う」という側面と，つくり方・表し方を工夫して「創造的につくったりあらわしたりする」側面とがあり，二つに着目して評価する。

思考・判断・表現

形や色などの造形的な特徴を基に，自分のイメージを持ちながら，造形的なよさや美しさ，表したいこと，表し方などについて考えるとともに，創造的に発想や構想をしたり，作品などに対する自分の見方や感じ方を深めたりしているかどうかを捉える観点である。創造的に発想や構想をすることには，造形的な活動や表したいことを思い付くなどの発想の側面と，どのように活動したり表したりするかを考える構想の側面とがある。また作品などに対する自分の見方や感じ方を深めたりすることは，感じ取ったり考えたりする側面と，見方や感じ方が広がったり深まったりする側面とがある。

主体的に学習に取り組む態度

つくりだす喜びを味わい主体的に表現及び鑑賞の学習活動に取り組もうとしているかを評価する観点である。「知識及び技能」を獲得したり，「思考力，判断力，表現力等」を身に付けたりすることに向けた粘り強い取組を行おうとする側面と，その粘り強い取組を行う中で，自らの学習を調整しようとする側面の二つを評価することが求められる。なお，「主体的に学習に取り組む態度」で示したことは，観点別評価で捉えられる部分であり，「学びに向かう力，人間性等」には，感性や情操など観点別評価や評定になじまず個人内評価を通じて捉える部分がある。この感性や情操などについても，図画工作では重視しているという点を常に意識することが大切である。

観　点	趣　旨
知識・技能	日常生活に必要な家族や家庭，衣食住，消費や環境などについて理解しているとともに，それらに係る技能を身に付けている。
思考・判断・表現	日常生活の中から問題を見いだして課題を設定し，様々な解決方法を考え，実践を評価・改善し，考えたことを表現するなどして課題を解決する力を身に付けている。
主体的に学習に取り組む態度	家族の一員として，生活をよりよくしようと，課題の解決に主体的に取り組んだり，振り返って改善したりして，生活を工夫し，実践しようとしている。

改訂のポイント

　家庭では，これまでの「家庭生活への関心・意欲・態度」「生活を創意工夫する能力」「生活の技能」「家庭生活についての知識・理解」という四つの観点が，「知識・技能」「思考・判断・表現」「主体的に学習に取り組む態度」という三つの観点に再整理された。

　観点別評価では特に，「思考・判断・表現」において，他の2観点との関係性を明確に捉えること，また，長期スパンでの評価計画の中で，内容のまとまりごとの評価規準を捉えることが必要である。さらに，目標に準拠した評価の実質化やカリキュラム・マネジメントを促すためにも，小・中・高等学校を通じた学習体系や他教科との関わりを考慮して，3観点の趣旨を理解する必要がある。

知識・技能

　旧観点で別々に捉えていた「知識」と「技能」は合わせて一つの観点となり，より確実な習得を評価できるようになった。例えば，調理の学習で「なぜその切り方をするのか」，製作の学習で「なぜその方法で縫うのか」といった根拠を理解して技能を身に付けているかをみることが，「知識・技能」の評価の要点である。そのために作業を行う中でも根拠や原理の理解を深めているかを評価することが必要である。多様な状況で「知識及び技能」を活用できるように理解を伴って技術を身に付けているかどうかを評価することになる。

さらに，個別の「知識及び技能」の習得状況とともに，それらを既習の
「知識及び技能」と関連付けたり活用したりしているかについて，学習過程
を通して評価することが必要である。

思考・判断・表現

　獲得した「知識及び技能」が，どのように活用されているかをみることが，
「思考・判断・表現」の評価の要点である。それとともに，問題解決的な学
習を形成する四つの過程において，課題を解決するために必要な「思考力，
判断力，表現力等」を身に付けているかどうかを評価することも大切である。

　家庭で育成すべき「思考力，判断力，判断力等」は，生活の課題を見いだ
し，最適な解決策を追究する過程をとおして生活者としての多様な考え方を
育てることである。この資質・能力が「主体的に学習に取り組む態度」の実
現につながるように，評価計画を立てることが求められる。また，パフォー
マンス課題を設定して課題を継続的に意識させたり，ポートフォリオを活用
して学習過程を振り返る場面を設けたりして，評価方法を工夫することも肝
要である。

主体的に学習に取り組む態度

　この観点は，「『知識及び技能』を獲得したり，『思考力，判断力，表現力
等』を身に付けたりすることに向けた粘り強い取組を行おうとする側面」と，
「取組を行う中で，自らの学習を調整しようとする側面」という二つの側面
を含んでいる。

　評価は，旧観点「関心・意欲・態度」の本来の趣旨を踏まえて，学習内容
への関心だけでなく，よりよく学ぼうとする意欲をもって学習に取り組む態
度にも着目して，「知識及び技能」を習得させたり，「思考力，判断力，表現
力等」を育成したりする場面に関わって行うものである。

　一方で，バランスのとれた資質・能力を育成するために，「主体的に学習
に取り組む態度」の評価の結果は，他の二つの観点の育成に関わる教師の指
導や児童の学習の改善に生かすことが大切である。特に家庭では，「自分の
生活の中で実践しようとする態度」の育成を目指すことから，学期末や年度
末，あるいは「A(4)課題と実践」等において実現状況を把握し，長期的な
視点で評価することが重要である。

体　育

観　点	趣　旨
知識・ 技能	各種の運動の行い方について理解しているとともに，基本的な動きや技能を身に付けている。また，身近な生活における健康・安全について実践的に理解しているとともに，基本的な技能を身に付けている。
思考・ 判断・ 表現	自己の運動の課題を見付け，その解決のための活動を工夫しているとともに，それらを他者に伝えている。また，身近な生活における健康に関する課題を見付け，その解決を目指して思考し判断しているとともに，それらを他者に伝えている。
主体的に学習に 取り組む態度	運動の楽しさや喜びを味わうことができるよう，運動に進んで取り組もうとしている。また，健康を大切にし，自己の健康の保持増進についての学習に進んで取り組もうとしている。

改訂のポイント

　体育では，これまでの「運動や健康・安全への関心・意欲・態度」「運動や健康・安全についての思考・判断」「運動の技能」「健康・安全についての知識・理解」という四つの観点が，「知識・技能」「思考・判断・表現」「主体的に学習に取り組む態度」という三つの観点に再整理された。

　体育は運動領域と保健領域で指導内容の構成が異なっている。新学習指導要領では体育の運動領域の指導内容は①知識及び技能（「体つくり運動」は運動），②思考力，判断力，表現力等，③学びに向かう力，人間性等で構成され，保健領域のそれは①知識及び技能（３年生は知識），②思考力，判断力，人間性等で構成されている。評価の実施に際しては，この点への配慮が求められる。

　新学習指導要領において体育は，人間性に関する指導内容を示した唯一の教科である。運動領域の指導内容として示されており，公正，協力，責任，参画，共生及び健康・安全から構成されている。これらの人間性に対応する観点別評価の観点は設定されていないが，そのことは指導内容に対する評価を加えないことを意味せず，人間性の指導内容に対応した形成的な評価が求められる。

知識・技能

　運動領域の場合，「知識」は運動の行い方を指す。ゲームのルールや技術的な課題，戦術的な課題の解決方法である。旧学習指導要領では「思考・判断」の指導内容だったが，新学習指導要領で位置付けが変更されたとともに，観点別評価の内容に加わった。

　これに対し「技能」は，演技や競争，ゲームの場面で発揮される技能を指す。なお，新学習指導要領の解説書に記されている技能の例示は，評価の指標ともなるので参考にしたい。

　保健領域において，「知識」は中・高学年で，「技能」は高学年のみで指導内容として示されている。そのため，「技能」は高学年のみにおいて評価の観点として明示されている。

　評価に当たっては，知識の理解度は学習カードの記述内容を通して確認したり，発問への回答や話合い場面での発言などを通して確認したりすることができる。評価では，動きを見取ることが求められる。学習指導要領に習得を期待する動きが例示されているので参照されたい。

思考・判断・表現

　運動領域における「思考・判断・表現」の「思考・判断」の評価の対象は，運動に関わる自己やグループの課題並びに課題の解決方法の選択である。また「表現」の評価の対象は，「思考・判断」した内容を他者に伝えることをさす。

　これに対し保健領域では，課題を見付けること，自分の生活と関連付けることや課題の解決方法を考えること，選択することを捉えて評価を行う。

　高学年の「表現」に関しては，自分の考えたことのみではなく，仲間の考えたことも表現できるようになっているかも捉えることが必要である。

　評価の方法として，学習カードを用いた他者評価の過程を観察することなどが考えられる。

主体的に学習に取り組む態度

　「主体的に学習に取り組む態度」は，「知識及び技能」を獲得したり，「思考力，判断力，表現力等」を身に付けたりすることに向けた粘り強い取組の中で，自らの学習を調整しようとしているかどうかを含めて評価する。

観　点	趣　旨
知識・技能	・外国語の音声や文字，語彙，表現，文構造，言語の働きなどについて，日本語と外国語との違いに気付き，これらの知識を理解している。 ・読むこと，書くことに慣れ親しんでいる。 ・外国語の音声や文字，語彙，表現，文構造，言語の働きなどの知識を，聞くこと，読むこと，話すこと，書くことによる実際のコミュニケーションにおいて活用できる基礎的な技能を身に付けている。
思考・判断・表現	・コミュニケーションを行う目的や場面，状況などに応じて，身近で簡単な事柄について，聞いたり話したりして，自分の考えや気持ちなどを伝え合っている。 ・コミュニケーションを行う目的や場面，状況などに応じて，音声で十分慣れ親しんだ外国語の語彙や基本的な表現を推測しながら読んだり，語順を意識しながら書いたりして，自分の考えや気持ちなどを伝え合っている。
主体的に学習に取り組む態度	外国語の背景にある文化に対する理解を深め，他者に配慮しながら，主体的に外国語を用いてコミュニケーションを図ろうとしている。

改訂のポイント

　外国語科は，今回の改訂において新設されたものである。旧学習指導要領（平成20年改訂）では，高学年に外国語活動が領域として設置されており，評価においては，三つの評価の観点（コミュニケーションへの関心・意欲・態度，外国語への慣れ親しみ，言語や文化に関する気付き）に沿って，文章で表記していた。しかし，今回，高学年では外国語活動から外国語科となり，取扱いについても領域から教科となって，上記の新たな三つの観点に沿って評価することになる。

　また，取り扱う技能，領域においては，「聞くこと」「話すこと（やり取り，発表）」「読むこと」「書くこと」の4技能5領域を取り扱うことになる。

知識・技能

　学習指導の過程で言語材料（語彙や表現）を単純に暗記させたり，それらをいくつ知っているかなどを評価したりするのではなく，実際に外国語を用

いた言語活動を通して，指導した言語材料を実際のコミュニケーションにおいて活用できる技能を身に付けているかどうかを判断して評価することになる。具体的には，知識として４技能に関わる音声，文字や符号，語，連語や慣用表現，文及び文構造などについて言語活動等の中で評価していく。ただし，これらに関して正しさや流暢さを求めるものではないことは確認しておきたい。

思考・判断・表現

　この点が，今回の改訂で最も重点的に評価していく観点である。児童が様々な言語活動の中で，十分に考えて，自らの考えや気持ちを外国語で表現しているかどうかを判断し評価していくことになる。特に，児童が様々に得た情報を整理しながら考えをまとめて表現したり，伝え合ったりしているかを五つの領域で評価していく。特にこの場合には，外国語特有のパフォーマンス活動（例えば，インタビュー，スピーチ，ショウ・アンド・テル，ディスカッション，スキット，リスニングクイズ，インタラクション，シナリオ作成，スピーチ原稿作成など）を通して，パフォーマンス評価を行っていくことになるが，基礎基本となる語彙や表現の指導，体験を積むための数多くの言語活動を行って初めて評価に値する活動が可能になる。あまり指導していない内容を評価したり，あまり体験を積んでいない活動を評価したりすることは避ける必要がある。

主体的に学習に取り組む態度

　この観点は，旧学習指導要領における「関心・意欲・態度」に近く，自ら進んで他者と外国語を用いて，コミュニケーションを図ろうとしているかを評価する。これに関しては，外国語が正しいか，流暢か，発音が正しいかなどよりも，他者に対して一方的に外国語で話しかけたりすることなく，相手をおもんぱかって，コミュニケーションを図ろうとしているか，自分の考えや気持ちを外国語で書こうとしているかなどに焦点を当てることになる。

　特に外国語嫌いの児童を生み出さないためにも，形成的評価（個人内評価）として，積極的に活動等に取り組んでいる場合には，評価するように心がけたい。コミュニケーションの基礎は言葉以前の問題として，どう相手と対面するかである。

2

特別の教科　道徳

参考様式

特　別　の　教　科　　道　徳	
学年	学習状況及び道徳性に係る成長の様子
1	
2	
3	
4	
5	
6	

概　　説

　「特別の教科　道徳」は，小学校では平成30（2018）年度から全面実施され，指導要録にも評価欄が設けられ，言葉で具体的に記述することが求められている。新学習指導要領においては，特に目標と内容と指導と評価の一体化が強調されている。基本的なところから確認したい。

　まず，「特別の教科　道徳」では，何を評価するのかについて見ていく。

　「特別の教科　道徳」は，学校教育全体で行う道徳教育の要としての役割を担う。したがって，「特別の教科　道徳」の評価は，道徳教育の目標を押

124

さえて,「特別の教科　道徳」の目標をどのように追究しているかを評価する。

道徳教育の目標から

　小学校の道徳教育の目標は,「自己の生き方を考え,主体的な判断の下に行動し,自立した人間として他者と共によりよく生きるための基盤となる道徳性を養うこと」と記されている。

　ここには,目指すべき児童の姿が描かれている。

　第一のポイントは,「人間としての自分らしい生き方をしっかり考えられる」児童である。だれもがかけがえのない生命を持っている。その生命をしっかりと生きていくことこそ,すべての児童に課せられた課題である。

　第二のポイントは,「主体的に判断し行動できる」児童である。つまり,人間としての自分らしい生き方を,日常生活や様々な学習活動において主体的に追い求め実践する児童である。

　そして,第三のポイントとして,そのことを通して「自立した人間として他者とともによりよく生きる」児童である。つまり,自己を確立し成長させ,みんなと一緒によりよい社会を創っていける児童を育てるのである。

「特別の教科　道徳」の目標から

　では,要である「特別の教科　道徳」の目標はどうか。「よりよく生きるための基盤となる道徳性を養うため,道徳的諸価値についての理解を基に,自己を見つめ,物事を多面的・多角的に考え,自己の生き方についての考えを深める学習を通して,道徳的な判断力,心情,実践意欲と態度を育てる」と記されている。

　ここには授業のポイントが示されている。一つは「道徳的諸価値の理解」,二つは「自己を見つめる」,三つは「物事を多面的・多角的に考える」である。この三つを関わらせて授業を行う。そのことを通して,「人間としての自分らしい生き方についての考えを深める」学習を充実させていくのである。

　つまり,「特別の教科　道徳」が求める児童像は,このような学びを通して「人間としての自分らしい生き方についての考えを深めている」児童ということになる。

　「道徳的諸価値の理解」は,基本的には道徳の指導内容に示されている道徳的価値について理解することである。それは,自分を見つめる判断基準,

あるいはいろいろな状況の中でどうすればよいかを考える判断基準になる。「自己を見つめる」とは，人間としての自分らしい生き方という視点から，今の自分，今までの自分，これからの自分を捉え直していくこと，さらに，いろいろな状況の中で自分はどうすればよいのかを考えていくことである。「物事を多面的・多角的に考える」とは，いろいろな道徳的な事象や道徳的な状況の中で，どのように対応することが，人間としての自分らしい生き方になるのかを様々なことを考慮しながら考えることである。

それらの学びを通して「人間としての自分らしい生き方についての考えを深め」，道徳性の諸様相の中核になる知，情，意にあたる「道徳的な判断力，道徳的心情，道徳的実践意欲と態度」を計画的・発展的に育てるのである。

自律的な道徳的実践へとつなげているか

「特別の教科　道徳」は道徳教育の要であることから，「特別の教科　道徳」の目標は，道徳教育の目標との関連で捉える必要がある。「特別の教科　道徳」の目標は，道徳教育の目標の前半部分と関係する。それは道徳教育の目標が自律的に道徳的実践のできる児童を育てることだからである。つまり，「人間としての自分らしい生き方について考えを深める」とともに，日常生活や様々な学習活動の中で「主体的に判断し行動する」ことへとつないでいく必要がある。それが事後の学習ということになる。

「特別の教科　道徳」で評価すること

「特別の教科　道徳」の評価は，「特別の教科　道徳」の目標に対して，どのような状況にあるかを評価するのではない。このような目標に記されていることに関して，どのように向き合い，自分の中にあるよりよく生きようとする力を成長させているかを見取るのである。児童はだれもがよりよく生きようとする心を持っており，その心を目覚めさせ，引き出し，児童自らが発展させていけるようにするのが道徳教育であるという捉え方からである。

そのためには，さらに児童自身の自己評価，自己指導を重視する必要がある。各教科等の評価と同様に教師自身が指導の結果として児童への評価を捉え，さらに指導の充実を図るという，指導と評価の一体化は重要である。と同時に，特に児童自身が自己を評価し自己指導へとつなげていける評価が，いっそう求められる。そのことを応援する教師の評価が重要なのである。

126

評価の方法

　学習指導要領では，「学習状況や道徳性にかかわる成長の様子を継続的に把握し，指導に生かす」評価を求めている。その後，文部科学省の専門会議で，「『特別の教科　道徳』の指導方法・評価等について」（報告）がまとめられ，各自治体に局長名で文科省通知が出されている。その要点を示すと次のようになる。

① 　観点別や分析的な評価は妥当ではないこと

② 　一定のまとまりの中で振り返る場面を適切に設定し見取ること

③ 　他の児童生徒との比較による評価ではなく，児童生徒がいかに成長したかを積極的に受け止めて，認め励ます個人内評価として記述式で行うこと

④ 　個々の内容項目ごとではなく，大くくりなまとまりを踏まえて評価すること

⑤ 　学習活動において児童生徒がより多面的・多角的な見方へと発展しているか，道徳的価値の理解を自分自身との関わりの中で深めているかといった点を重視すること

これらを踏まえてどのように評価するかを見てみたい。

してはいけないことの確認

　まず，児童に示す評価において，してはいけないことを確認したい。

(1)　道徳性そのものを点数で評価しない

　道徳性は人格の基盤となるものであり，全体を評価することはできない。道徳教育の要である「特別の教科　道徳」は，道徳性を構成する主要な道徳的価値について指導するのであり，道徳性の全体を指導するわけではない。したがって，その評価も部分的なものになる。そのことを理解した上で，指導の全体を見通して，一人一人の中で成長している姿を具体的な言葉で記述式で評価する。分かりやすくいえば，授業のねらいに関わる一人一人の「よいところ探し」が評価なのである。

(2)　他の人と比較して評価しない

　「特別の教科　道徳」の評価は，他の人と比較して評価したり，目標に対

してどれだけ達成されているかを評価するのではない。その子自身が，目標（よりよく生きる）に向かってどれだけ自分のよさを引き出し伸ばしているかを個人内評価する。今のその子の状態を基準にして，その子の中で成長していると見取れることを，記述式で評価するのである。

(3) よくないと思えるところをそのままで評価しない

道徳教育は，児童のよさやよいところを評価するが，「よくないところは評価しなくてよいのか」という質問を受ける。よいと思えるところもよくないと思えるところも，すべて成長の途上にある。したがって，よいと思えるところもよくないと思えるところも，すべて，よりよく生きるための課題として捉えられる。よくないと思えるところも，その子自身のよさを伸ばす上での窓口となる。課題に気づき，そこを自己成長の窓口として，どのように自己の成長を図っているかを記述式で評価するのである。

「特別の教科 道徳」の具体的な評価の仕方

このことを踏まえて具体的な評価の仕方を考えてみよう。

(1) 実態把握で一人一人のよさを見つける窓口を押さえる

授業では，まず，ねらいに関わる一人一人の実態を把握する必要がある。その基本は，「特別の教科 道徳」に示されている目標と本時の指導内容に関する実態把握である。本時のねらいに関わって，①道徳的諸価値の理解，②自己を見つめる力，③物事を多面的・多角的に考える力，④人間としての自己の生き方の考えの深まり，⑤道徳的判断力，道徳的心情，道徳的実践意欲・態度の実態を把握することになる。実態把握においては，個人差が出る。それは，指導課題を明確にするとともに，授業を通して一人一人のよさを引き出す窓口を押さえるということである。そのような実態把握をしながら，意図的指名も含めて，一人一人のよさを引き出す授業を組み立てていく。

(2) 授業においては，特にねらいに関わる道徳的判断力，道徳的心情，道徳的実践意欲・態度がどのように引き出されているかを把握する

具体的には，問いかけがポイントになる。道徳的判断力に関わる問いかけ，道徳的心情に関わる問いかけ，道徳的実践意欲・態度に関わる問いかけを工夫する。問いかけへの児童の対応は，話し言葉で，書くことで，色や図や表示などで，身体表現で，など多様に考えられる。それらの記録を積み重ねて

128

いく。児童に道徳ノートやワークシートに書いてもらったり，教師が座席表を用意し，授業中に気付いたことを簡単にメモし，授業後に5～10分くらいで少し詳しく記入するといったことを行う。気になる子や表現の苦手な子に対しては，授業後に個別に聞く。それらの記録を見ながら，「より多面的・多角的な見方へと発展しているか」「道徳的価値の理解を自分自身との関わりの中で深めているか」といった点も押さえておく。

(3) 児童の学習している状況を把握する

「特別の教科　道徳」の評価においては，児童が授業を受けている姿勢そのものも重要な評価対象となる。授業の姿勢には，道徳性が反映される。ねらいとは直接関係しないことであっても，その子のよさが発揮されていると捉えられれば，それをメモしておく。

(4) 児童の自己評価を取り入れる

「特別の教科　道徳」では，児童自身の自己評価を取り入れていくことが大切である。授業の終わりに，「○○（例えばねらいに関わる道徳的価値など）についてどのようなことを新しく発見しましたか」とか「新たな自分を見つけられましたか」「友達の新たなよさを見つけられましたか」なども問いかける。また，「自分の意見を述べられましたか」「友達の意見をしっかり聞くことができましたか」「○○さんの立場で考えることができましたか」などと聞くこともできる。

そして，学期の終わりに，行った授業の一覧表を用意し，どの授業が一番心に残っているか（三つくらいでよい），それはどうしてかを尋ねる。さらに，この学期の道徳の授業で自分が成長したと思うことはどのようなことかを聞く。それらを重視して，児童の記録したノートやワークシート，教師のメモなどを基に評価文を考える。具体的には，『道徳の評価　通信簿と指導要録の記入文例　小学校・中学校』（図書文化，2019）を参照してほしい。

(5) 授業以外での児童の姿も把握する

「特別の教科　道徳」の評価は，授業の中での児童の姿で評価することを原則としている。それはどのクラスでも行わなければいけないこととして示されている。その上で，授業外での児童の姿も把握していくことが求められる。それは，「総合所見及び指導上参考となる諸事項」に書くこともできる。

そして，それらの延長に「行動の記録」がある。行動の記録は，児童の道徳性が行動面に現れた姿と捉えられるからである。それぞれの評価項目から児童の実態を把握し評価することになるが，指導においては，「特別の教科　道徳」と日常生活における指導とを響き合わせることが大切である。

アセスメントを取り入れる

　このような評価を充実させるためには，アセスメントが必要になる。アセスメントとは，目的を達成するために必要な実態調査のことである。道徳教育や「特別の教科　道徳」の評価は，指導へと生かしていく必要がある。通知表や指導要録には，児童の成長している姿を記述するが，より正確に成長を見取るには，一人一人のよさを引き出すための実態把握が不可欠である。すでに述べたが，本時の授業のねらいに関わって，道徳的判断力，道徳的心情，道徳的実践意欲・態度の実態把握は，指導課題を見出すと同時に，その子のよさを引き出す窓口となる。

　また，相手の立場に立って考える力や自分を振り返る力，ものごとをポジティブに考える力の実態を把握し，それらを積極的に指導することによって，児童のよさをいっそう引き出すことができる。例えば，『道徳教育アセスメントBEING』（図書文化）では，①道徳を支える三つの力，②問題場面における気持ちと行動のバランス，③学校生活の自己チェック，④学級風土について，⑤道徳の授業について，⑥問題解決場面における多面的・多角的思考，について実態が把握できるように作成されている。

　この結果をもとに，例えば次のような評価文を考えることができる。中心になる「道徳を支える力」をベースに，「道徳の授業」の自己評価，「気持ちと行動」の自己評価，「多面的・多角的に考える力」の自己評価との関連で考えるのである。例えば，実態調査から「共感する力が伸びている。相手の立場に立って考える力を高めるとともに，特に思いやりの心を行動へと移せるように様々な状況において考えを深めている」といった文言を押さえて，さらに児童のノートや教師の記録をもとに具体を付け加えていくのである。

　また，この実態調査は，「行動の記録」とも関係させて活用することができる。つまり，「学校生活での行動チェック」を基にして，「道徳を支える力」「道徳の授業」「気持ちと行動」の関連を把握する。そのことによって具

体的な指導課題や対応を考えることができる。

これらと「学級風土」との関連を押さえて指導課題を見出し，取り組んでいくことによって，児童の生活の場である学級を道徳的なものにしていくことができる。

保護者の信頼を得ること

このような道徳の評価において，最も留意しなければいけないのが，保護者の信頼である。保護者と一緒になって，児童の道徳的成長を育んでいくためには，保護者との信頼を強め，一緒になって児童の道徳的成長を応援するような評価である必要がある。

では，どうすれば保護者の信頼が得られるものになるのか。教師には，保護者に，評価文の背景を説明する義務がある。保護者の信頼感は，どれだけ我が子を見てくれているかで左右される。そのためには，毎回の授業に対して，その子のデータを保管し，それをもとに評価文を考えていることを説明する。そのためにも大くくりな評価とともに，授業の中で見られたよさの成長をピンポイントで書くことが求められる。また，毎週「道徳だより」を出して，授業の様子を知らせることも効果的である。

「特別の教科　道徳」の評価は，児童も保護者も納得するものである必要がある。そのためには，児童や保護者に直接聞いてみることも大切である。児童に聞くことについては，先に述べたが，同時に，保護者に，学期に「特別の教科　道徳」の授業で指導した内容について一覧にして示し，その中で成長したなと思うものがあれば○をしてもらう（特には◎）。それらも参考にしながら評価文を書き，面談の時に話題にすることも考えられる。

さらに，保護者や地域の人々に，学校での道徳教育の取組や，指導や評価の研修を行っていることを，学校だよりやホームページなどで知らせる。時には，研修会に保護者や地域の人々に参加してもらうことも取り組みたい。

そのことによって，学校と家庭，地域が一体となって児童のよりよく生きる力を育んでいくことが大切なことを確認し，協力体制を確立したい。

3 外国語活動の記録

参考様式

外　国　語　活　動　の　記　録			
学年	知識・技能	思考・判断・表現	主体的に学習に取り組む態度
3			
4			

概　　説

小学校「外国語活動」で目指すもの

　今回の改訂において，「外国語活動」は中学年に新設されたものである。旧学習指導要領（平成20年改訂）では，高学年において新設されたものであった。それが，内容を大きく変えることなく，学年を移動したと考えてもよいであろう。ただし，目標が若干異なっているので確認しておきたい。外国語活動の目標は，「外国語によるコミュニケーションにおける見方・考え方を働かせ，外国語による聞くこと，話すことの言語活動を通して，コミュニケーションを図る素地となる資質・能力を次のとおり育成することを目指す」とある。この資質・能力に関しては別項で，

(1)　外国語を通して，言語や文化について体験的に理解を深め，日本語と外国語との音声の違い等に気付くとともに，外国語の音声や基本的な表現に慣れ親しむようにする。

(2)　身近で簡単な事柄について，外国語で聞いたり話したりして自分の考えや気持ちなどを伝え合う力の素地を養う。

132

(3) 外国語を通して，言語やその背景にある文化に対する理解を深め，相手に配慮しながら主体的に外国語を用いてコミュニケーションを図ろうとする態度を養う。

となっている。(1)が「知識及び技能」，(2)が「思考力，判断力，表現」，(3)が「学びに向かう力，人間性等」を具体的に表している。

指導要録の主な改善点

指導要録改訂の通知文では，「指導要録の主な改善点について」の項で次のように明示されている。

> 小学校及び特別支援学校（視覚障害，聴覚障害，肢体不自由又は病弱）小学部における「外国語活動の記録」については，従来，観点別に設けていた文章記述欄を一本化した上で，評価の観点に即して，児童の学習に顕著な事項がある場合にその特徴を記入することとしたこと。

また，同通知文の「〔別紙1〕小学校及び特別支援学校小学部の指導要録に記載する事項等」の項では，同じく次のように明示されている。

> 小学校及び特別支援学校（視覚障害，聴覚障害，肢体不自由又は病弱）小学部における外国語活動の記録については，評価の観点を記入した上で，それらの観点に照らして，児童の学習状況に顕著な事項がある場合にその特徴を記入する等，児童にどのような力が身に付いたかを文章で端的に記述する。
> 評価の観点については，設置者は，小学校学習指導要領等に示す外国語活動の目標を踏まえ，別紙4を参考に設定する。

別紙4に示された「評価の観点及び趣旨」は次の通りである。

【外国語活動の評価の観点及び趣旨】

観　点	趣　　　旨
知識・技能	・外国語を通して，言語や文化について体験的に理解を深めている。 ・日本語と外国語の音声の違い等に気付いている。 ・外国語の音声や基本的な表現に慣れ親しんでいる。
思考・判断・表現	身近で簡単な事柄について，外国語で聞いたり話したりして自分の考えや気持ちなどを伝え合っている。

| 主体的に学習に取り組む態度 | 外国語を通して，言語やその背景にある文化に対する理解を深め，相手に配慮しながら，主体的に外国語を用いてコミュニケーションを図ろうとしている。 |

小学校「外国語活動」の評価

指導と評価の計画を立てる

　外国語活動においては，文部科学省から配付される"Let's Try! 1"及び"Let's Try! 2"を主に使用して指導することになる。その際，各学校において年間指導計画や，2年間を通した指導計画を作成することが必要である。これは文部科学省や各自治体で作成したものをコピーして使うのも一つの考えではあるが，児童の状況が学校により異なることから，児童の状況を最も知り得ている教員が事前に作成し，指導を行うことが重要である。

　また，評価についても，どのような言語活動（コミュニケーション活動）を通して，どのような観点で評価を行うのかを事前に計画しておくことが必要である。つまり，常に指導と評価の一体化を考えながら，どのような指導をし，どのような評価をしていくのかをしっかりと計画立てておくことである。

パフォーマンス評価とは何か

　小学校における評価を考える際，中学校や高等学校のようにペーパーテストで「知識・技能」「思考・判断・表現」「主体的に学習に取り組む態度」を評価することは難しい。そこで，様々な活動を通して評価することとなる。これらの評価の方法をパフォーマンス評価と呼んでいる。具体的には以下の通りである。

【パフォーマンス評価】
学習により，子ども達がインプットした知識や習得した技能を自分のものとして（インテイク），話すことや書くことを通して，表出してくる（アウトプット）ものを捉えて評価すること（菅正隆著『日々の授業から校内研修・研究授業までフルサポート！小学校外国語活動・外国語授業づくりガイドブック』明治図書，2018年）。

　この評価を行うためには，様々な言語活動（コミュニケーション活動）を行うことが必要である。

134

パフォーマンス活動の例

パフォーマンス活動の例としては以下のようなものが考えられる。

(1) インタビューテスト（Q&A）

児童一人一人に，授業で指導した語彙や表現が理解されているかどうかを確認するために尋ねてみることである。この際，外国語指導助手（ALT）などに手伝ってもらいながら行うと効率がよい。ただし，評価においては，「できている」「できていない」などではなく，音声や基本的な表現に慣れ親しんでいるか，自分の考えを伝えているか，主体的にコミュニケーションを図ろうとしているかなど，評価の観点や趣旨に従って，学校が独自で作成した評価の観点をもとに評価していく。

（例）　　Q：What animal do you like?
　　　　　A：I like pandas.
　　　　　Q：Do you like dogs?
　　　　　A：Yes, I do.

(2) 発表（スピーチ，ショウ・アンド・テル，プレゼンテーション等）

指導した様々な内容に関して，児童の知識や技能，表現力，態度などを確認するために，クラスの前で発表をさせてみる。導入期には1～2文から始め，4年生では3～4文程度の英文を使って発表させることである。ただし，児童の状況を勘案しながら，少しずつ負荷をかけていくことが重要である。

（例）　　Hello. My name is Kiyama Yui. I like apples. I don't like melons. Thank you.

(3) 創作発表（劇やスキット等）

指導した内容や取り扱った場面での表現確認のために，スキット（寸劇）や劇なども評価に加えることが可能である。しかし，語彙や表現を暗記できているかといった視点で評価するのではない。もし，暗記できているかどうかで評価するのであれば，「知識・技能」よりも「主体的に学習に取り組む態度」の面で評価することが適切であろう。この点が，領域としての外国語活動の特徴でもある。

授業での見取り

旧学習指導要領の外国語活動においては，多くの学校で，様々なコミュニ

ケーション活動を行い，児童がどのように聞いたり話したりして，積極的にコミュニケーションを図っているかなどを，授業の中で見取りながら評価していた。新学習指導要領では，先に挙げたパフォーマンス活動などを通して，児童の育ちを確認し，評価していくことが大切である。加えて，これまでの授業での見取りも，評価を行う際の重要な判断材料となることは従来通りである。

「聞くこと」の評価

　「聞くこと」の評価については，様々な活動の中で，児童がどのように聞こうとしているのか，どのように聞き取っているかなどを判断して評価していくこととなる。ただし，そのためには，聞く活動を戦略的に取り入れることが必要である。先のインタビューテストで考えると，What animal do you like? の質問に答えることができるということは，質問内容を聞き取っているということになる。もし，What animal do you like? の質問に対して，I like apples. と答えたとすれば，質問を聞き取っていないということになる。

　ここでは，実は「聞くこと」と「話すこと」を同時に行っているので，「聞くこと」のみを評価するには難しい面もある。もし，「聞くこと」だけを評価するのであれば，リスニングクイズ（テスト）が可能である。例えば，以下のイラスト2枚を提示し，外国語を聞いて，言われた内容の方に丸を書かせるなどの問題である。

　（問題）　I have three apples.

「話すこと」（やり取り，発表）の評価

　「話すこと」は二つの領域に分けられている。一つは相手との会話等（コミュニケーション）である。これは，ペアで行う言語活動やスキットなどで評価することになるが，主にインタビューテストや見取りなどで行うことになる。一方，発表では，グループやクラスの児童の前で，様々なテーマにつ

いて自分に関する事柄や，自分の考えや気持ちなどを表現させて評価していくことになる。ただし，児童によっては，人前で話すことが苦手であったり，大きな声が出せなかったりなど，様々な状況が考えられる。このような場合には，形成的評価（個人内評価）を組み入れ，児童が積極的に外国語を学ぶ環境を創り出したい。

　外国語が苦手なのは子どもも大人も同じである。少しでも外国語を楽しいと思わせられる評価にしていくことも，外国語活動では必要なことである。

領域別の評価欄の記入例

聞くこと

観　点	評価欄の記入例
知識・技能	・1 から 20 までの数の言い方に慣れ親しんでいた。（「数えてあそぼう」3 年） ・アルファベット 26 文字に慣れ親しんでいた。（「アルファベットとなかよし」3 年） ・活字体の小文字とその読み方に慣れ親しんでいた。（「アルファベットで文字遊びをしよう」4 年） ・教科名や教室名の言い方に慣れ親しんでいた。（「お気に入りの場所をしょうかいしよう」4 年）
思考・判断・表現	・相手からの挨拶や名前を聞いて，挨拶をし合っていた。（「あいさつをして友だちになろう」3 年） ・何が好きか尋ねられたら，その質問に対して，自分の考えや意見を伝えていた。（「何がすき？」3 年） ・相手の好きな時間について理解していた。（「今，何時？」4 年） ・絵本などの短い話を聞いて反応したり，おおよその内容がわかったりしていた。（「ぼく・わたしの一日」4 年）
主体的に学習に取り組む態度	・アルファベット 26 文字を聞いて，文字を探そうとしていた。（「アルファベットとなかよし」3 年） ・相手の欲しいものを積極的に聞こうとしていた。（「ほしいものは何かな？」4 年） ・相手に配慮しながら，絵本などの短い話を聞いて反応しようとしていた。（「ぼく・わたしの一日」4 年）

137

話すこと（やり取り）

観　点	評　価
知識・技能	・世界には様々な言語があることに気付くとともに，挨拶や名前の言い方に慣れ親しんでいた。（「あいさつをして友だちになろう」3年） ・昆虫の名前の言い方に慣れ親しんでいた。（「これなあに？」3年） ・文房具の言い方に慣れ親しむとともに，持ち物を尋ねたり答えたりする言い方に慣れ親しんでいた。（「おすすめの文房具セットをつくろう」4年）
思考・判断・表現	・相手と何が好きかを尋ねたり答えたりして伝え合っていた。（「何がすき？」3年） ・自分の好きな曜日について，尋ねたり答えたりして伝え合っていた。（「すきな曜日は何かな？」4年） ・自分が気に入っている校内の場所について伝え合っていた。（「お気に入りの場所をしょうかいしよう」4年）
主体的に学習に取り組む態度	・相手に伝わるように工夫しながら，名前を言って挨拶を交わそうとしていた。（「あいさつをして友だちになろう」3年） ・工夫しながら，相手に何が好きか尋ねたり答えたりしようとしていた。（「何がすき？」3年） ・相手に配慮しながら，友達を自分の好きな遊びに誘おうとしていた。（「すきな遊びをつたえよう」4年）

話すこと（発表）

観　点	評　価
知識・技能	・自分の好きな果物や食べ物について知っていた。（「何がすき？」3年） ・自ら調べ，スリーヒントクイズを作り，グループで友達に出題していた。（「これなあに？」3年） ・発表に向けて，自分のお気に入りの場所や道案内について知っていた。（「お気に入りの場所をしょうかいしよう」4年）
思考・判断・表現	・好きなことや好きなものについて，友達に発表していた。（「すきなものをつたえよう」3年） ・自分の作ったカードについて，友達に説明をしていた。（「カードをおくろう」3年） ・自分の一日の生活について，クラスで発表していた。（「今，何時？」4年） ・自分のオリジナルメニューについて，クラスで発表していた。（「ほしいものは何かな？」4年）
主体的に学習に取り組む態度	・クラスの友達に配慮しながら，挨拶をして，自分の名前を伝えようとしていた。（「あいさつをして友だちになろう」3年） ・自分の好きな曜日を発表しようとしていた。（「すきな曜日は何かな？」4年） ・相手に配慮しながら，自分が気に入っている場所について発表しようとしていた。（「お気に入りの場所をしょうかいしよう」4年）

第3章

3 外国語活動の記録（様式2）

総合的な学習の時間の記録

参考様式

学年	学習活動	観点	評価
3			
4			
5			
6			

概　　説

　「総合的な学習の時間」は，前々回（平成10年）の学習指導要領の改訂時に領域として新たに教育課程に位置づけられた。これにより，その趣旨等の徹底を図るとともに，各学校における指導の充実がいっそう求められた。
　また，前回（平成20年）の改訂時に，はじめて『学習指導要領解説　総合的な学習の時間編』が発刊された。ここでは，「第8章第2節・総合的な学習の時間の学習指導のポイント」で「探究」と「協同」を新規に示した。とりわけ，「探究」については，探究の過程がスパイラルする図を載せて詳

説している。また，新学習指導要領においても様々に数多く記されている
「比較」「分類」「関連付け」などを，「探究の過程」の「整理・分析」におい
て述べた。その上，育成すべき資質・能力の三つの柱に先立ち，本『解説』
では「資質や能力及び態度」という用語も採用し記していたのである。

評価は目標に準拠することから，以下では，「総合的な学習の時間」の目
標，学習対象の内容，学んでいく方法について述べた後に，学びの過程をど
う見取るのかという評価について示すこととする。

新学習指導要領の「総合的な学習の時間」の目標は，以下の通りである。

> 探究的な見方・考え方を働かせ，横断的・総合的な学習を行うことを通し
> て，よりよく課題を解決し，自己の生き方を考えていくための資質・能力を
> 次のとおり育成することを目指す。
> (1) 探究的な学習の過程において，課題の解決に必要な知識及び技能を身
> に付け，課題に関わる概念を形成し，探究的な学習のよさを理解する
> ようにする。
> (2) 実社会や実生活の中から問いを見いだし，自分で課題を立て，情報を
> 集め，整理・分析して，まとめ・表現することができるようにする。
> (3) 探究的な学習に主体的・協働的に取り組むとともに，互いのよさを生
> かしながら，積極的に社会に参画しようとする態度を養う。

「探究的な見方・考え方」とは，中央教育審議会答申において「各教科等
における見方・考え方を総合的に活用して，広範な事象を多様な角度から俯
瞰して捉え，実社会や実生活の文脈や自己の生き方と関連付けて問い続ける
こと」とある。「総合的な学習の時間」における探究的な学習において問題
解決的な活動が発展的に繰り返されていく中では，はじめに，児童は日常生
活や社会に目を向けた時の疑問や関心を基に自ら課題を見付ける。次に，児
童はそこにある具体的な問題について情報を収集する。そして，児童はその
情報を整理・分析したり知識や技能に結び付けたり考えを出し合ったりしな
がら問題の解決に取り組む。その後，児童は明らかになった考えや意見など
をまとめ，表現するとともに，そこからまた新たな課題を見付けて更なる問
題の解決を始める。すなわち，探究的な学習とは「物事の本質を探って見極
めようとする一連の知的営み」である。

「総合的な学習の時間」においてスパイラルする探究の過程を支えるもの

が，「探究的な見方・考え方」である。「総合的な学習の時間」での横断的・総合的な学習としての学習対象は広範な事象である。この学習対象について多様な角度から俯瞰して捉えるためには，まずは各教科等における「見方・考え方」を総合的に働かせることが重要となる。「総合的な学習の時間」における実社会や実生活における問題は，そもそもどの教科等の特質に応じた視点や捉え方で考えればよいか，一つには決められない。したがって，扱う対象や解決しようとする方向性などに応じ，児童が意識的に「見方・考え方」を活用できるようになることが肝要なのである。

　その上で，「総合的な学習の時間」に固有な「見方・考え方」も働かせることが求められる。「総合的な学習の時間」に固有な「見方・考え方」とは，特定の教科等の視点だけで捉えきれないような，広範な事象を多様な角度から俯瞰して捉える「見方・考え方」のことを指す。また，「総合的な学習の時間」における探究すべき「探究課題」は一つの決まった答えがあるわけではないことから，様々な教科等で学んだ「見方・考え方」を総合的に活用しながら様々な角度から捉えて考えることが重要となる。この課題解決がまた新たな課題を見付けることに繋がる。「課題の設定」「情報の収集」「整理・分析」「まとめ・表現」という探究の過程のスパイラル自体こそが，自己の生き方を問い続けていくことなのである。

　次に，「総合的な学習の時間」の内容の設定は，「目標を実現するにふさわしい探究課題」と「探究課題の解決を通して育成を目指す具体的な資質・能力」の二つから定める。

　「目標を実現するにふさわしい探究課題」とは，目標の実現に向けて学校として設定し，児童が探究的な学習に取り組む課題のことを指す。この「探究課題」は探究的に関わりを深める人・もの・ことである。新学習指導要領『解説　総合的な学習の時間編』では以下のような課題が例示されている。

- ・国際理解：地域に暮らす外国人とその人たちが大切にしている文化や価値観
- ・情報：情報化の進展とそれに伴う日常生活や社会の変化
- ・環境：身近な自然環境とそこに起きている環境問題
- ・福祉：身の回りの高齢者とその暮らしを支援する仕組みや人々

- 健康：毎日の健康な生活とストレスのある社会
- 資源エネルギー：自分たちの消費生活と資源やエネルギーの問題
- 食：食をめぐる問題とそれに関わる地域の農業や生産者
- 科学技術：科学技術の進歩と自分たちの暮らしの変化
- 町づくり：町づくりや地域活性化のために取り組んでいる人々や組織
- 伝統文化：地域の伝統や文化とその継承に力を注ぐ人々
- 地域経済：商店街の再生に向けて努力する人々と地域社会
- 防災：防災のための安全な町づくりとその取組
- キャリア：実社会で働く人々の姿と自己の将来
- ものづくり：ものづくりの面白さや工夫と生活の発展
- 生命：生命現象の神秘や不思議さと，そのすばらしさ

　換言すれば，目標の実現に向けて児童が「何を学ぶか（どのような対象と関わり探究的な学習を行うか）」を表したものが「探究課題」である。

　一方，「探究課題の解決を通して育成を目指す具体的な資質・能力」とは，各学校において定める目標に記された資質・能力を各探究課題に即して具体的に示したものである。各探究課題との関わりを通して具体的に「何ができるようになるか（探究的な学習を通して，どのような児童の姿を実現するか）」を明らかにしたものが「具体的な資質・能力」である。

　探究の過程では，他者と協働して問題を解決しようとする学習活動や言語により分析し，まとめたり表現したりする学習活動が行われる。ここでは，「考えるための技法」が活用される。「考えるための技法」とは，考える際に必要になる情報の処理方法で，具体的には，以下の通りである。

- ○　順序付ける：複数の対象について，ある視点や条件に沿って対象を並び替える。
- ○　比較する：複数の対象について，ある視点から共通点や相違点を明らかにする。
- ○　分類する：複数の対象について，ある視点から共通点のあるもの同士をまとめる。
- ○　関連付ける：複数の対象がどのような関係にあるかを見付ける。ある対象に関係するものを見付けて増やしていく。
- ○　多面的に見る・多角的に見る：対象のもつ複数の性質に着目したり，対象を異なる複数の角度から捉えたりする。

○ 理由付ける（原因や根拠を見付ける）：対象の理由や原因，根拠を見付けたり予想したりする。

○ 見通す（結果を予想する）：見通しを立てる。物事の結果を予想する。

○ 具体化する（個別化する，分解する）：対象に関する上位概念・規則に当てはまる具体例を挙げたり，対象を構成する下位概念や要素に分けたりする。

○ 抽象化する（一般化する，統合する）：対象に関する上位概念や法則を挙げたり，複数の対象を一つにまとめたりする。

○ 構造化する：考えを構造的（網構造・層構造など）に整理する。

なお，このような「考えるための技法」は，紙の上などで可視化することでツールとして意図的に使えるようにもなるが，ツールを活用すること自体を目的化しないことが肝要である。

以上，「総合的な学習の時間」の目標，内容，方法を踏まえた上で以下の評価を実施することが，これからの「総合的な学習の時間」の評価のポイントとなる。評価は目標，内容，方法の後にあるものであり，評価のみを取り出して評定だけに機能させず，常に児童の学習改善と教師の指導改善に機能させることが，今後の「総合的な学習の時間」の評価の要諦である。

さて，学習評価とは，「児童にどういった力が身に付いたのか」という学習の成果（学習状況）を的確に捉えるものである。児童自身が自らの学びを振り返って次の学びに向かうことができるようにするためと，教師がよりよい創造的な授業をデザインできるよう授業改善を図るために重要となる。

「総合的な学習の時間」の評価は，上述した「総合的な学習の時間」の目標等を踏まえ，各学校の具体的な目標，内容である探究課題と探究課題の解決を通して育成を目指す資質・能力に基づいて定めた観点による観点別学習状況の評価を基本とする。これに加えて，「総合的な学習の時間」では，特にその児童に個人として育まれているよい点や進歩の状況などを積極的に評価することや，それを通して児童自身も自分のよい点や進歩の状況などに気付くようにすることが肝要である。

新学習指導要領が定める目標を踏まえて，各学校が目標や内容を設定するという「総合的な学習の時間」の特質からすれば，評価の観点は各学校が設定するものである。探究課題の解決を通して育成を目指す具体的な資質・能

力について，「知識及び技能」は，他教科等及び総合的な学習の時間で習得する知識及び技能が相互に関連付けられ，社会の中で生きて働くものとして形成されるようにすること。「思考力，判断力，表現力等」は，課題の設定，情報の収集，整理・分析，まとめ・表現などの探究的な学習の過程において発揮され，未知の状況において活用できるものとして身に付けられるようにすること。「学びに向かう力，人間性等」は，自分自身に関すること及び他者や社会との関わりに関することの両方の視点を踏まえること，に留意することである。

記入欄について

　新指導要録の様式は，様式1（学籍に関する記録）と様式2（指導に関する記録）からなり，「総合的な学習の時間の記録」は様式2の右下の「特別活動の記録」の上に位置付いている。冒頭（p140）に示したように，3・4・5・6学年ごとに学習活動，観点，評価の三つのそれぞれについて個別に文章記述する欄となっており，従来のものと変更はない。評価の観点を学校独自に設定し，評価内容を記述することも従来通りである。観点の決め方については，目標を踏まえて設定する，各教科との関連を踏まえて設定する，各学校独自の目標や内容を踏まえて設定する，の三つがある。今回の指導要録の改訂時に，「総合的な学習の時間」においても，他教科同様，下記のような評価の観点が三つ設定されているため，教科との関連を踏まえて設定する場合には注意する。

　特に，「知識」は，概念的理解を伴う知識を指す。例えば，牡蠣（牡蠣の生産に関わる人々の願いや思いとそれを実現しようとする意味）を探究課題とすると，ここでの事実的知識である「知識及び技能」は，牡蠣は貝であること，牡蠣は栄養豊富であること，牡蠣は生牡蠣・焼き牡蠣・蒸し牡蠣等で食されること，牡蠣の生産や養殖地が日本には多くあること，などである。広島と宮城の牡蠣の収穫量やその推移を比較して考える。広島と宮城の牡蠣の種類や養殖法を分類して考える。広島と宮城の牡蠣を海と陸地や川を関連付けて考える。このように，「算数的な見方・考え方」や「社会的な見方・

観　点	趣　　旨
知識・技能	探究的な学習の過程において，課題の解決に必要な知識や技能を身に付け，課題に関わる概念を形成し，探究的な学習のよさを理解している。
思考・判断・表現	実社会や実生活の中から問いを見いだし，自分で課題を立て，情報を集め，整理・分析して，まとめ・表現している。
主体的に学習に取り組む態度	探究的な学習に主体的・協働的に取り組もうとしているとともに，互いのよさを生かしながら，積極的に社会に参画しようとしている。

考え方」を活用することにより，概念的知識が育まれる。すなわち，牡蠣のような生物には多様性（それぞれには特徴があり，多種多様に存在していること）があること，牡蠣の生産には地形や養殖技術などの相互性（互いに関わりながらよさを生かしていること）があること，などである。このような概念的に理解された知識を評価するのである。

　また，「主体的に学習に取り組む態度」は「探究的な学習に主体的・協働的に取り組むとともに，互いのよさを生かしながら，積極的に社会に参画しようとする態度を養う」である。これについては，以下の二つの側面から評価する。

　一つは，「総合的な学習の時間」における「粘り強く学習に取組む態度」についての評価である。これは，知識及び技能を獲得したり，思考力・判断力・表現力等を身に付けたりすることに向けて，解決のために見通しを持って自ら計画を立てて学習に向かい，情報を集め，整理・分析し，まとめ・表現をして振り返ることを行い続けていることを評価するものである。

　もう一つは，「総合的な学習の時間」における「自らの学習を調整しようとする態度」についての評価である。これは，上記の粘り強い取組や協働的な取組を行う中で，常に自己の生き方と関連付けながら自ら問いを見いだし課題を立て，よりよい解決に向けた取組がなされているのかと問い続けながら学習を調整しようとすることを評価するものである。

評価の方法

「総合的な学習の時間」における児童の学習状況の評価では，ペーパーテストなどによって数値的に評価することは適当ではない。各学校が設定する評価規準を学習活動における具体的な児童の姿として描き出し，期待する資質・能力が発揮されているかどうかを評価する。その際には，児童の姿を見取るに相応しい評価方法や評価場面を位置付ける。とりわけ，単元など内容や時間のまとまりを見通しながら評価場面や評価方法を工夫し，探究的な学習の過程や成果を評価し，教師の指導改善や児童の学習意欲の向上を図り，資質・能力の育成に生かすよう意識する。

「総合的な学習の時間」における児童の具体的な学習状況の評価の方法については，信頼される評価の方法であること，多様な評価の方法であること，学習状況の過程を評価する方法であること，の三つが重要である。

第一に，信頼される評価とするためには，教師の適切な判断に基づいた評価が必要であり，著しく異なったり偏ったりすることなく，およそどの教師も同じように判断できる評価が求められる。例えば，あらかじめ指導する教師間において，評価の観点や評価規準を確認しておき，これに基づいて児童の学習状況を評価するなどが考えられる。この場合には，各学校において定められた評価の観点を，一単位時間ですべて評価しようとするのではなく，一定程度の時間数の中において評価を行うように心がける必要がある。

第二に，多様な評価とするためには，異なる評価方法や評価者による多様な評価を適切に組み合わせることが重要である。具体的には，次のようなものが示されている。

- ・発表や話し合いの様子，学習や活動の状況などの観察による評価
- ・レポート，ワークシート，ノート，作文，絵などの制作物による評価
- ・学習活動の過程や成果などの記録や作品を計画的に集積したポートフォリオによる評価
- ・評価カードや学習記録などによる児童の自己評価や相互評価
- ・教師や地域の人々等による他者評価など

第三に，学習状況の結果だけではなく過程を評価するためには，評価を学

習活動の終末だけではなく，事前や途中に適切に位置付けて実施することが大切である。また，多様な評価方法が，学習活動前の児童の実態の把握，学習活動中の児童の学習状況の把握と改善，学習活動終末の児童の学習状況の把握と改善という，各過程に計画的に位置付けられることが重要となる。すべての過程を通して，児童の実態や学習状況を把握し，適切な指導に役立てることが肝要である。

「総合的な学習の時間」では，個人として育まれるよい点や進歩の状況などを積極的に評価することや，それを通して児童自身も自分のよい点や進歩の状況に気付くようにすることも大切となる。グループとしての学習成果に着目するのではなく，一人一人の学びや成長の様子を捉える必要があり，一人一人が学習を振り返る機会を適切に設けることが重要である。

こうした評価を行うために，教師は児童たちの行っている学習にどのような価値があるのかを認め，児童自身にもその意味を気付かせていく。教師が学習評価の質を高めることができるための評価力量が必要である。今後は，教師一人一人が，児童たちの学習の質を捉えることのできる目を培っていけるよう，教師相互に評価の解釈や方法等を統一するとともに，評価規準や評価資料を検討して妥当性を高めるモデレーションなどによる学習評価に関する教師の力量形成のための評価研修の充実等を図っていくことが重要である。

＜参考・引用論文＞
1. 佐藤　真「『子どもの学びの促進』に結びつく教育評価の在り方―学習評価・授業評価・カリキュラム評価の連関性―」文部科学省編『初等教育資料・8月号』東洋館出版社，2003 年，pp74-77
2. 佐藤　真「資質・能力の明確化で変わる学習指導，『総合的な学習の時間』」文部科学省編『初等教育資料・9月号』東洋館出版社，2006 年，pp2-7
3. 佐藤　真「2. 資質・能力を育成するために求められる力」「13. 総合的な学習の時間」無藤隆編『中教審答申解説 2017 ―「社会に開かれた教育課程」で育む資質・能力―』ぎょうせい，2017 年，pp34-37，pp212-214
4. 文部科学省『小学校学習指導要領解説，総合的な学習の時間編』東洋館出版社，2018 年
5. 佐藤　真「見方・考え方が鍛えられ，子供が変わる学び」『学校教育・3月号』広島大学附属小学校，2019 年，pp10-17

5 特別活動の記録

参考様式

特　別　活　動　の　記　録							
内　　容	観　点 ＼ 学　年	1	2	3	4	5	6
学級活動							
児童会活動							
クラブ活動							
学校行事							

概　説

　「特別活動の記録」欄は従来のものと変更がない。ただし，新学習指導要領の趣旨を確認した上で，記入に当たることが必要である。

　以下は特別活動の目標である（学習指導要領「第１　目標」）。

　　集団や社会の形成者としての見方・考え方を働かせ，様々な集団活動に自主的，実践的に取り組み，互いのよさや可能性を発揮しながら集団や自己の生活上の課題を解決することを通して，次のとおり資質・能力を育成することを目指す。

(1)　多様な他者と協働する様々な集団活動の意義や活動を行う上で必要となることについて理解し，行動の仕方を身に付けるようにする。

(2)　集団や自己の生活，人間関係の課題を見いだし，解決するために話し合い，合意形成を図ったり，意思決定したりすることができるようにする。

(3)　自主的，実践的な集団活動を通して身に付けたことを生かして，集団や

> 社会における生活及び人間関係をよりよく形成するとともに，自己の生き方についての考えを深め，自己実現を図ろうとする態度を養う。

　指導要録改訂の通知で示された「観点」と「趣旨」は次のとおりである。観点の数に変更はないが観点名と趣旨は変更された。

観　　点	趣　　　旨
知識・技能	多様な他者と協働する様々な集団活動の意義や，活動を行う上で必要となることについて理解している。 自己の生活の充実・向上や自分らしい生き方の実現に必要となることについて理解している。 よりよい生活を築くための話合い活動の進め方，合意形成の図り方などの技能を身に付けている。
思考・判断・表現	所属する様々な集団や自己の生活の充実・向上のため，問題を発見し，解決方法について考え，話し合い，合意形成を図ったり，意思決定をしたりして実践している。
主体的に学習に取り組む態度	生活や社会，人間関係をよりよく築くために，自主的に自己の役割や責任を果たし，多様な他者と協働して実践しようとしている。 主体的に自己の生き方についての考えを深め，自己実現を図ろうとしている。

　なお，観点の趣旨は，新学習指導要領で示された特別活動における三つの視点「人間関係形成」「社会参画」「自己実現」が反映されたものである。これらの三つの視点は，特別活動において育成する資質・能力における重要な要素である。

　人間関係形成とは「集団の中で，人間関係を自主的，実践的によりよいものへと形成するという視点」である。

　社会参画は「よりよい学級・学校生活づくりなど，集団や社会に参画し様々な問題を主体的に解決しようとするという視点」である。

　自己実現は「集団の中で，現在及び将来の自己の生活の課題を発見し，よりよく改善しようとする視点」である。

記入欄について

■参考様式への記入例

特　別　活　動　の　記　録							
内　　容	観点＼＼＼学　年	1	2	3	4	5	6
学級活動	よりよい生活を築くための知識・技能	○	○		○	○	○
児童会活動	集団や社会の形成者としての思考・判断・表現					○	
クラブ活動	主体的に生活や人間関係をよりよくしようとする態度	／	／	／		○	
学校行事				○			

　特別活動における児童の活動について，観点とその趣旨及び各「内容」の目標に照らして，「十分満足できる状況にある」と判断される場合には，その欄に○印を記入する。「学級活動」「児童会活動」「クラブ活動」「学校行事」ごとに行う。

　「観点」については通知別紙1に学校独自の観点を設けてもよいとある。

> 　評価の観点については，小学校学習指導要領等に示す特別活動の目標を踏まえ，各学校において別紙4（※）を参考に定める。その際，特別活動の特質や学校として重点化した内容を踏まえ，例えば「主体的に生活や人間関係をよりよくしようとする態度」などのように，より具体的に定めることも考えられる（※編集部注：観点及び趣旨のこと）。

　ただし，全体の目標を踏まえた観点が最良である。教育活動にはすべて目標があり，それを実現するために行われる。そして，評価は教育が目標を実現している状況をチェックし，目標実現のために十分機能していることが確認できればそのまま続けてよしとし，十分機能していない場合には機能するように改めて教育をし直し，目標の実現を果たすために行われるのである。

　したがって，評価の観点は，目標の実現状況がチェックできるように，目

標を踏まえ設けられたものでなくてはならない。全体の目標を踏まえた観点でないと，せっかくの評価が，特別活動の評価ではないものになってしまう。

評価の方法

学級活動

学級や学校での生活をよりよくするための課題を見いだし，解決するために話し合い，合意形成し，役割を分担して協力して実践したり，学級での話合いを生かして自己の課題の解決及び将来の生き方を描くために意思決定して実践したりすることに，自主的，実践的に取り組むことを通して，第1の目標（p149，編集部注）に掲げる資質・能力を育成することを目指す。

以上は新学習指導要領に示された「学級活動」の目標である。特別活動全体の目標と比べてみると，学級活動の目標は全体の目標に即して設けられており，整合性に十分配慮されていることが分かる。

評価に際しては，全体についての観点の「集団」を「学級」に置き換えて，それを観点として評価を行うとよい。具体的には，「よりよい学級活動や生活を築くための知識・技能」「学級や社会の形成者としての思考・判断・表現」「主体的に学級活動や生活をよりよくしようとする態度」といったように設けて行う。

こうすることによって，「特別活動」の目標が，「学級活動」において実現できている状況を適切に評価できるとともに，「学級活動」そのものについても評価できることになる。

児童会活動

異年齢の児童同士で協力し，学校生活の充実と向上を図るための諸問題の解決に向けて，計画を立て役割を分担し，協力して運営することに自主的，実践的に取り組むことを通して，第1の目標（p149）に掲げる資質・能力を育成することを目指す。

以上は「児童会活動」の目標である。全体の目標に即して「児童会活動」の目標は設けられているので，両者の整合性は十分である。

評価に際しては，全体についての観点の「集団」を「児童会」に置き換え

て行うとよい。具体的には，「よりよい児童会活動や生活を築くための知識・技能」「児童会や社会の形成者としての思考・判断・表現」「主体的に児童会活動や生活をよりよくしようとする態度」という観点を設けて行う。

クラブ活動

> 異年齢の児童同士で協力し，共通の興味・関心を追求する集団活動の計画を立てて運営することに自主的，実践的に取り組むことを通して，個性の伸長を図りながら，第1の目標（p149）に掲げる資質・能力を育成することを目指す。

以上は「クラブ活動」の目標である。評価に際しては，全体についての観点の「集団」を「クラブ」に置き換えて，「クラブ活動や生活についての知識・技能」「クラブの一員としての思考・判断・表現」「主体的にクラブ活動や生活をよりよくしようとする態度」を設けて行うとよい。

学校行事

> 全校又は学年の児童で協力し，よりよい学校生活を築くための体験的な活動を通して，集団への所属感や連帯感を深め，公共の精神を養いながら，第1の目標（p149）に掲げる資質・能力を育成することを目指す。

以上は「学校行事」の目標である。評価に際しては，「よりよい学校行事や生活についての知識・技能」「学校行事における思考・判断・表現」「主体的に学校行事や生活をよりよくしようとする態度」という観点を設けて行うとよい。

ここまでこの欄の評価のあるべき姿を示してきた。ただし以上の観点は評価の基準（拠り所）として扱うには抽象的である。正確な評価を行うためには，もっと具体的で，だれでも見て確認できるように，児童の行動の水準で記述された基準が必要である。具体的には，内容ごと，学年ごと，観点ごとに基準を設けることである。深い児童理解と後々の指導のためには，「十分満足」「おおむね満足」「努力を要する」の三つ欲しいが，記入のためには「十分満足」だけでよい（p154）。

児童の状況を把握するのは主として観察による。次節「行動の記録」で詳述するので，参照して活用していただきたい。

学級活動における「十分満足できる状況」の設定例

内　容	観点（例）	十分満足できる状況（例）
(1) 学級や学校の生活づくり	①生活上の諸問題の解決の思考・判断・表現 ②組織づくりや役割の思考・判断・表現 ③集団生活向上の思考・判断・表現	・学級内の話合いでは積極的に発言した ・リーダーシップを発揮し学級をまとめた ・班長として班別活動をリードした ・係活動の仕事に熱心に取り組んだ ・学校行事の委員等に積極的に参画し，学級代表として高い評価を受けた
(2) 適応と成長及び健康安全	①基本的な生活習慣の知識・技能 ②よりよい人間関係形成の思考・判断・表現 ③主体的に健康で安全な生活を送ろうとする態度 ④主体的に望ましい食習慣を形成しようとする態度	・わかりやすい自己紹介図を作成した ・「友達の良い点」を的確にまとめた ・レクリエーション係として，「仲間づくり」の年間計画に基づき活動を盛り上げた ・朝のなわとび時間を活用し健康の増進に努めた ・交通ルールの遵守で，近隣の人からほめられた ・インターネットの危険性について発表し，安全保持のための知識を高めた ・食生活に関心を持ち食事内容を工夫した
(3) キャリア形成と自己実現	①主体的に希望や目標をもって生きようとする態度 ②社会の一員としての思考・判断・表現 ③主体的に学習や自己実現に取り組もうとする態度	・地域の職業人にインタビューして，その仕事に必要なスキルをまとめた ・ボランティア活動に参加し助け合いの意識を高めた ・将来の夢にどのように近づいていくか年表を用いて具体的にまとめた

6

行動の記録

参考様式

行　動　の　記　録													
項　　目＼学　年	1	2	3	4	5	6	項　　目＼学　年	1	2	3	4	5	6
基本的な生活習慣							思いやり・協力						
健康・体力の向上							生命尊重・自然愛護						
自主・自律							勤労・奉仕						
責任感							公正・公平						
創意工夫							公共心・公徳心						

概　　説

改訂のポイント

　「行動の記録」欄については，かつて，「Ⅰ行動の状況」「Ⅱ所見」であったのを，前々回「Ⅰ行動の状況」だけで構成することとし，「Ⅱ所見」は，前々回新しく設けられた「総合所見及び指導上参考となる諸事項」に記入するという大幅な改訂を行った。今回は，それを維持するということで，特別な改訂はなされなかった。

　指導要録の改訂に当たっては，次のような趣旨に基づいて検討が行われた。

　新学習指導要領に対応した新指導要録については，新学習指導要領の趣旨を反映していくこと，学校や設置者の創意工夫を生かしていくこと，教師の勤務負担を軽減するようにしている。このような基本的考え方は，学校における多様な教育活動全体における行動の様子を評価するものであるという性格を持つ「行動の記録」の見直しにも十分反映していく必要がある。

　このような趣旨に基づいて検討が行われて，次のような結論が得られた。

これまでの「行動の記録」は，文部科学省の通知において，「各教科，道徳，特別活動，総合的な学習の時間，その他学校生活全体にわたって認められる児童生徒の行動について，各項目の趣旨に照らして十分満足できる状況にあると判断される場合には，○印を記入する」こととされており，今回新たに教科外国語（5，6年），「特別の教科　道徳」が加えられた。また，各学校や設置者においては「特に必要があれば，項目を追加して記入する」こととされている。新学習指導要領の下においても，こうした基本的な在り方を維持していくことが重要であるということで，特に改訂はなされず，所見については，引き続き「総合所見及び指導上参考となる諸事項」欄に記入することになった。

「行動の記録」の意味

民主教育の信条は個性の尊重であり，個性の伸長である。現在の学校教育がねらっているものは，一人一人の児童の特性に応じた指導を行い，個人のもっている能力をできるだけ伸ばすことである。そのためには，まず個々の児童を知ることがきわめて重要なことである。

「行動の記録」は児童一人一人の個性の記録であり，パーソナリティの記録である。パーソナリティの理解にはこれを個々の特性項目に分析し，把握していくことが大切である。しかし，パーソナリティは一つの統一体であるから，いくつかの特性項目に分析しつくされるものではない。また，それぞれの項目が他の項目と重複することがなく独立するように分析設定することも，きわめて困難なことである。さらに有意義な特性項目であっても教師が観察しにくいような行動や場面では，評価項目としては適当ではない。あわせて学習指導要領の改訂の趣旨，発達の実情等をも考慮に入れて，項目を精選する必要がある。そうして，評価の項目が決定されたのである。

しかし，個性やパーソナリティは統一的全体として捉えなければならないので，これら把握された特性項目の単なる総合ではなく，総合以上のものであることを知り，そこで分析された項目の評定を通して，児童の全体的なパーソナリティを判断しなければならない。

次にパーソナリティは環境との適応として捉えられる。パーソナリティが形成される場面は単に学級，学校の場面だけに限定されず，児童の生活場面

全体にわたっている。教師が観察して捉えることのできる場面は，学校生活を中心とするものとなってしまうが，できるかぎり学校生活以外の家庭の場面や，学校，家庭以外の社会の場面での資料が多く収集されれば，児童のパーソナリティの理解に役立つことになる。

　ここで「行動の記録」が，「各教科の学習の記録」「特別の教科 道徳」「外国語活動」「総合的な学習の時間の記録」や「特別活動の記録」等と並列するものでないことが理解されよう。したがって，道徳科の評価や記録と直接結びつくものではない。もちろん道徳科の内容や道徳性は，パーソナリティの特性項目と矛盾するものではない。また，特別活動の場面が「行動の記録」の項目の観察場面と重なることがあっても，特別活動の評価は特殊な活動場面での具体的な評価である。それに対し，本欄の評価はもっと一般化された，学校生活全体にわたった行動として評価されることになる。

　ここで，「行動」という用語についてもふれておこう。行動とは児童の反応のうち外面に表出して，教師が観察することができるような特性をさし，よく言われる「性格」は，むしろ教師が直接に観察しにくいような内面的な傾向性をさすとの考え方があったが，今日では両者は明確に区別されていない。大事なことは，外面的，内面的特性に関わらず，学校生活の中で望ましい方向へ，より価値のある方向へ形成していくことである。

記入欄について

■参考様式への記入例

行　動　の　記　録													
項　目＼学　年	1	2	3	4	5	6	項　目＼学　年	1	2	3	4	5	6
基本的な生活習慣	○	○	○	○	○	○	思いやり・協力					○	○
健康・体力の向上							生命尊重・自然愛護						
自主・自律							勤労・奉仕					○	○
責任感							公正・公平						
創意工夫			○	○	○		公共心・公徳心						

各学校における評価に当たっては，各項目の趣旨に照らして十分満足でき
る状況にあると判断される場合に，〇印を記入する。

評価項目及びその趣旨

　評価項目とその趣旨を示すと，以下のとおりである。

項　目	学　年	趣　　旨
基本的な生活習慣	第１学年及び第２学年	安全に気を付け，時間を守り，物を大切にし，気持ちのよいあいさつを行い，規則正しい生活をする。
	第３学年及び第４学年	安全に努め，物や時間を有効に使い，礼儀正しく節度のある生活をする。
	第５学年及び第６学年	自他の安全に努め，礼儀正しく行動し，節度を守り節制に心掛ける。
健康・体力の向上	第１学年及び第２学年	心身の健康に気を付け，進んで運動をし，元気に生活をする。
	第３学年及び第４学年	心身の健康に気を付け，運動をする習慣を身に付け，元気に生活をする。
	第５学年及び第６学年	心身の健康の保持増進と体力の向上に努め，元気に生活をする。
自主・自律	第１学年及び第２学年	よいと思うことは進んで行い，最後までがんばる。
	第３学年及び第４学年	自らの目標をもって進んで行い，最後までねばり強くやり通す。
	第５学年及び第６学年	夢や希望をもってより高い目標を立て，当面の課題に根気強く取り組み，努力する。
責任感	第１学年及び第２学年	自分でやらなければならないことは，しっかりと行う。
	第３学年及び第４学年	自分の言動に責任をもち，課せられた役割を誠意をもって行う。
	第５学年及び第６学年	自分の役割と責任を自覚し，信頼される行動をする。
創意工夫	第１学年及び第２学年	自分で進んで考え，工夫しながら取り組む。
	第３学年及び第４学年	自分でよく考え，課題意識をもって工夫し取り組む。

	第5学年及び第6学年	進んで新しい考えや方法を求め，工夫して生活をよりよくしようとする。
思いやり・協力	第1学年及び第2学年	身近にいる人々に温かい心で接し，親切にし，助け合う。
	第3学年及び第4学年	相手の気持ちや立場を理解して思いやり，仲よく助け合う。
	第5学年及び第6学年	思いやりと感謝の心をもち，異なる意見や立場を尊重し，力を合わせて集団生活の向上に努める。
生命尊重・自然愛護	第1学年及び第2学年	生きているものに優しく接し，自然に親しむ。
	第3学年及び第4学年	自他の生命を大切にし，生命や自然のすばらしさに感動する。
	第5学年及び第6学年	自他の生命を大切にし，自然を愛護する。
勤労・奉仕	第1学年及び第2学年	手伝いや仕事を進んで行う。
	第3学年及び第4学年	働くことの大切さを知り，進んで働くようにする。
	第5学年及び第6学年	働くことの意義を理解し，人や社会の役に立つことを考え，進んで仕事や奉仕活動をする。
公正・公平	第1学年及び第2学年	自分の好き嫌いや利害にとらわれないで行動する。
	第3学年及び第4学年	相手の立場に立って公正・公平に行動する。
	第5学年及び第6学年	だれに対しても差別をすることや偏見をもつことなく，正義を大切にし，公正・公平に行動する。
公共心・公徳心	第1学年及び第2学年	約束やきまりを守って生活し，みんなが使うものを大切にする。
	第3学年及び第4学年	約束や社会のきまりを守って公徳を大切にし，人に迷惑をかけないように心掛け，のびのびと生活する。
	第5学年及び第6学年	規則を尊重し，公徳を大切にするとともに，我が国や郷土の伝統と文化を大切にし，学校や人々の役に立つことを進んで行う。

評価の方法

　この「評価」の仕方は，項目の趣旨に照らして十分満足できる状況にあると判断される場合には○印を記入する。したがって，評価段階は，２段階である。十分満足できるものだけに○という簡単な符号で記入されていれば，児童の行動の特徴，とりわけ長所を明確に把握しやすいことになる。

　この評価は，絶対評価によるものであって，学級の者をお互いに比較したり，あらかじめ○の配分の割合などを決めて評価したりするものではない。したがって，評価に当たっては，当該学年における児童の発達の様相や地域の特殊性などを十分配慮して，あらかじめ基準を設定することが大切である。

　なお，児童の行動の評価は非常に難しい評価の一つである。教師の先入観や価値観の相違によって評価は大きく左右されることになる。また，数少ない資料・不適切な観察資料からは，不当な誤った評価となりがちである。適切な資料を，多くの場面から，長期にわたって豊富に収集し，その積み重ねから妥当な信頼できる評価が期待されるのである。

　行動の評価の方法は，教師の観察が中心である。観察は日常の場面，あるいは特定の場面における児童の自然の行動が対象となる。また，質問紙の形式によって児童に回答を求めて，教師の評価の参考資料とすることができる。前者の方法には逸話記録法，チェック・リスト法，評定尺度法などがある。

　以下，代表的な方法のいくつかについて簡単に述べよう。

(1)　逸話記録法

　児童が，各項目の評価に役立つと思われる具体的な行動を示したとき，児童の人格を表す事実として簡潔に記録する。この際，解釈や意見は加えない。もしその必要があれば観察事実の記述とは別に記載する。

① 　望ましい行動はもちろん，望ましくない行動も記録する。また行動は児童の活動の各領域から取り上げる。

② 　行動の背景や場面を明確に記入する。

③ 　記録の各項ごとに日時を記入しておく。

④ 　記入は現に鮮明な印象のあるうちにする。

(2) チェック・リスト法

下表に示すように，各項目について観察する行動のリストを作り，児童がそれを示すたびにチェック（✓）する方法である。そして，10回の観察機会であれば，8回以上示したら「十分満足」，6～7回は「おおむね満足」と基準を設けて評価を行う。リストがうまくできれば，正確に行える。

責任感	自分の言動に責任をもつ	自分の仕事や役目は誠意をもって果たす	約束をよく守る	
青　木	✓✓✓	✓✓✓	✓✓✓	
池　田	✓	✓	✓	
植　木				

(3) 評定尺度法

具体的な評価の基準を，項目ごとに，学年に応じて設けて，それに当てはめて評価する方法である。

【評定尺度を構成する手続き】

① 行動特徴（項目の趣旨）から評価に適した観察の場面を定める。

② 項目，場面について「十分満足できる状況」の基準として具体的な行動を設定する。

③ 観察場面はできるだけ，各領域から，数多く設定する。

指導のためと所見記入のためには，評価する基準は，「十分満足できる状況」「おおむね満足できる状況」「努力を要する状況」のそれぞれについて，具体的な行動の水準（観察できる，指導の仕方が分かる水準）で設ける必要がある。ただし，この欄の記入のためには，「十分満足できる状況」の基準だけでもよい。

(4) 質問紙法

質問紙を用いて児童に回答させ，評価の参考資料とする方法である。

・あなたは，自分の仕事をしんぼう強くやりとげるほうですか。

　□　いつもしんぼう強くやりとげる。

　□　ときにはいやになってとちゅうでやめることもある。

　□　すぐいやになってやめることが多い。

というような形で質問し，一つ選んで回答させる方法である。

実施法としては，

① あまり価値的な表現をして児童に警戒心を起こさせない。質問の順序を変えて，回答しやすくする。

② 一つの質問は一つの評価の視点で提示する。

③ ときどき行い，指導の資料として役立たせる。

この方法では，行ってほしい行動をしているかどうかを，自己評価，自己チェックさせている。何を行うべきかを示しているので，それを行うようにという指導効果が期待できる。自分の行動のよい点，問題点を自己確認できるので，自己改善も期待でき，うまく使えば，教育上たいへん有効である。

⑸ 標準化された検査

「行動の記録」は，すでに述べたような各種の方法を活用して，できるだけ豊富な資料を収集し，それらの資料を整理，総合して解釈をすれば，妥当性，信頼性の高い評価をすることができる。しかし，教師にとっては，知育における学力，体育における健康と体力に比べると，徳育における行動は，指導も評価も得意とはいえない。それだけに，評価については，資料の収集が不十分で偏っていたり，解釈も教師の主観が強かったりして，妥当性の低い，信頼できないものになりやすい。

教師の「行動」の評価における不足や偏りを補い，その妥当性，信頼性を高められる方法に，標準化された検査がある。行動，性格，道徳性，社会性，人間関係などについて標準化された検査があり，行動等について広く，偏りのない内容で構成されており，学年ごとに，項目ごとに客観的に解釈できる尺度（基準）を設けている。教師の資料と合わせて行えば，指導にも安心して活用できる。妥当性，信頼性の高い評価となるということである。

総合所見及び指導上参考となる諸事項

参考様式

総 合 所 見 及 び 指 導 上 参 考 と な る 諸 事 項			
第1学年		第4学年	
第2学年		第5学年	
第3学年		第6学年	

概　　説

　前々回の改訂において，各教科の学習の記録についての所見，特別活動の記録についての所見，行動の記録についての所見がこの欄に統合され，その後の改訂においても，この欄は継続された。これは，所見欄を統合したことによって児童の優れている点や長所を全体的に捉えやすくなり，それと同時に指導上参考となる諸事項とも統合されたので，指導に生かしやすい欄となったことが評価されたためと考えられる。

　教科の学習にしても，一人の児童の持ち味は，興味や性格と密接に結び付いており，特別活動や行動と関連付けて記述したほうがよいことがある。また，興味や性格を標準学力検査の結果等と関連付けることがあってもよく，それによって，より深い児童理解が可能となり，指導に生きる評価の記録になるであろう。

　この欄は，児童の可能性などのよさを幅広く把握し，個性を生かす教育の充実に役立てることをねらいとしている。児童の可能性などのよさは，各教

163

科等の指導の過程や成果などによっても把握できるが，それだけでは十分ではない。それ以外の学校における教育活動等や学校外における社会奉仕体験活動，表彰を受けた行為や活動などにおいて見られる児童のよさを積極的に見いだし，指導に役立てることが大切である。

したがって，この欄は児童の可能性などのよさを幅広く把握し，児童が自己実現を目指している学習や生活を支援していくことをねらいとしている。

また，よさだけでなく，児童の努力を要する点などについても，その後の指導において特に配慮を要する事項をこの欄に記入して次年度の学級担任等へ引き継ぎ，指導に生かされるようにする必要がある。もちろん，その際，学校の実状や児童の実態を全体的に捉え，記入の仕方などを工夫する必要がある。

今回の改訂では，通知文にあるように教師の勤務負担軽減の観点から，要点を文章で箇条書き等にして記載事項を必要最小限にとどめること，また，通級による指導を受けている児童については，個別の指導計画を作成している場合は，指導計画書の写しを指導要録の様式に添付することで指導要録への記入に替えることが可能となった。

記入内容について

この欄の基本的な性格は従来と同様であり，上に述べた趣旨から児童の特徴や指導上必要な事柄を選び出して書くことになる。内容的には次の六つに分かれるが，個別の記入欄はないので，文章で箇条書き等にして重点的に内容をまとめて書いてもよい。別紙１には下記のように示されている。

> 小学校等における総合所見及び指導上参考となる諸事項については，児童の成長の状況を総合的にとらえるため，以下の事項等を文章で箇条書き等により端的に記述すること。特に④のうち，児童の特徴・特技や学校外の活動等については，今後の学習指導等を進めていく上で必要な情報に精選して記述する。
> ① 各教科や外国語活動，総合的な学習の時間の学習に関する所見
> ② 特別活動に関する事実及び所見

③　行動に関する所見

④　児童の特徴・特技，学校内外におけるボランティア活動など社会奉仕体験活動，表彰を受けた行為や活動，学力について標準化された検査の結果等指導上参考となる諸事項

⑤　児童の成長の状況にかかわる総合的な所見

　記入に際しては，児童の優れている点や長所，進歩の状況などを取り上げることに留意する。ただし，児童の努力を要する点などについても，その後の指導において特に配慮を要するものがあれば端的に記入する。

　さらに，障害のある児童や日本語の習得に困難のある児童のうち，通級による指導を受けている児童については，通級による指導を受けた学校名，通級による指導の授業時数，指導期間，指導の内容や結果等を端的に記入する。通級による指導の対象となっていない児童で，教育上特別な支援を必要とする場合については，必要に応じ，効果があったと考えられる指導方法や配慮事項を端的に記入する。なお，これらの児童について個別の指導計画を作成している場合において当該指導計画に上記にかかわる記載がなされている場合には，その写しを指導要録の様式に添付することをもって指導要録への記入に替えることも可能である。

　特別支援学校小学部においては，交流及び共同学習を実施している児童について，その相手先の学校名や学級名，実施期間，実施した内容や成果等を端的に記入する。

各教科や外国語活動，総合的な学習の時間の学習に関する所見

　この欄は，各教科や外国語活動，また総合的な学習の全体を見た場合，児童にとって重要と思われる特徴的な事柄を記入するのが目的であり，細かく分析された学習の成果を書くのではない。したがって，文章表現になるが，できるだけポイントを押さえた簡潔な表現になるようにしたい。

　記入する内容としては，比較的優れている点だけを書くのではなく，努力を要する点についても書く。基本的には児童一人一人のよさや可能性を積極的に評価しようというのであるが，後の指導において特に配慮が必要なものがあれば，努力を要する点として記入するほうが望ましい。これは，個人内評価の中でも，その個人として優れている点と劣っている点の比較，すなわち横断的比較による個人内評価である。

　また，個人の特徴は，時間の経過を追って見ることによって明らかになることもある。したがって，学年の初めから学年末にかけての学習面における

経時的な変化を積極的に捉えて記入する。これは個人の縦断的比較による個人内評価である。このとき，観点別学習状況の評価や評定では十分に示しきれないよい点や可能性，進歩の状況等を積極的に記入することが重要である。

記入する内容を大まかにまとめると，下記のようになる。

① 学習全体として見られる個々人の特徴，すなわち横断的比較による個人内評価事項

② 学年初めから学年末にかけて学習面での進歩の状況，すなわち縦断的比較による個人内評価事項

③ 学習に影響を及ぼす健康状況や学校教育法施行規則に従い，生徒の履修困難な教科について，特別の処遇をとった場合，その状況に関すること

④ その他，特に指導が必要である場合には，その事実に関すること

特別活動に関する事実及び所見

この欄に記入する事実としては，学級活動，児童会活動及び学校行事における係名や委員会名などの役割が主なものであり，さらにそれらの活動状況や指導に特に必要な事柄である。また，所見としては，よさや可能性を重視する立場から，集団でのリーダーシップや活動への意欲などを全体的に見られる特徴を捉えて記入する。さらに進歩や努力の跡が見られる場合や特に指導が必要な場合も記入しておく必要がある。

行動に関する所見

心の教育の重要性から考えても，児童の行動に見られる特徴を総合的に捉えて指導に生かすことは，きわめて大切なことである。設定されている 10 項目には前回の改訂からの変更はなく，いずれも今日の児童にとって重要な行動に関する項目であり，的確に評価して指導に生かす必要がある。ただし，ここには総合所見としての行動の状況を書くべきであり，個々の項目について分析されたものではない。10 項目全体の分析の上に立って全体像を捉え，一人一人の特徴を評価することが肝要である。

記入する内容を大まかにまとめると，下記のようになろう。

① 全体的に捉えた児童の特徴に関すること（全人的な個性）

② 個人として比較的優れている点や長所など，いわゆる横断的な個人内

166

評価事項

③　学年初めと学年末とを比較し，行動の状況の進歩が著しい場合，その状況に関すること，いわゆる縦断的な個人内評価事項

④　指導上特に留意する必要があると認められる児童の健康状況，その他，特に指導が必要である場合には，その事実に関すること

児童の特徴・特技，学校内外におけるボランティア活動など社会奉仕体験活動，表彰を受けた行為や活動，学力について標準化された検査の結果等指導上参考となる諸事項

(1)　児童の特徴・特技

児童の特徴や特技，趣味，読書傾向などの中から，児童のよさを把握する上で重要と思われるものを記入する。

(2)　学校内外におけるボランティア活動など社会奉仕体験活動，表彰を受けた行為や活動

家庭や社会における善行や社会奉仕体験活動，学校内外における表彰を受けた行為や活動等，課外における活動の中から，児童のよさが現れていると思われるものを記入する。よさとか個性と言われる特徴は，学校内外の多様な活動や生活を通して形成されるものであり，広い視野から理解する必要がある。

善行や奉仕活動としては，困っている友人を助けたり，街の清掃を自発的に行ったり，障害者の支援活動に参加することなどが考えられる。

表彰を受けた行為や活動としては，対外的な運動競技，音楽や絵画等のコンクールなどで入賞したこと，また，社会奉仕や各種の役員としての活動に対して表彰されたことなどである。

課外での活動としては，クラブ活動や趣味の活動など，様々な課外活動の中で，児童のよさが発揮されていると思われるものである。今回の改訂では，特に児童の特徴・特技や学校外の活動等については，今後の学習指導等を進めていく上で必要な情報に精選して記述することとなった。

(3)　学力について標準化された検査の結果等指導上参考となる諸事項

児童の能力や資質の特徴は，外からの観察だけでは捉えることができない面がある。そのため各種の心理検査，すなわち学力検査，知能検査，性格検

査，適性検査，認知能力検査等が開発され，利用されている。学校教育の場においても，これらの標準検査を上手に利用し，個性理解や学習指導に役立てる必要がある。妥当性，信頼性の高い標準検査を正確に実施した場合，検査時期，検査の名称及び検査の結果を記入するのがよい。ただし，標準検査によっては，偏差値等の数値情報ではなく，その後の指導に生かすことができる内容を具体的に文章で記入することが望まれる。

標準検査の結果を教科や総合的な学習，特別活動，行動についての所見と関連付けて解釈し，総合的所見として記入すれば，一人の児童としての深い理解に標準検査の結果が生かされる。

児童の成長の状況に関わる総合的な所見

児童を正しく理解し，指導に生かしていくには，過去から現在に至る成長の過程を知ることも大切である。ある時点の特徴だけでは誤解や無理解に陥る危険性があり，児童の真の姿を見逃していることもあるからである。そこで，総合所見としては，前の学年からの変化や，当該学年の初めからの変化など，時系列的な過程を視野に入れた事実や解釈を記入するのが望ましい。それによって児童の成長を援助する指導や支援の手立てが明らかになる。

標準検査の記録について

標準検査と指導要録

(1) 標準検査の記録の意義

標準検査の記録は，以前は「標準検査の記録」欄へ記入されていたが，指導に役立てるために発展的に「指導上参考となる諸事項」欄へ統合された。さらに，その後の改訂において，その欄が他の所見欄とも統合され，よりいっそう標準検査の記録を指導に役立てることが可能となった。

指導要録の作成においては，数値で表現される標準検査の記録だけではなく，その後の指導に生かすことができる内容を具体的に記入することが望まれる。そのためには，標準検査についての理解を深め，検査の利用の仕方をよく心得ておく必要がある。検査の限界や誤用の可能性もあるので，細心の注意を払って活用するという点にも留意する必要がある。

⑵　標準検査の機能と活用

　標準検査の機能について考えてみる。教育活動を教育システムと捉えるとき，教育指導の前提条件として児童の能力・適性，人格特性さらに環境特性などを正しく捉えることはきわめて大切なことである。古くから，「教育は子どもの理解に始まり，理解に終わる」という言葉があるが，その理解のための有力な資料が標準検査によって得られる，といってもよいであろう。

　また，標準検査には，学力，知能，適性，性格，認知能力など，それぞれ特徴を持った検査が多くあるが，いずれも最終目的は教育的な意思決定にある。例えば，学習指導の計画，カリキュラムの改訂，あるいは進路決定などにおいて，意思決定の有力な資料の一部を標準検査が提供してくれる。そのためには妥当性のある，信頼性の高い標準検査をできるだけ多面的に適用して，いわゆるテストバッテリーとして組み合わせて使用することが望ましい。

標準学力検査の活用

⑴　基礎・基本の徹底と学力保障

　「基礎・基本」と呼ばれるように，学力の中のベーシックな部分はすべての児童に確実に習得させなければならない。この学力保障の立場から，学習評価において標準学力検査を積極的に活用していくことが重要である。

　標準学力検査は，後に述べる標準化という手続きが踏まれているので，学習の到達度や大きな集団内での学力の相対的位置を示す指標を提供してくれる。到達度は CRT（目標基準準拠検査），相対的位置は NRT（集団基準準拠検査）として作成された標準学力検査を使えば正しく評価することができる。

⑵　目標に準拠した評価が適正に行われているかのチェック

　第3章-1「各教科の学習の記録」で解説されているように，目標に準拠した評価を客観性のあるものにするための工夫を行う必要があるが，そこには難しい側面もある。教師の主観による偏向が介入する余地があるからである。この点が目標に準拠した評価の難点であることを心に留め，それをチェックし，補正することを忘れてはならない。チェックや補正のための資料として，標準化された学力検査の結果は非常に有力なものである。教師の評価と標準学力検査の結果との間に生じる小さなずれは許容されるが，評価

が大きくずれた場合には，補正を行うことが必要となろう。

⑶　保護者や地域への説明責任

　目標に準拠した評価の教育的な適切性を説明したとしても，保護者の中には学力の相対的位置を知りたいという人が多いであろう。また教師の評価についても疑義を持つ人が出る恐れもある。したがって，標準化の手順をきちんと踏んで作成された検査結果を示すことによって，これらの要望や疑義に応えていくことは，今後ますます重視されることになる。

　また，学校が教育活動の成果を，開かれた学校づくりとして地域社会に向けて説明することが求められてくるので，その際，教育活動の成果を客観的に証明できるものとして標準学力検査が利用されることが考えられる。標準学力検査は学習指導を進めるための資料としてだけではなく，教育の効果を検証するためのエビデンスともなる。

標準検査とは何か

⑴　「標準化」の意味

　標準検査とは，一人の検査結果を，一つの学級や学校の中だけでなく，より多くの人々から成る大きな集団（母集団と呼ぶ）のデータとの照合によって，比較解釈できる基準尺度が設定されている検査である。標準検査は標準化された検査（standardized test）の意であるが，標準化というのは教育測定の手順に従い，次の手続きを踏んで検査を作成することである。市販の学力検査の中には標準化されていない検査も多数あるので，「標準化」の手続きが踏まれているかどうかについては，特に留意しなければならない。

①　問題内容の標準化

　標準検査を作成するには，よい検査問題を作る必要があるが，それには後に述べる方法によって，その妥当性がきびしく吟味されなければならない。

②　実施の方法の標準化

　標準検査は，受検者の能力を正しく測定し，しかも全国どこで実施しても一定の条件を保つことができるように，実施の条件が統制されていなければならない。したがって，標準検査を実施する際には，手引書に詳述されている実施方法を守る必要がある。

170

③　採点の方法の標準化

標準検査の採点の基準や方式が定められており，だれが採点しても一致した結果になるように作成されている。

④　解釈の方法の標準化

検査結果を広い地域にわたって相互に比較可能なものにするためには，基準尺度が構成されていなければならない。検査が適用される地域の全児童を母集団とし，その中から無作為に選ばれた児童によって準拠集団を構成する。そして，この集団に検査を実施した結果を統計的に処理して解釈に必要な基準尺度を構成する。これまで多数の基準尺度が考案されているが，主要な基準尺度は後述の「標準検査の結果の表示」に説明するとおりである。

(2)　標準検査の種類

通知文によると，標準検査は「学力について標準化された検査の結果等」となっているが，学力以外の標準検査は「等」の中に含まれると解釈できる。標準検査として，学力検査のほかに性格検査，適性検査，認知能力検査，知能検査，また，行動や道徳性，学習や環境への適応性に関する検査なども開発され，その妥当性・信頼性の高いことが検証されているものが多いので，それらを活用することが望ましい。

(3)　検査の妥当性と信頼性

①　妥当性

検査の結果を解釈したとき，その正当性が保証される検査は「妥当性がある」と言われる。また，検査が測ろうとしている心理的な特性を実際に測ることができているとき，「妥当性がある」とも言われる。妥当性は単一の概念であるが，検証する手続きに応じて伝統的に次の観点でチェックされる。

内容的妥当性：例えば，小学校３年の算数の検査であれば，小学校３年の算数のカリキュラムの中の重要な内容に対応した問題であるかどうかを調べる。重要な内容が偏りなく出題されているなら，検査の内容的妥当性は高いと判断される。

併存的妥当性：標準学力検査の得点が，教師による算数の評価や他の算数の検査得点と高い正の相関を示すかどうかを調べる。二つの検査得点が期待したとおりの高い相関を示すなら，検査の併存的妥当性は高いと判断される。

この妥当性は基準関連妥当性の一つであるが，妥当性を調べる基準が新たに開発した検査の結果と同時に得られるので，併存的妥当性と呼ばれる。

予測的妥当性：例えば，職業適性検査の結果，とある職種を選んだときの成績を比較して，検査の妥当性を調べる。これも基準関連妥当性の一つであるが，妥当性を確認する基準，つまり就職してからの成績が検査を受けた後に得られるので，予測的妥当性と呼ばれる。

構成概念的妥当性：検査の得点が心理学的な理論に従った要因で説明できるかどうかを相関分析法や因子分析法などによって検証する。現在では，構成概念的妥当性を検証する証拠に応じ，内容的妥当性，基準関連妥当性（併存的妥当性と予測的妥当性）などと呼ばれることがある。

② 信頼性

同一条件下で同一個人へ検査を反復して実施したとき，一貫して同一の結果が得られるならば，検査の「信頼性がある」と言われる。現実には同一個人に対して反復測定はできないので，次の方法で信頼性の高さをチェックする。

内的整合性（一貫性）に基づく方法：検査を構成する諸項目が共通して単一の心理特性を整合的に測定しているかを調べる。整合的に測定しているほど信頼性は高いと判断される。

再検査法：同一の被検者集団に同じ検査を2回実施して，得点間の相関係数から信頼性を調べる。相関係数が大きいほど信頼性は高いと判断される。

折半法：一つの検査を二つに分割し，得点間の相関係数から信頼性を調べる。相関係数が大きいほど信頼性は高いと判断される。

標準検査の手引書には妥当性と信頼性についての検証結果が示されているので，標準検査を選ぶときには，これらを調べることを忘れてはならない。

結果の記入について

(1) 標準検査の結果の表示

標準検査の結果は，次に示すような表示法によって示される。

① 標準得点（偏差値）

受検者母集団における平均値を基準として得点を変換した値を標準得点と言い，その代表として偏差値がある。検査の得点が平均値と等しいとき偏差

値は 50，平均よりも大きい（小さい）ときは 50 を超える（に届かない）。偏差値に理論的な上限と下限はないが，おおよそ 25 から 75 程度の範囲に分布する。NRT（集団基準準拠検査）では偏差値が利用されることが多い。なお，偏差値以外の標準得点があるので，標準検査を利用する際は，変換式とその意味を手引き書で確認しておくことが望ましい。

②　パーセンタイル順位（百分段階点，百分率順位）

最も簡単であり，分かりやすい換算点である。得点を低いほうから順に並べたとき，その得点の者の下に何パーセントの者がいるかによって検査の結果を表示する方法である。例えば，20 パーセンタイル順位とは，その得点よりも下に全体の 20 パーセントの者がいること，逆に，その得点よりも上に 80 パーセントの者がいることを表している。

③　達成度基準

目標の達成度または到達度を調べようとする標準学力検査においては，基準として正答率が用いられる。例えば，80％以上の正答率の場合は十分達成，60％～79％の場合はおおむね達成，59％以下の場合は努力を要するという利用方法である。これは「観点別学習状況」で用いられる基準の一例であり，このような基準を「達成度基準」と言うが，「到達度基準」「達成度尺度」「到達度尺度」などとも言い，CRT（目標基準準拠検査）で設けられている基準である。

⑵　結果の記入

標準検査を利用するには，①使用する検査の手引書に掲げられた実施要領に忠実に従って実施し，②結果は採点の仕方に指示してあるとおりに処理し，③結果の解釈は手引に示されている基準尺度に照らして偏差値などに換算することを守らなければならない。

ただし，標準検査と言っても，個別式認知能力検査や知能検査のように，実施，採点，解釈に専門的知識と技術を必要とする検査があり，これらの検査を一般の者が施行するのが難しい。

記入する内容は検査時期，検査の名称及び検査の結果である。検査の結果については，偏差値またはパーセンタイル順位等のほか，その後の指導に生かすことができる内容を具体的に文章で記入する。その基本には，よさや個

性を捉え指導に生かすようにという考え方があり，検査結果を丁寧に記録して，個性理解や指導の有力な資料とすべきである。現在，標準検査については，研究と改善が進み，テストバッテリーを組むことにより，これまで以上に一人一人の児童について分析的・診断的な詳しい情報を提供できるようになっている。したがって，これらを記入しておけば，児童のよさや個性などの特徴をよく理解でき，指導に役立つことになるであろう。それでも，この欄への記入についてはスペースに限りがあるので端的に記入することになるので，その詳細については，児童個人票のような補助簿を用い，それに詳しく記入して活用するのが望ましい。

用 語 例

各教科や外国語活動，総合的な学習の時間の学習に関する所見

◆　個人としての特徴に関すること

・理解力に優れ，基礎・基本を確実に身に付けている。

・計算が速く，正確にできる。

・文章を書くことを好み，構成を工夫して表現することができる。

◆　学習の進歩の状況に関すること

・環境問題について学んだことから，総合的な学習の時間で公害について調べ，リサイクルの方法を考えた。

・ドリル学習に自分から取り組み，計算力が向上した。

・苦手な跳び箱運動に自分のできる技を工夫して挑戦するようになった。

◆　履修困難な教科について特別の処置をとった場合

・弱視のため，教室の座席は前方の必要がある。

・授業中に歩き回る傾向がある。教育研究所の教育相談を続けている。

・車椅子を使用している。体育はボール拾いなどできる範囲で参加させた。

◆　その他，特に指導が必要である場合

・漢字の読み書きが苦手。4年生までさかのぼって指導を要する。

・2位数の加法・減法の仕方を習得していない。個別指導を要する。

・分数の計算が苦手。個別指導により確実に身に付けさせる必要がある。

特別活動に関する事実及び所見

◆ 学級活動に関すること

・学級の話し合いですすんで挙手し，議題に沿った内容を発表した。

・新しい係を提案するなど係活動に意欲的に取り組んだ。

・学校図書や学級図書を学習に役立てた。

◆ 児童会活動に関すること

・学級委員。代表委員会で建設的な意見を述べた。

・新聞委員会に所属。誌面の構成や掲示の方法にアイデアを述べた。

・縦割り班活動で下級生の取組が遅れないようにサポートした。

◆ クラブ活動に関すること

・工作クラブ。共同制作でみんなの意見を調整することができた。

・サッカークラブ。グラウンドの整備や後始末をすすんで行った。

・器楽クラブ。根気強く練習に取組み，見事な演奏を披露した。

◆ 学校行事に関すること

・避難訓練の意義をよく理解し，ルールを守って参加できた。

・校内マラソン大会の練習に本番３か月前から取組み，学年で１位となった。

・移動教室委員。楽しく充実した企画・運営となるよう積極的に取り組んだ。

行動に関する所見

◆ 全体的な特徴に関すること

・何事にも率先して取り組み，責任を持ってやりぬくことができる。

・だれに対しても礼儀正しく，公平で，親切に接することができる。

・包容力と行動力に富み，弱い立場の人の権利を守る発言と行動ができる。

◆ 個人として比較的優れている点や長所

・身の回りが整理整頓されており，落ち着いて生活できている。

・人のいやがる仕事でも積極的に引き受け責任を持ってやり遂げた。

・みんなの前で自分の考えを恥ずかしがらずに述べることができる。

◆ 行動の状況の進歩が著しい場合

・登校班の班長をやり遂げ，下学年の児童とも人間関係を築くことができた。

・公正な態度が級友から認められ，遠慮がちだった行動にも自信が出てきた。

・エンカウンターで自他の理解を深め，協調的に活動するようになった。

◆ 指導上留意が必要な健康状況

・喘息がある。運動後や急激な環境変化のときは発作の確認を要する。

・牛乳を飲むと下痢をすると保護者から連絡があった。

・心臓疾患がある。プール指導では主治医の指示で徐々に水に慣らした。

児童の特徴・特技，学校内外におけるボランティア活動など社会奉仕体験活動，表彰を受けた行為や活動，学力について標準化された検査の結果等指導上参考となる諸事項

◆ 特徴・特技

・読書好き。語彙が豊かで表現力に優れている。

・絵を描くことが得意。友達の似顔絵を上手に描いて喜ばれている。

・なわとびが得意。難しい技を披露したり友達に教えたりした。

◆ ボランティア活動，表彰を受けた行為や活動に関すること

・ボーイスカウトに所属し，ボランティア活動に熱心に取り組んでいる。

・地域のリサイクル活動に積極的に参加している。

・読書感想文コンクールで優秀賞を受賞した。

◆ 学力について標準化された検査の結果

・2月6日。教研式標準学力検査 CRT，得点率国語68％，社会78％，算数68％，理科89％。とくに社会と理科の知識・技能が優れている。

・4月18日。教研式標準学力検査 NRT，国語 SS53，算数 SS43。教研式知能検査サポート SS58。新成就値－10のアンダー・アチーバー。NRT の結果からは，算数の基礎学習が必要である。

・8月20，27日。KABC-Ⅱ，認知総合尺度80，継次尺度66，同時尺度79，習得総合尺度93。音だけを手掛かりにして順番に情報を処理するこ

とが苦手と推察される。視覚情報を用いた全体を見渡せるような支援が必要である。

児童の成長の状況にかかわる総合的な所見

・当初は友人関係を限定し排他的言動が見られたが，好ましい人間関係についての話合いが契機となり交流の範囲が広がった。友人からの信頼も高まっている。

・校内展覧会で委員として推薦され活動したことがきっかけとなり，日々の学習活動にも意欲を持って取り組む姿が目立つようになった。

・3年生になって新しく多くの友達を得てから，自分の考えをよく練って判断や行動ができるようになった。グループ学習では中心となり，友達のよさを生かしたり，自らアイデアを出したりして，充実した学習を進めている。

特別な配慮を必要とする児童

・○○○立○○小学校情緒障害学級に通級。授業時間△△時間。指導内容：①対人関係の育成（人と人との関わり），②基本的生活習慣の育成，③自立活動。成果：料理学習では，級友と協力して地域で買い物をし，協調性や社会性を身に付けることができた。

・入学当初より不登校傾向。9月から本市の適応指導教室に通級。○月○日からは保健室登校ができるようになり，適応指導教室へは週2日通うかたちになった。○月○日からは無欠席で1学年を終えた。

・1月にアメリカの学校から編入。週1回（木曜日），本市の○○小学校併設の日本語学級に通っている。当初は日本語が話せなかったが，簡単な会話ができるようになってきた。

[標準検査一覧表]

◆標準学力検査◆

検査名	適用範囲	監修・編著者名	発行所名
教研式 標準学力検査 NRT（集団基準準拠検査）	小1～小6	辰野千壽・石田恒好・服部環・筑波大学附属小学校各教科官	図書文化社
教研式 標準学力検査 CRT（目標基準準拠検査）	小1～小6	北尾倫彦・筑波大学附属小学校各教科官	図書文化社
教研式 読書力診断検査 Reading-Test	小1・2 小3・4 小5・6	福沢周亮・平山祐一郎	図書文化社
TK式 領域別標準学力検査	小1～小6	田中教育研究所	田研出版
TK式 観点別標準学力検査 DRT	小1～小6	田中教育研究所	田研出版

◆知能検査◆

検査名	適用範囲	監修・編著者名	発行所名
教研式 新学年別知能検査 サポート	小1～小6	岡本奎六・渋谷憲一・石田恒好・坂野雄二	図書文化社
教研式 新訂学年別知能検査	小1～小6	榊原清・平沼良	図書文化社
教研式 認知能力検査 NINO	小2～小6	石田恒好・櫻井茂男・服部環・平山祐一郎	図書文化社
TK式 学年別診断的知能検査 パワフル	小1～小6	田中敏隆	田研出版
TK式 田中B式知能検査	小1～小2 小3～小4 小5～小6	田中教育研究所	田研出版
東大A-S知能検査 L版，H版・H版II型	小2～小4・1学期（L版），小4～小6（H版）	東京大学教育心理学研究会・肥田野直	東京心理

◆行動・性格・適性検査ほか◆

検査名	適用範囲	監修・編著者名	発行所名
Q-U たのしい学校生活を送るためのアンケート	小1～小3 小4～小6	田上不二夫・河村茂雄	図書文化社
hyper-QU よりよい学校生活と友達づくりのためのアンケート	小1～小3 小4～小6	河村茂雄	図書文化社
教研式 AAI 学習適応性検査	小1～小3 小4～小6	辰野千壽	図書文化社
教研式 SET 自己向上支援検査	小1～小3 小4～小6	北尾倫彦	図書文化社

教研式 M-G 本明・ギルフォード性格検査	小4〜小6	本明寛・久米稔・ 織田正美	図書文化社
教研式 PUPIL 生徒指導検査	小4〜小6	真仁田昭・堀内聰・ 小玉正博	図書文化社
教研式道徳性アセスメント HUMAN	小1・2 小3・4 小5・6	押谷由夫	図書文化社
教研式道徳教育アセスメント BEING	小1・2 小3・4 小5・6	押谷由夫	図書文化社
TK 式 診断的新親子関係検査	親・小1〜小6 子・小3〜小6	品川不二郎・ 品川孝子・森上史郎・ 河井芳文	田研出版
TK 式 道徳性検査 思いやりと豊かな心を育てる ワーク	小1・2 小3・4 小5・6	田中教育研究所	田研出版
TK 式 長所発見検査	小5〜小6	田中教育研究所	田研出版
PCR 親子関係検査 　A 型，B 型，C 型	小2〜小6と その母親	三浦武・森重敏・ 八重島健二・島田俊介	東京心理
HEART 道徳性診断	小1・2 小3・4 小5・6	古畑和孝ほか	東京心理
STEP 児童理解の綜合調査	小4〜小6	黄楊荒雄ほか	大阪心理出版

◆個別検査◆

検査名	適用範囲	監修・編著者名	発行所名
KABC- Ⅱ 個別式心理教育アセスメント バッテリー	2歳6か月〜 18歳11か月	日本版 KABC- Ⅱ制作 委員会 藤田和弘・石隈利紀・ 青山眞二・服部環・ 熊谷恵子・小野純平	丸善出版
田中ビネー知能検査V	2歳〜成人	田中教育研究所	田研出版
箱庭療法用具	幼児〜成人	秋山達子	千葉テストセンター
WISC- Ⅳ 児童向けウェクスラー知能検査	5歳0か月〜 16歳11か月	日本版 WISC- Ⅳ刊行 委員会 上野一彦・藤田和弘・ 前川久男・石隈利紀・ 大六一志・松田修	日本文化科学社

8

出欠の記録

参考様式

出 欠 の 記 録						
区分＼学年	授業日数	出席停止・忌引等の日数	出席しなければならない日数	欠席日数	出席日数	備　　考
1						
2						
3						
4						
5						
6						

　この欄は，従来どおり，「授業日数」「出席停止・忌引等の日数」「出席しなければならない日数」「欠席日数」「出席日数」「備考」について記録する欄である。この欄においては，学校として児童の属する学年について授業を実施した「授業日数」を基礎として，個人的事情による日数を順に引き算をしていけば，出席日数が出てくるようになっている。

授業日数

　児童の属する学年について授業を実施した年間の総日数を記入する。学校保健安全法第 20 条の規定に基づき，臨時に，学校の全部又は学年の全部の休業を行うこととした日数は授業日数には含めない。

　この授業日数は，原則として，同一学年のすべての児童につき同日数とすることが適当である。ただし，転学又は退学等をした児童については，転学

180

のため学校を去った日又は退学等をした日までの授業日数を記入し，転入学又は編入学等をした児童については，転入学又は編入学等をした日以後の授業日数を記入する。

　授業日数は，学校の所定の教育課程を実施した日のことである。したがって，例えば，夏季休業期間中における児童の出校日等も，それが教育課程として実施されたものでない限りは授業日とはみなされない。また，夏季休業中に臨海学校，林間学校を特別活動の一環として計画する場合は，あらかじめ教育課程の編成に当たって指導目標，実施時期等をよく検討し，教育課程の実施としてふさわしい内容を持っているならば，授業日数として計算することとなる。

　休業日を振り替えて授業日とすることは，学校教育法施行規則第 61 条の規定や，教育委員会の学校管理規則の定めに従ってできることになっているが，この場合は，正規の授業日として計算することとなる。

　学校保健安全法第 20 条の規定に基づき，臨時に，学校の全部又は学年の全部の休業を行うこととした日数は授業日数に含めない。

　同じ学年の児童については，転学や退学等をした児童を除いて，同一日数とすることが適当である。転学又は退学していった児童については，転・退学までの日数が記録されるし，転入学又は編入学等をした児童については，受け入れ校で新たに作成した指導要録に，転入学，編入学の日以後の日数が記録される。この場合，編入学等や退学等には，児童自立支援施設から移ってきたり，そちらへ入所したりしたような場合など就学義務の猶予・免除またはその解除のような場合を含むから，「学籍に関する記録」の記入上の注意の項をよく理解し，その記録と照合するようにしなければならない。

出席停止・忌引等の日数

　以下の日数を合算して記入する。

(1) 学校教育法第 35 条による出席停止日数，学校保健安全法第 19 条による出席停止日数並びに感染症の予防並びに感染症の患者に対する医療に関する法律第 19 条，第 20 条，第 26 条及び第 46 条による入院の場合の日数

(2) 学校保健安全法第 20 条により，臨時に学年の中の一部の休業を行った場合の日数

⑶　忌引日数

⑷　非常変災等児童又は保護者の責任に帰すことのできない事由で欠席した場合などで，校長が出席しなくてもよいと認めた日数

⑸　その他教育上特に必要な場合で，校長が出席しなくてもよいと認めた日数

⑴の場合は，次の日数となる。

学校教育法第35条においては「性行不良であつて他の児童の教育に妨げがあると認める児童があるときは」，市町村の教育委員会が，その保護者に対して出席停止を命ずることができることとなっており，その出席停止を命じられた日数である。

学校保健安全法第19条は，「感染症にかかつており，かかつている疑いがあり，又はかかるおそれのある児童生徒等があるときは」，校長は出席停止をそれぞれの基準に従って（同法施行規則第19条に詳細に示されている。），命ずることができることとなっており，その出席停止を命じられた日数である。

感染症の予防及び感染症の患者に対する医療に関する法律に基づく入院の日数とは，児童がペスト，コレラ，新感染症などの患者となり，都道府県知事から勧告を受けて，自主的に又は強制的に指定医療機関に入院した日数を指している。

これらの場合は，本人に出校の意思があっても出校させられない場合で，出席しなければならない日数に入らないことになる。

⑵は，感染症予防上の必要から，臨時休業を行う場合で，市町村の教育委員会が決めることとなっている。このうち，全校閉鎖は授業日数に入らないが，学年の一部の休業，いわゆる学級閉鎖の場合が，この出席停止等の日数として計算されることになる。

⑴，⑵に関する関係法令は，pp192〜194を参照のこと。

⑶の忌引日数は，児童の忌引日数等の基準としては全国的基準はないが，教育委員会によっては定めをしているところもある。基準のない場合も，慣習的に出席しなくてよいと認めている場合が多いので，その認められている日数を記入する。

(4)は，校長の判断に委ねられており，校長が出席しなくてもよいと認めた日数である。非常変災等の場合は，一地域の児童だけ橋の流失等によって登校できないような例が考えられる。また感染症流行期に，用心して保護者が欠席させたような場合も，校長の判断によって欠席とはしないことができることとしているが，この判断は微妙な問題を含む場合があるので，校長は，校医等と相談して公平な決定をするよう配慮することが大切である。

(3)，(4)については，［質疑応答］に示されている人事院規則（p189）が参考となろう。

(5)は，教育上特に必要な場合で，校長の裁量によって出席しなくてもよいと認めた日数である。例えば，児童が入学試験などで登校できない場合がこれに該当する。このような場合に必要と認めた日数を記入する。

出席しなければならない日数

> 授業日数から出席停止・忌引等の日数を差し引いた日数を記入する。

「出席しなければならない日数」は，「授業日数」から「出席停止・忌引等の日数」を差し引いた日数であり，その日数が記入されることになる。「出席停止・忌引等の日数」がゼロの児童については，出席しなければならない日数は授業日数と同一の日数となる。

欠席日数

> 出席しなければならない日数のうち病気又はその他の事故で児童が欠席した日数を記入する。

上記の，「出席しなければならない日数」のうち，病気欠席や事故欠席をした日数を記入する。「出席停止・忌引等の日数」以外の欠席日数であることは当然である。

出席日数

> 出席しなければならない日数から欠席日数を差し引いた日数を記入する。
> なお，学校の教育活動の一環として児童が運動や文化などにかかわる行事等に参加したものと校長が認める場合には，指導要録の出欠の記録においては出席扱いとすることができる。

「出席日数」は，「出席しなければならない日数」から，「欠席日数」を差

し引いた日数で，実際に学校に出席した日数である。これらの関係を示せば，次のようになる。

（授業日数）－（出席停止・忌引等の日数）＝（出席しなければならない日数）

（出席しなければならない日数）－（欠席日数）＝（出席日数）

なお書きにおいては，対外運動競技や国民文化祭，コンクールなどに参加した場合，学校の教育活動の一環，すなわち学校が直接計画し，実施したものであるならば，指導要録の出欠の記録においては出席扱いとすることができる。

出席扱いとするかどうかは，校長の判断に委ねられている。なお，出席扱いとしない場合には，出席停止・忌引等の事由の(5)に該当するものとして取り扱うこともできる。

指導要録上，出席扱いとすることができる場合については，文部科学省の様々な通知の中で具体的な内容が示されているものが複数ある。平成22年の指導要録の改善についての通知ではそれらの具体的内容をまとめて指導要録の記載事項の中に示されていた。その後，文部科学省の諸通知の中で出席扱いとすることができる旨を示したものの数が増えたこともあって，平成31年の指導要録の改善についての通知では，指導要録の記載事項からそれらの記述を省き，「[参考2] 指導要録に関連して文部科学省が発出した主な通知等」の中に，出席扱いとすることができる旨を示した関係諸通知を添付するよう改められている。

（http://www.mext.go.jp/a_menu/shotou/new-cs/senseiouen/1414600.htm）

したがって，教育委員会が指導要録の様式等を定めたり管下の学校に指導したりする際や，各学校で実際に指導要録上の出席扱いを決定する際には，こうした諸通知の内容を見落とさないよう留意し，それぞれの趣旨に沿った取扱いをするよう努めることが必要である。

文部科学省の諸通知において，小学校児童について一定の要件を満たした場合に出席扱いとすることができる旨が示されているものは，次のとおりである。それぞれの要件については，各通知で確認する必要がある。

○　不登校の児童が教育支援センター等の学校外の施設において相談・指導を受けている場合

「不登校への対応の在り方について」（平成 15 年 5 月 16 日付け，15 文科初第 255 号，各都道府県・指定都市教育委員会教育長等あて，初等中等教育局長通知）

「不登校児童生徒への支援の在り方について」（平成 28 年 9 月 14 日付け，28 文科初第 770 号，各都道府県教育委員会教育長等あて，初等中等教育局長通知）

○ **不登校の児童が自宅において教育委員会，学校，学校外の公的機関又は民間事業者が提供する IT 等を活用した学習活動を行った場合**

「不登校児童生徒が自宅において IT 等を活用した学習活動を行った場合の指導要録上の出欠の取扱い等について」（平成 17 年 7 月 6 日付け，17 文科初第 437 号，各都道府県教育委員会教育長等あて，初等中等教育局長通知）

○ **児童が児童相談所の一時保護所等で一時保護されており学習を行っている場合（※学習を行っていない場合は「出席停止・忌引き等の日数」に含めることが適当とされている。）**

「一時保護等が行われている児童生徒の指導要録に係る適切な対応及び児童虐待防止対策に係る対応について」（平成 27 年 7 月 31 日付け，27 文科初第 335 号，各都道府県教育委員会等あて，初等中等教育局長通知）

○ **児童がオリンピック競技大会及びパラリンピック競技大会並びにこれらの大会に向けた選手強化合宿等への参加が当該児童の心身の発育・発達の状況，学校教育への影響等を総合的に勘案し，教育上有意義であると認めて校長が学校教育の一環として参加させる場合**

「児童生徒のオリンピック・パラリンピック競技大会等への参加について」（平成 27 年 10 月 30 日付け，27 ス庁第 142 号，各都道府県教育委員会教育長等あて，スポーツ庁次長・初等中等教育局長通知）

出席扱いとした場合には，その内容がわかるようにしておくことが求められる。「備考」の欄に，出席日数の内数として出席扱いした日数，児童が通所又は入所した学校外の施設名，自宅において IT 等を活用した学習活動を行ったこと又は当該施設において学習活動を行ったことなどを記入することが考えられる。

備考欄

> 出席停止・忌引等の日数に関する特記事項，欠席理由の主なもの，遅刻，早退等の状況その他の出欠に関する特記事項等を記入する。

「出席停止・忌引等の日数」欄に数字を記入した児童については，その理由やそれぞれの日数などを記入する。

欠席の多い者などについては，その欠席理由や日数の内訳などを記入する。

遅刻・早退等は，この「出欠の記録」には具体的な回数等を記録する欄がないが，出席簿に記録されている。その回数が著しく多いなど，指導上注意を要する児童については，その状況や理由等を記録する。

出欠に関する特記事項等としては，出欠に関し指導上特に参考となると考えられる事項を記入する。例えば，転学の場合は，転入学の受け入れ校で，前の在学校における出欠状況を通覧したい場合は，前の学校から送付を受けた指導要録の写しによって，前の学校における出欠状況の要点をこの欄に記入することなどが考えられる。

日数の書き方

「出欠の記録」欄に記入する日数で，該当する日数がない場合は，空白のままに残しておかないで，正確を期するため数字の0を記入するのが適当である。

■参考様式の記入例

出　欠　の　記　録						
区分／学年	授業日数	出席停止・忌引等の日数	出席しなければならない日数	欠席日数	出席日数	備　　　考
1	203	5	198	1	197	忌引（父死亡）5 法事のため欠席 1
2	203	4	199	3	196	家族に赤痢患者発生出停 4 欠席は風邪 2，腹痛 1
3	204	9	195	0	195	本人風疹のため出停 9 早退 6（眼科治療通院）
4	201	3	198	0	198	インフルエンザのため臨休 3

186

インフルエンザ等での学級閉鎖と出欠の記録について

問 インフルエンザ等により次のような措置を実施した場合,「出欠の記録」はどのように記載したらよいか。
① 学校全体を臨時休業にした場合
② ある学年の全学級を閉鎖した場合
③ 学年のうち一部の学級を閉鎖した場合
④ 午前中は授業を行ったが,午後から学年や学級の全児童を帰宅させた場合

答「出欠の記録」の欄の「授業日数」の捉え方がポイントになる。

「授業日数」は,児童の属する学年について授業を実施した年間の総日数を記入する。児童が属する学級を含め,その学年のすべての学級で授業を行わなかった場合は,その日は「授業日数」には含めない。児童が属する学級が閉鎖されても,その学年の他の学級で授業を行った場合は,その日は学年全体として「授業日数」に含める。このように処理することで,転退学した児童の場合を除き,原則として,同一学年のすべての児童につき「授業日数」は同じ日数となる。

このように考えると,問のそれぞれの場合について,「出欠の記録」は次のように記載することになる。

① 学校全体を臨時休業にした場合は,まったく授業を行わないのであるから,その日数は「授業日数」に含めない。

② ある学年の全学級を閉鎖(学年閉鎖)した場合は,当該学年についてはまったく授業を行わないのであるから,その日数は「授業日数」に含めない。

学年に学級が一つ(学年単学級)の場合にその学級を閉鎖すれば,学年閉鎖と同じなので,その日数は「授業日数」に含めない。

③ 学年のうち一部の学級を閉鎖した場合は,閉鎖していない学級では授業を実施しているのであるから,その日数は学年全体として「授業日数」に含める。

その上で,学級閉鎖を行った学級については,その日数を「出席停止・忌引等の日数」に算入する。

同一学年の複数の学級が日をずらして学級閉鎖を行った場合は,例えば,次の表(p188)のように取り扱う。

〔ある月の1日～5日の第3学年A組，B組，C組の状況〕

3年	1日	2日	3日	4日	5日	扱い
A組			閉鎖	閉鎖	閉鎖	出席停止等1
B組	閉鎖	閉鎖	閉鎖	閉鎖		出席停止等2
C組		閉鎖	閉鎖	閉鎖		出席停止等1

※3日と4日は，どの学級でも授業を実施していないので，「授業日数」に含めない。

④　午前中は授業を行ったが，午後から学年や学級の全児童を帰宅させた場合は，1日のうちの一部であるが授業を実施しているので，「授業日数」に含める。午後から児童を帰宅させる措置は，出欠の日数の問題ではないので，特に教育委員会から例えば「備考」欄に記載するといった指示や指導がなければ，「出欠の記録」に記載する必要はないと考えられる。

転学または転入学に伴う旅行日数と授業日数の関係について

問　転学または転入学した児童の，転学のための旅行日数は授業日数に計上されるか。

答　「転学した児童については，学校を去った日までの授業日数を，また，転入学した児童については，転入学した日以後の授業日数を記入することになっている。したがって，転学あるいは転入学のための旅行日数は，この「授業日数」には含めないし，「出席しなければならない日数」にも考慮されないので，「出欠の記録」からは計算外の数字となる。

感染症で欠席した場合の，医師の診断期日までの期間の扱いについて

問　感染症にかかって欠席した場合，医師の診断期日まで数日の期間があったとき，その期間を「出席停止・忌引等の日数」の中に入れることは校長の裁量でできるか。

答　校長の独断ではなく，医師とよく相談して，法定の感染症であることが明確な場合は，その欄の日数に入れてよい。

感染症の疑似の段階の処理について

問　感染症らしいという疑似の段階における処理についてはどうすればよいか。

答　学校保健安全法施行規則第19条（p193）に，出席停止の期間の基準が詳細に規定されているので，これらをもとに医師とよく相談しながら対応すべきである。

忌引日数の基準について

問 児童の忌引の日数の取扱いについて,準拠すべき適当な基準はないか。

答 先に述べたとおり,児童の忌引についての全国的な基準というものはないが,参考までに「人事院規則15-14(職員の勤務時間,休日及び休暇)」第22条第13号別表第二に示している国家公務員一般職の場合の取扱いは,次のとおりである。

（死亡した者）　　　　　　　　　　　　　　　（日数）
- 配偶者……………………………………………… 7日
- 父母………………………………………………… 7日
- 子…………………………………………………… 5日
- 祖父母……………………………………………… 3日
（職員が代襲相続し,かつ祭具等の継承を受ける場合にあっては,7日）
- 孫…………………………………………………… 1日
- 兄弟姉妹…………………………………………… 3日
- おじ又はおば……………………………………… 1日（同上,7日）
- 父母の配偶者又は配偶者の父母………………… 3日
（職員と生計を一にしていた場合にあっては,7日）
- 子の配偶者又は配偶者の子……………………… 1日（同上,5日）
- 祖父母の配偶者又は配偶者の祖父母…………… 1日（同上,3日）
- 兄弟姉妹の配偶者又は配偶者の兄弟姉妹…… 1日（同上,3日）
- おじ又はおばの配偶者…………………………… 1日

※葬祭のため遠隔の地に赴く場合にあっては,往復に要する日数を加えた日数。

非常変災等の基準について

問 非常変災等で,校長が出なくてよいと認める日数については,何か基準はあるか。

答 非常変災等の場合の出席できない日数は,保護者の請求によって具体的日数を判断するのが適当であるので,どの程度の日数を妥当として認めるかについて,参考として国家公務員の場合の「非常変災等」に関する例を掲げておく。「人事院規則15-14(職員の勤務時間,休日及び休暇)」第22条第16号,第17号及び18号を示す。

(16) 地震,水害,火災その他の災害により次のいずれかに該当する場合その他これらに準ずる場合で,職員が勤務しないことが相当であると認められるとき　七日の範囲内の期間

　イ　職員の現住居が滅失し,又は損壊した場合で,当該職員がそ

の復旧作業等を行い，又は一時的に避難しているとき。
ロ　職員及び当該職員と同一の世帯に属する者の生活に必要な水，食料等が著しく不足している場合で，当該職員以外にはそれらの確保を行うことができないとき。
(17)　地震，水害，火災その他の災害又は交通機関の事故等により出勤することが著しく困難であると認められる場合　必要と認められる期間
(18)　地震，水害，火災その他の災害又は交通機関の事故等に際して，職員が退勤途上における身体の危険を回避するため勤務しないことがやむを得ないと認められる場合　必要と認められる期間

対外運動競技，コンクール，国民文化祭等への参加の扱いについて

問　児童が対外運動競技やコンクール，国民文化祭などに参加するために出校できない場合は，どう扱ったらよいか。

答　学校の教育活動の一環として，児童が運動や文化などにかかわる行事等に参加した場合には，指導要録の出欠の記録においては出席扱いとすることができる。したがって，それらへの参加が学校により直接計画，実施されたものであれば，学校教育活動の一環と考えて出席扱いとしてよい。

入学試験で出校しなかった場合の扱いについて

問　児童が入学試験のために出校しなかった場合の扱いは，どのようになるか。

答　教育上特に必要な場合で，校長が出席しなくてもよいと認めた日数は，出席停止・忌引等の日数に含まれる。児童が入学試験に行くことはこの「教育上特に必要な場合」に該当し，校長が出席しなくてもよいと認めたときは，出席停止・忌引等の日数として扱うことになる。

適応指導教室に通っている場合の扱いについて

問　不登校の児童が教育支援センター（適応指導教室）等の学校外の施設に通っている場合の取扱いはどのようになるか。

答　このような場合の出欠の取扱いについては，平成15年の文部科学省の通知「不登校への対応の在り方について」及び平成28年の文部科学省の通知「不登校児童生徒への支援の在り方について」において一定の要件のもとに指導要録の出欠の記録においては出席扱いとすることができることとしている。平成28年の通知では，不登校児童生徒が学校外の施設において相談・指導を受けるとき，一定の要件を満たすとともに，「当該施設への通所又は入所が学校への復帰を前提とし，かつ，不登校児童生徒の自立を助けるうえで有効・適切であると判断される

場合」には，校長は指導要録上出席扱いとすることができるとされている。要件としては，次の3点が挙げられている。

① 保護者と学校との間に十分な連携・協力関係が保たれていること。

② 当該施設は，教育委員会等が設置する教育支援センター等の公的機関とするが，公的機関での指導の機会が得られないあるいは公的機関に通うことが困難な場合で本人や保護者の希望もあり適切と判断される場合は，民間の相談・指導施設も考慮されてよいこと。（※別途，ガイドラインが示されている。）

③ 当該施設に通所又は入所して相談・指導を受ける場合を前提とすること。

出席扱いとした場合には，「出席日数の内数として出席扱いとした日数及び児童が通所又は入所した学校外の施設名を記入する」ことになる。

関係法令

★学校教育法第35条第1項（児童の出席停止）

市町村の教育委員会は，次に掲げる行為の1又は2以上を繰り返し行う等性行不良であつて他の児童の教育に妨げがあると認める児童があるときは，その保護者に対して，児童の出席停止を命ずることができる。
(1) 他の児童に傷害，心身の苦痛又は財産上の損失を与える行為
(2) 職員に傷害又は心身の苦痛を与える行為
(3) 施設又は設備を損壊する行為
(4) 授業その他の教育活動の実施を妨げる行為

★学校教育法施行規則第61条（公立小学校における休業日）

公立小学校における休業日は，次のとおりとする。ただし，第3号に掲げる日を除き，当該学校を設置する地方公共団体の教育委員会が必要と認める場合は，この限りでない。
(1) 国民の祝日に関する法律（昭和23年法律第178号）に規定する日
(2) 日曜日及び土曜日
(3) 学校教育法施行令第29条第1項の規定により教育委員会が定める日

★学校教育法施行規則第62条（私立小学校における学期・休業日）

私立小学校における学期及び休業日は，当該学校の学則で定める。

★学校保健安全法第19条（出席停止）

校長は，感染症にかかつており，かかつている疑いがあり，又はかかるおそれのある児童生徒等があるときは，政令で定めるところにより，出席を停止させることができる。

★学校保健安全法第20条（臨時休業）

学校の設置者は，感染症の予防上必要があるときは，臨時に，学校の全部又は一部の休業を行うことができる。

★学校保健安全法施行規則第18条（感染症の種類）

学校において予防すべき感染症の種類は，次のとおりとする。
(1) 第一種　エボラ出血熱，クリミア・コンゴ出血熱，痘そう，南米出血熱，ペスト，マールブルグ病，ラッサ熱，急性灰白髄炎，ジフテリア，重症急性呼吸器症候群（病原体がベータコロナウイルス属SARSコロナウイルスであるものに限る。），中東呼吸器症候群（病原体がベータコロナウイルス属MERSコロナウイルスであるものに限る。）及び特定鳥インフルエンザ（感染症の予防及び感染症の患者に対する医療に関する法律（平成10年法律第114号）第6条第3項第6号に規定する特定鳥インフルエンザをいう。次号及び第19条第2号イにおいて同じ。）
(2) 第二種　インフルエンザ（特定鳥インフルエンザを除く。），百日咳，麻しん，

流行性耳下腺炎，風しん，水痘，咽頭結膜熱，結核及び髄膜炎菌性髄膜炎

(3) 第三種　コレラ，細菌性赤痢，腸管出血性大腸菌感染症，腸チフス，パラチフス，流行性角結膜炎，急性出血性結膜炎その他の感染症

2　感染症の予防及び感染症の患者に対する医療に関する法律第6条第7項から第9項までに規定する新型インフルエンザ等感染症，指定感染症及び新感染症は，前項の規定にかかわらず，第一種の感染症とみなす。

★学校保健安全法施行規則第19条（出席停止の期間の基準）

令第6条第2項の出席停止の期間の基準は，前条の感染症の種類に従い，次のとおりとする。

(1) 第一種の感染症にかかつた者については，治癒するまで。

(2) 第二種の感染症（結核及び髄膜炎菌性髄膜炎を除く。）にかかつた者については，次の期間。ただし，病状により学校医その他の医師において感染のおそれがないと認めたときは，この限りでない。

　　イ　インフルエンザ（特定鳥インフルエンザ及び新型インフルエンザ等感染症を除く。）にあつては，発症した後5日を経過し，かつ，解熱した後2日（幼児にあつては，3日）を経過するまで。

　　ロ　百日咳にあつては，特有の咳が消失するまで又は5日間の適正な抗菌性物質製剤による治療が終了するまで。

　　ハ　麻しんにあつては，解熱した後3日を経過するまで。

　　ニ　流行性耳下腺炎にあつては，耳下腺，顎下腺又は舌下腺の腫脹が発現した後5日を経過し，かつ，全身状態が良好になるまで。

　　ホ　風しんにあつては，発しんが消失するまで。

　　ヘ　水痘にあつては，すべての発しんが痂皮化するまで。

　　ト　咽頭結膜熱にあつては，主要症状が消退した後2日を経過するまで。

(3) 結核，髄膜炎菌性髄膜炎及び第三種の感染症にかかつた者については，病状により学校医その他の医師において感染のおそれがないと認めるまで。

(4) 第一種若しくは第二種の感染症患者のある家に居住する者又はこれらの感染症にかかつている疑いがある者については，予防処置の施行の状況その他の事情により学校医その他の医師において感染のおそれがないと認めるまで。

(5) 第一種又は第二種の感染症が発生した地域から通学する者については，その発生状況により必要と認めたとき，学校医の意見を聞いて適当と認める期間。

(6) 第一種又は第二種の感染症の流行地を旅行した者については，その状況により必要と認めたとき，学校医の意見を聞いて適当と認める期間。

★感染症の予防及び感染症の患者に対する医療に関する法律（関係部分抄）

（入院）

第19条　都道府県知事は，一類感染症のまん延を防止するため必要があると認めるときは，当該感染症の患者に対し特定感染症指定医療機関若しくは第一種感染症指定医療機関に入院し，又はその保護者に対し当該患者を入院させるべきことを勧告することができる。

3　都道府県知事は，第1項の規定による勧告を受けた者が当該勧告に従わないとき

は，当該勧告に係る患者を特定感染症指定医療機関又は第一種感染症指定医療機関に入院させることができる。

4　第1項及び前項の規定に係る入院の期間は，72時間を超えてはならない。

第20条　都道府県知事は，一類感染症のまん延を防止するため必要があると認めるときは，当該感染症の患者であって前条の規定により入院しているものに対し10日以内の期間を定めて特定感染症指定医療機関若しくは第一種感染症指定医療機関に入院し，又はその保護者に対し当該入院に係る患者を入院させるべきことを勧告することができる。

2　都道府県知事は，前項の規定による勧告を受けた者が当該勧告に従わないときは，10日以内の期間を定めて，当該勧告に係る患者を特定感染症指定医療機関又は第一種感染症指定医療機関に入院させることができる。

（準用）

第26条　第19条から第23条まで，第24条の2及び前条の規定は，二類感染症及び新型インフルエンザ等感染症の患者について準用する。

（この法律において「二類感染症」とは，急性灰白髄炎，結核，ジフテリア，重症急性呼吸器症候群，中東呼吸器症候群，鳥インフルエンザをいう。）

（新感染症の所見がある者の入院）

第46条　都道府県知事は，新感染症のまん延を防止するため必要があると認めるときは，新感染症の所見がある者に対し10日以内の期間を定めて特定感染症指定医療機関に入院し，又はその保護者に対し当該新感染症の所見がある者を入院させるべきことを勧告することができる。

2　都道府県知事は，前項の規定による勧告を受けた者が当該勧告に従わないときは，10日以内の期間を定めて，当該勧告に係る新感染症の所見がある者を特定感染症指定医療機関に入院させることができる。

（この法律において「新感染症」とは，人から人に伝染すると認められる疾病であって，既に知られている感染性の疾病とその病状又は治療の結果が明らかに異なるもので，当該疾病にかかった場合の病状の程度が重篤であり，かつ，当該疾病のまん延により国民の生命及び健康に重大な影響を与えるおそれがあると認められるものをいう。）

第4章

障害のある児童に係る学習評価の在り方

1 障害のある児童に係る学習評価の基本的な考え方 … 196

2 障害のある児童の指導要録の取扱い
学籍に関する記録 … 198
指導に関する記録 … 198

3 指導要録記入上の留意事項
特別支援学級に在籍する児童 … 200
通級による指導を受けている児童 … 203
通級による指導の対象となっていないが，教育上特別な配慮を
必要とする児童 … 204

4 評価方法・資料収集の工夫 … 205

障害のある児童に係る学習評価の基本的な考え方

1

障害のある児童の学習評価の考え方は，基本的に障害のない児童の学習評価の考え方と同じである。中央教育審議会の「児童生徒の学習評価の在り方について（報告）」（平成 31 年 1 月）や「小学校，中学校，高等学校及び特別支援学校等における児童生徒の学習評価及び指導要録の改善等について（通知）」（平成 31 年 3 月）において，次のことが示されている。

- ・「学習指導」と「学習評価」は学校の教育活動の根幹であり，教育課程に基づいて組織的かつ計画的に教育活動の質の向上を図る「カリキュラム・マネジメント」の中核的な役割を担っていること
- ・指導と評価の一体化の観点から，新学習指導要領で重視している「主体的・対話的で深い学び」の視点からの授業改善を通して各教科等における資質・能力を確実に育成する上で，学習評価は重要な役割を担っていること

これらは障害のある児童の学習評価においても同様である。さらに，各教科等の目標及び内容を「知識及び技能」，「思考力，判断力，表現力等」，「学びに向かう力，人間性等」の資質・能力の三つの柱で再整理した新学習指導要領の下での指導と評価の一体化を推進する観点から，観点別学習状況の評価の観点についても，これらの資質・能力に関わる「知識・技能」，「思考・判断・表現」，「主体的に学習に取り組む態度」の 3 観点に整理して示してあり，障害のある児童においても各教科において観点別学習状況の評価を行うこととなっている。

障害のある児童の場合，一人一人の発達や障害の状態に対応する必要があることから，学ぶ場については，通常の学級，通級による指導，特別支援学級がある。そして，特別支援学級の場合は，対応した障害種別の特別支援学校の教育課程を参考に特別な教育課程を編成することができる。小学校学習指導要領には特別支援学級の特別な教育課程について，次のように記載されている。

（ア）　障害による学習上又は生活上の困難を克服し自立を図るため，特別支援学校小学部・中学部学習指導要領第7章に示す自立活動を取り入れること。

（イ）　児童の障害の程度や学級の実態等を考慮の上，各教科の目標や内容を下学年の教科の目標や内容に替えたり，各教科を，知的障害者である児童に対する教育を行う特別支援学校の各教科に替えたりするなどして，実態に応じた教育課程を編成すること。

（小学校学習指導要領第1章第4の2（1）のイ）

　また，障害が重複している，あるいはその障害が重度である児童の場合には，特別支援学校学習指導要領に基づいて，次のような教育課程の取扱いもできる。

重複障害者のうち，障害の状態により特に必要がある場合には，各教科，道徳科，外国語活動若しくは特別活動の目標及び内容に関する事項の一部又は各教科，外国語活動若しくは総合的な学習の時間に替えて，自立活動を主として指導を行うことができるものとする。

（特別支援学校小学部・中学部学習指導要領第1章第8節4）

　一人一人の発達や障害の状態に対応するために特別支援学校においては個別の指導計画の作成が義務付けられている。小学校においては義務付けられてはいないが，学習指導要領では次のように記載されている。

……各教科等の指導に当たって，個々の児童の実態を的確に把握し，個別の指導計画を作成し活用することに努めるものとする。特に，特別支援学級に在籍する児童や通級による指導を受ける児童については，個々の児童の実態を的確に把握し，個別の教育支援計画や個別の指導計画を作成し，効果的に活用するものとする。

（小学校学習指導要領第1章第4の2（1）のエ）

　このように障害のある児童の学習評価については，考え方は基本的に障害のない児童の場合と同じであるが，学ぶ場や教育課程編成における工夫が可能となっていることから，学習評価の実際についても様々な工夫が必要となってくる。

2 障害のある児童の指導要録の取扱い

　障害のある児童の指導要録に記載する事項は，障害のない児童の場合と同じであるが，特別支援学級に在籍する児童の場合は，指導に関する記録において，自立活動の記録があることや入学時の障害の状態について記載することとなっている。

　加えて，知的障害のある児童の場合は，知的障害者である児童を教育する特別支援学校の各教科（知的障害教科）の目標や内容を取り扱うことから，各教科の学習の記録の方法が異なってくる。

　以下，指導要録に記載する事項について見ていく。

学籍に関する記録

　特別支援学級に在籍している場合も，障害のない児童の場合と同様に次の事項について記録する。①児童の氏名，性別，生年月日及び現住所，②保護者の氏名及び現住所，③入学前の経歴，④入学・編入学等，⑤転入学，⑥転学・退学等，⑦卒業，⑧進学先，⑨学校名及び所在地，⑩校長氏名印，学級担任者氏名印。

指導に関する記録

　特別支援学級における指導に関する記録については，小学校あるいは中学校における指導に関する記録に記載する事項に加えて，自立活動の記録について学年ごとに作成するほか，入学時の障害の状態について作成する。

　特別支援学級に在籍する児童については，個別の指導計画を作成する必要があることから，指導に関する記録を作成するに当たって，個別の指導計画における指導の目標，指導内容等を踏まえた記述となるよう留意する。

また，知的障害のある児童の場合，障害の状態等に即して，学校教育法施行規則第 130 条の規定に基づき，各教科の全部若しくは一部について合わせて授業を行った場合又は各教科，道徳科，外国語活動，特別活動及び自立活動の全部若しくは一部について合わせて授業を行った場合並びに特別支援学校小学部・中学部学習指導要領（平成 29 年告示）第 1 章第 8 節の規定（重複障害者等に関する教育課程の取扱い）を適用した場合にあっては，その教育課程や観点別学習状況を考慮し，必要に応じて様式等を工夫して，その状況を適切に端的に記入する。

　特別支援学級に在籍する児童の指導に関する記録については，必要がある場合，特別支援学校小学部・中学部の指導要録に準じて作成する。

　なお，障害のある児童について作成する個別の指導計画に指導要録の指導に関する記録と共通する記載事項がある場合には，当該個別の指導計画の写しを指導要録の様式に添付することをもって指導要録への記入に替えることも可能である。

第4章

2 障害のある児童の指導要録の取扱い

3

指導要録記入上の留意事項

特別支援学級に在籍する児童

　特別支援学級は，学校教育法第81条第2項の規定による障害のある児童生徒を対象とする学級である。対象となる児童生徒の障害の種類や程度によっては，障害のない児童生徒の教育課程をそのまま適用することが必ずしも適切でない場合がある。

　そのため学校教育法施行規則第138条によって，特別の教育課程によることができることとなっている。特別支援学級において特別の教育課程を編成する場合には，学級の実態や児童生徒の障害の程度等を考慮の上，特別支援学校小学部・中学部学習指導要領を参考として編成することになる。その際，先に述べたように自立活動は必ず取り入れることとなっている。

　その他，各教科の目標や内容を下学年の教科の目標や内容に替えたり，各教科を知的障害教科に替えたりするなどして，実態に応じた教育課程を編成する必要がある。

知的障害がない場合

　指導に関する記録のうち，各教科の学習の記録，特別の教科　道徳，外国語活動の記録，総合的な学習の時間の記録，及び特別活動の記録については，小学校，特別支援学校（視覚障害，聴覚障害，肢体不自由又は病弱）小学部の指導要録に準じて作成する。

　各教科の学習の記録については，小学校及び特別支援学校（視覚障害，聴覚障害，肢体不自由又は病弱）小学部における観点別学習状況に基づいて，小学校学習指導要領及び特別支援学校小学部・中学部学習指導要領に示す各教科の目標に照らして，その実現状況を観点ごとに評価し記入する。その際，「十分満足できる」状況と判断されるものをA，「おおむね満足できる」状況と判断されるものをB，「努力を要する」状況と判断されるものをC，のよ

200

うに区別して評価を記入する。

　小学校及び特別支援学校（視覚障害，聴覚障害，肢体不自由又は病弱）小学部における各教科の評価の観点について，設置者は，小学校学習指導要領等を踏まえ，設定することとなっている。各教科の目標や内容を下学年の教科の目標や内容に替えた場合には，そのことが分かるように付表等を付ける必要がある。

知的障害のある場合

　各教科を，知的障害教科に替えた場合の各教科の学習の記録については，特別支援学校小学部・中学部学習指導要領（平成 29 年告示）に示す小学部の各教科の目標，内容に照らし，各教科の評価の観点及びその趣旨を踏まえ，具体的に定めた指導内容，実現状況等を箇条書き等により文章で端的に記述することになっている。

　これまで，知的障害教科では，学校教育法施行規則 130 条の 2 に基づいて領域や教科を合わせた指導を行うことが可能であることから，観点別評価を行っていなかった。新学習指導要領では，知的障害教科が小学校の各教科と同様に，「知識及び技能」「思考力，判断力，表現力等」「学びに向かう力，人間性等」の三つの柱から目標と内容が整理されたことにより，観点別評価を行うこととなった。

　ただし，知的障害の状態が個々の児童によって異なることから，指導要録においては，教科ごとに観点別に児童の学習の状況を文章によって記述する。指導要録の様式は設置者が適切に定めることとなっているため，これまでも特別支援学校における知的障害教科の指導要録の様式については，都道府県によって異なっている場合もあり，新学習指導要領においても同様である。

　したがって特別支援学級の指導要録においても知的障害教科の場合は，各教科の学習の記録の様式が設置者によって異なると考えられる。図（p202）に，知的障害教科の場合の学習の記録の様式を例示した。ここでは各教科において，3 観点別の欄を設けているが，3 観点を踏まえて箇条書きにすることもある。

　なお，特別支援学校（知的障害）小学部における「行動の記録」については，小学校及び特別支援学校（視覚障害，聴覚障害，肢体不自由又は病弱）

小学部における行動の記録に関する考え方を参考としながら文章で端的に記述することとなっていることから，特別支援学級の場合も同様である。

教科	観点　　　　　　　　　学年	1
生活	活動や体験の過程において，自分自身，身近な人々，社会及び自然の特徴や変化に気付くとともに，身近な生活において必要な習慣や技能を身に付けるようにする。	
	自分自身や身の回りの生活のことや，身近な人々，社会及び自然と自分の関わりに気付き，感じたことを表現しようとする。	
	自分のことに取り組もうとしたり，身近な人々，社会及び自然に自ら働きかけようとしたり，意欲や自信を持って学んだり，生活に生かそうとしたりする態度を養う。	
国語	日常生活に必要な身近な言葉を身に付けるとともに，いろいろな言葉や我が国の言語文化に触れることができるようにする。	
	言葉が表す事柄を想起したり受け止めたりする力を養い，日常生活における人との関わりの中で伝え合い，自分の思いをもつことができるようにする。	
	言葉が持つよさを感じるとともに，読み聞かせに親しみ，言葉でのやりとりを聞いたり伝えたりしようとする態度を養う。	

図　知的障害教科の場合の各教科の学習の記録の例

特別支援学級に共通する事項

（1）「自立活動の記録」については，個別の指導計画を踏まえ，以下の事項等を端的に記入する。

① 指導目標，指導内容，指導の成果の概要に関すること

② 障害の状態等に変化が見られた場合，その状況に関すること

③ 障害の状態を把握するため又は自立活動の成果を評価するために検査

を行った場合，その検査結果に関すること

（2）　合科，領域や教科を合わせた指導を行った場合，重複障害者等に関する教育課程の取扱いを適用した場合も，各教科の目標，内容に照らし，各教科の評価の観点及びその趣旨を踏まえ，具体的に定めた指導内容，実現状況等を箇条書き等により文章で端的に記述する。

（3）　「入学時の障害の状態」については，障害の種類及び程度等を記入することとなっている。特別支援学級においても必要な場合は，様式を準用し，診断名，身体障害者手帳，療育手帳等の等級等を簡潔に記載する。

（4）　「総合所見及び指導上参考となる諸事項」については，通常の学級に準じて作成するほか，交流及び共同学習を実施した児童について，相手先の学級，実施期間，実施した内容や成果等を記入する。

通級による指導を受けている児童

　通級による指導は，学校教育法施行規則第140条の規定にある障害のある児童を対象とするもので，主として各教科等の指導を通常の学級で行ないがら，当該児童の障害に応じた特別の指導を特別の場（通級指導教室）で行う教育形態である。この特別の指導については，小学校学習指導要領第3章第4の2（1）のウには，「障害のある児童に対して，通級による指導を行い，特別の教育課程を編成する場合には，特別支援学校小学部・中学部学習指導要領第7章に示す自立活動の内容を参考とし，具体的な目標や内容を定め，指導を行うものとする。その際，効果的な指導が行われるよう，各教科等と通級による指導との関連を図るなど，教師間の連携に努めるものとする」と述べられている。

　指導要録では，通級による指導を受けている児童については，「総合所見及び指導上参考となる諸事項」の欄に通級による指導を受けた学校名，通級による指導の授業時数，指導期間，指導の内容や結果等を端的に記入することとなっている。個別の指導計画を作成している場合において当該指導計画に上記に関わる記載がなされている場合には，その写しを指導要録の様式に添付することをもって指導要録への記入に替えることも可能である。

通級による指導を受けている児童は，通常の学級に在籍していることから，学習評価は在籍学校で行うことになる。そのため，通級指導教室における評価について，通級指導担当の教師と在籍学級の担任教師との間で連携を密にして，指導内容やその結果等を十分に把握し，指導要領に適切に記載する必要がある。

通級による指導の対象となっていないが，教育上特別な配慮を必要とする児童

通級による指導の対象となっていない児童で，教育上特別な配慮を必要とする場合については，必要に応じ，効果があったと考えられる指導方法や配慮事項を「総合所見及び指導上参考となる諸事項」の欄に端的に記入する。なお，通級による指導を受けている児童と同様に個別の指導計画を作成している場合において当該指導計画に上記にかかわる記載がなされている場合には，その写しを指導要録の様式に添付することをもって指導要録への記入に替えることも可能である。

教育上特別な配慮を必要とする児童の中には，通級による指導の対象となる程度の困難のある場合ばかりではなく，学級担任や校内での指導上の配慮を行うことにより学習上，生活上の困難を軽減・克服することができる場合も少なくない。また，発達障害等の診断はなされていないが，学習上，生活上の困難のある場合もある。このような場合，通常の学級で行った指導方法の工夫や配慮の中で，学年を越えて引き継いでいくべき効果があったと考えられる事項があれば，個別の指導計画に記載するとともに指導要録にも記述し，指導や援助が一貫性を持つように引き継ぐことが重要である。

4

評価方法・資料収集の工夫

　障害のある児童の障害の状態等は，一人一人異なるため，特別支援学級や通級による指導においては，児童の実態を踏まえて個別の指導計画を作成し，個々の指導目標を明確にし，その目標を達成するための指導方法を工夫しなくてはならない。

　各教科に関する個別の指導計画については，特別支援学校小学部・中学部学習指導要領（第1章第3節の3の（3）のイ）に「各教科等の指導に当たっては，個々の児童又は生徒の実態を的確に把握し，次の事項に配慮しながら，個別の指導計画を作成すること」と記載されている。各教科において作成する個別の指導計画は，児童一人一人の各教科の習得状況や既習事項を確認するための実態把握が必要である。また，児童が卒業するまでに各教科等の指導を通してどのような資質・能力の育成を目指すのか，各教科の指導内容の発展性を踏まえ，指導目標を明確にすることが大切である。さらに，指導内容を習得し指導目標を達成するために，児童一人一人に対する指導上の配慮事項を付記するなど，児童の実態や各教科等の特質等を踏まえて，様式を工夫して作成することが大切である。

　また，自立活動に関する個別の指導計画については，特別支援学校小学部・中学部学習指導要領（第7章自立活動の第3の1）に，「自立活動の指導に当たっては，個々の児童又は生徒の障害の状態や特性及び心身の発達の段階等の的確な把握に基づき，指導すべき課題を明確にすることによって，指導目標及び指導内容を設定し，個別の指導計画を作成するものとする。その際，第2に示す内容の中からそれぞれに必要とする項目を選定し，それらを相互に関連付け，具体的に指導内容を設定するものとする」と記載されている。自立活動の内容は，各教科のようにその全てを取り扱うものではなく，個々の児童の実態に即した指導目標を達成するために必要な項目を選定して取り扱うものである。そのため，自立活動の個別の指導計画を作成するに当

205

たっては，まず，個々の児童の実態把握に基づき，指導すべき課題を整理し，指導目標を明らかにした上で，第7章の第2に示す内容の中から必要な項目を選定し，それらを相互に関連付けて具体的な指導内容を設定することが必要である。また，個別の指導計画に基づく系統的な指導を展開するためには，個別の指導計画の作成担当者は，なぜその指導目標を設定したのかなど，その設定に至るまでの考え方（指導仮説）について記述し，次の担当者に引き継ぐような工夫も大切である。なお，自立活動の指導における個別の指導計画の作成については，「特別支援学校学習指導要領解説－自立活動編－」において詳述されているので参照されたい。

　このように，個別の指導計画は，各教職員の共通の理解の下に，一人一人に応じた指導をいっそう進めるためのものである。よって，個別の指導計画の作成の手順や様式は，それぞれの学校が児童の実態や各教科や自立活動等の特質を踏まえて，指導上最も効果が上がるように工夫して作成することが大切である。

　個別の指導計画は，児童の実態を把握した上で作成されたものであるが，児童にとって適切な計画であるかどうかは，実際の指導を通して明らかになるものである。したがって，計画（Plan）－実践（Do）－評価（Check）－改善（Action）のサイクルにおいて，適宜評価を行い，指導目標や指導内容，指導方法を改善し，より効果的な指導を行う必要がある。

　評価に当たっては，指導目標や手立てや配慮や工夫などに対応して観点を決めて，指導記録をつけていくことが重要である。記録は，たとえば学習面，生活・行動面に大きく分け，どのような場面で，どのような手立てや配慮や工夫が行われ，どのようにできたのか，などについて具体的に記述することが望ましい。学習状況を把握するには，テストのほか，観察，ノートや提出物の確認，授業中の発言や態度など多様な方法を組み合わせ，よりきめ細かい記録となるようにする。標準化された知能検査や心理検査などを行って，発達の状況や認知特性などを客観的に把握することも重要である。

　個別の指導計画の作成，指導の記録，心理検査の解釈，そして評価は，担任一人だけで行うことは限界がある。当該児童に係る複数の教員で協議をしながら進めることが重要である。

第5章

補助簿・通知表・調査書

1 補助簿——指導記録——
　指導要録，補助簿，通知表及び調査書の関係 … 208
　補助簿の意義と機能 … 209
　補助簿の内容と様式 … 211
　取扱い上の注意 … 214

2 通知表と指導要録
　機能上の相違 … 215
　評価の内容・方法上の異同 … 215

3 調査書と指導要録
　目的上の相違 … 217
　高等学校入学者選抜での利用をめぐって … 217

1 補助簿──指導記録──

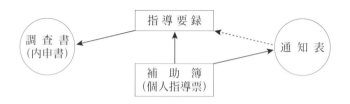

指導要録，補助簿，通知表及び調査書の関係

　指導要録，補助簿，通知表，調査書，この四つは，その目的と性格は互いに異なっているが，その間にはかなり密接な関連がある（上図参照）。

　時系列で見ると，まずはじめに補助簿があって，これに基づいて通知表が作成されて，次に指導要録が作成される。そして，指導要録に基づき調査書（内申書）が作成される，といった順序であり，関係である。

　通知表と指導要録では，指導要録は学年末に作成され，それに先行して通知表は各学期末に作成されて児童生徒に渡される。どちらが原本的性格が強いかというと，それは指導要録である。指導要録は，「通知表のもと」とよく言われるように，多くの学校が，通知表の内容や様式を決定するときに，指導要録の様式や評価法をよりどころにすることが多い。例えば，指導要録で，「各教科の学習の記録」が，観点別学習状況と評定で示されると，通知表でも，これに類似した様式がとられる傾向がある。これは，通知表の様式や評価法が，指導要録のそれとまったく無関係であっては，二元的となり，理論上もおかしなものであるし，教師の実務上も二重の手数となり，厄介だからである。

　調査書（内申書）は，記録様式はともかくとしても，その評価・記録の内容は，指導要録に記録されているところに即している必要がある。指導要録の機能の一つである証明機能は，具体的にはこの調査書で果たされている場

合が多い。もし調査書の記録が，指導要録のそれを離れているということであれば，その妥当性，信頼性を失うことになる。

　このように補助簿，通知表，調査書は，指導要録と関係が深い。しかし，その目的や機能は違うので，記録の様式や評価法に微妙に異なるところもある。そこで，それぞれについて，もう少し詳しく述べてみることにする。

補助簿の意義と機能

　教師は，平常，児童生徒の学習指導や生活指導を行いながら，並行して児童生徒の態度や行動や学習成果などを観察したり，テストしたりする。そして，それを記録しておき，必要に応じて後の指導や外部への証明に役立てるための記録簿が必要である。この種の記録簿は，以前から補助簿と呼ばれていた。元来，「補助簿」とは「指導要録補助簿」の略称であるから，指導要録作成のための補助的帳簿ということになる。学年末に指導要録を作成するためには，平常から，個々の児童生徒について，できるだけ多くの資料を収集し，記録しておいて，学年末に困らないようにしなければならない。これらの平常の評価資料を記憶しておくので補助簿というのである。しかし，個々の教師にとっては，一人一人の児童生徒をよく理解し，より適切な指導をしていくための，最も大切な帳簿ということになる。指導にとっても評価にとっても補助的な帳簿ではなく，主たる帳簿ということである。したがって，補助簿との名称は必ずしも適切ではない。児童（生徒）指導簿，児童（生徒）カルテ，児童（生徒）指導記録，指導の記録，個人指導票，個人指導記録，教務手帳，学級経営簿など，いろいろと呼ばれているのは，そのためである。

　この記録を，教師の指導のための資料の宝庫とするためには，各児童生徒の過去の指導要録の内容も含めて，今後の指導上特に重要と思われる情報を転記しておくことである。

　なお，補助簿のおもな目的・機能は，①指導要録や通知表作成のための基礎資料と，②児童生徒の理解と指導のための資料，の二つである。

指導要録や通知表作成のための基礎資料

　時間的には，補助簿の記録が先にできて，通知表は各学期末，指導要録は学年末というように後に作成される。通知表や指導要録は，詳細かつ具体的に記録されている補助簿の記録を整理し，要約して作成されるということである。すなわち補助簿の記録が，通知表と指導要録の基礎であり，証拠であって，その信頼性・妥当性は補助簿によって保証されている。「通知表・指導要録の台帳」とでも言うべきものである。

　したがって，これがいい加減であれば，通知表，指導要録，調査書は信憑性がないことになる。教師は，補助簿の記録の質を高めるために，各児童生徒について，平常の観察・評価の妥当性，信頼性，客観性を高めることに努めるとともに，その観察や評価の回数を多くすることに配慮しなければならない。

児童生徒の理解と指導のための資料

　指導要録は，指導機能と証明機能の二つの機能を持っている。指導要録の指導機能は，各児童生徒の次学年以降の担任教師に対して，指導のための参考資料を提供するという意味での指導機能である。これに対して，補助簿の指導機能は，現在の担任教師のための一年間にわたる日々の指導の記録とふり返りという意味での指導機能である。指導要録の指導機能よりもはるかに大きく，重要なことは，だれの目にも明らかである。

　教師は，担任している児童生徒の理解と指導には資料や情報を必要とし，その大きな情報源として二つの記録簿が考えられる。第一は，担任自身が現在記録累積しつつある補助簿（指導記録簿）である。第二は，過去に関する記録簿である指導要録である。この二つの記録資料を，十分利用してはじめて，一人一人を十分理解し，最適の指導計画を立てることができよう。

　これからの教育では，児童生徒一人一人の興味や関心，発達や学習の課題等を踏まえ，それぞれの個性に応じた学びを引き出し，一人一人の資質・能力を高めていくことが重要となる。その実現のためには，各児童生徒について，豊富な資料を収集し，蓄積する必要があり，補助簿の整備が肝要である。

補助簿の内容と様式

　補助簿の内容としては，指導要録の内容やその学校の通知表の内容が含まれることは言うまでもないが，さらに，期待されている児童生徒の理解と指導の機能を十分果たすに足るだけの内容を含んでいなければならない。文部科学省編「生徒指導提要」（平成22年3月）や，実際の補助簿等も参考にして検討してみると，次のような内容が考えられよう。

(1)　児童生徒の生年月日，保護者，住所，及び家庭環境・生育歴・学校歴等における特記すべき事項についての記録（学籍に関する記録）

(2)　児童生徒の過去における指導要録から，今後の指導上特に参考にすべき事項の転記。ただし，これは独立して一括しないで，以下の(4)～(9)の内容のそれぞれに分けて記入するのが望ましいであろう。

(3)　出欠席，遅刻等の記録

(4)　各教科の学習の記録

(5)　「特別の教科　道徳」の評価（学習状況及び道徳性に係る成長の様子）

(6)　外国語活動の記録（小学校のみ）

(7)　総合的な学習の時間の記録

(8)　特別活動の記録

(9)　行動の記録

(10)　進路指導の記録（中学校のみ）

(11)　学力等に関する標準検査の記録等指導上参考となる諸事項，その他

　以上のような内容であるが，どのような様式（表簿）にするかについては，各学校で工夫する必要がある。例えば，教科別の学習一覧表といったように，内容別に学級全員について記録表にする様式がある。一冊の帳簿に全部の内容について全児童生徒の記録を集める様式もある。児童生徒別の個人票の形式にする様式もあるが，新しい教育課程では，児童生徒の一人一人の発達をどのように支援するかが重視されているので，一人一人についてのファイルを考えるのが最善であろう。

　病院の患者別のファイルのように，いろいろな資料もはさみこめ，記録の個別化，蓄積に便利である。さらに，学校としての保存，管理もしやすく，

担任以外の教員も，閲覧，活用しやすい。次の担任へも渡しやすい優れた様式である。なお，こうした利便性は，電子化によって一層の向上が期待できる。

ファイルすべき内容ごとの様式を，次に考えてみることにする。

⑴　学籍に関するもの

ファイルの1枚目は，表に指導要録の「学籍に関する記録」と同じものを入れる。裏には，児童生徒の家から学校までの案内図，緊急時の連絡方法，近所の同級生名簿等，学校にとって必要と思われるものを入れるとよい。

⑵　過去の指導要録からの転記，前担任からの申し継ぎ

ファイルの2枚目は，指導要録の「指導に関する記録」の様式をそのまま用いてもよい。指導要録の記録で，指導の参考となるものの転記がしやすく，そして，申し継がれたことも，関係ある欄に分類，整理して記入しやすい。

⑶　出欠席，遅刻等の記録

ファイルの3枚目は，これから述べる内容のすべての欄を1枚の表，裏に入れた4月分の記入用である。それぞれの欄を，表，裏のどこに置くかは，どこに置けば記入しやすいかで考えればよい。「出欠の記録」欄の内容，区分は，指導要録と同じで，記入欄は4月分だけの1段にする。

⑷　各教科の学習の記録

指導要録の観点別学習状況を，次の例のように，教科，観点はそのまま，学年のところを空欄として，テスト等の結果や「総合所見及び指導上参考となる諸事項」に記入することになっている「所見」の素材を，ここに記入する。そのほうが，指導に活用しやすい。補助簿が，指導にとっては主たる帳簿といわれるゆえんである。なお，7月分，12月分，3月分という学期末分，学年末分には，評定欄を入れる必要がある。

教科	観　　点	
国語	知識・技能	
	思考・判断・表現	
	主体的に学習に取り組む態度	

⑸　外国語活動の記録（小学校3・4年のみ）

指導要録の欄を用い，観点はそのままで，学年の欄を一つにして，学年という表示をなくせばよい。「所見」についての素材も，この欄に記入する。

⑹　総合的な学習の時間の記録

指導要録の欄をそのまま用いる。ただし，それぞれの月のためには，学年ごとに欄を分ける必要はなく，一つでよい。学習活動，観点，評価はそのままで，学年を消して1マスにすればよい。他の欄と同様に，「所見」についての素材は，ここに記入する。

⑺　特別活動の記録

指導要録の欄を，内容はそのまま，観点は学校として設けたものを入れ，学年のところには欄の名称はなくして内容ごとに一つの欄にする。事実及び所見にかかわる素材もここに記入する。

⑻　行動の記録

指導要録の欄を，項目はそのままにする。目のつけどころを絶えず念頭に置いて記入するためである。学年の欄は項目ごと，学年ごとの線をなくして，全体を一つにして記入しやすくする。そして，行動の特質（特に優れている点），問題のある行動とその処置，相談の経過，交友関係等に関する資料などを記入する。これら以外でも，「所見」の記入に必要な素材があれば記入する。

⑼　進路指導の記録（中学校のみ）

指導要録には独立した欄はないが，中学校では，補助簿には必要な欄である。空欄一つでよい。模擬テストの結果，進路適性検査の結果，進路相談の経過，「所見」の素材などを記入する。

⑽　指導上参考となる諸事項

「所見」についての素材は，関係のある各欄に記入する。指導に活用するのに便利だからである。したがって，補助簿では，「指導上参考となる諸事項」を記入する欄を設けることになる。大きな空欄を一つでもよい。

しかし，個に応じた指導のためには，標準化された検査，なかでも知能検査（認知能力検査）の結果は重要なので，活用しやすくするために，標準化された検査とその他は別々の欄にすべきだとの意見がある。二つに分けるの

も一つの考え方である。

　特徴・特技，学校内外におけるボランティア活動など社会奉仕体験活動，表彰を受けた行為や活動，学力について標準化された検査の結果等を記入する。標準化された検査については，検査月日，名称，結果などを記入するが，結果は指導に活用できるよう詳細なものがよい。

　現在では，検査結果は個票で示されることが多いので，そのままファイルにはさみこむのも一つの方法である。なお，総合所見は，年度末の3月のこの欄に記入すればよい。

　以上のように，ファイルは，1枚目は「学籍に関する記録」，2枚目は過去の指導要録からの転記と前担任からの申し継ぎ，3枚目は，「指導に関する記録」と「出欠の記録」の4月分，4枚目以下は，その5月分〜3月分ということで，合計14枚で構成する。そして，答案，作品等必要と思われるものは，はさみこんだり，記録したものを加えたりするとよい。

取扱い上の注意

　補助簿は公簿ではなく，担任教師の私的帳簿の性格が強いだけに，成績，日常の行動，問題点等が赤裸々に記録されている。取扱いによっては，プライバシーの侵害の危険性がある。マル秘扱いにするのが適当なほどであるので，取扱いには慎重を期したい。電子化した際は，いっそうの注意が必要である。取扱いで迷うような場合は，必ず管理職と相談することである。

2

通知表と指導要録

機能上の相違

　指導要録は指導のための情報源としての指導機能と，進学・就職の場合等における証明原簿としての証明機能との二つの機能を持っている。通知表の機能や目的は，もっぱら指導のためであって，証明や管理の目的はほとんど持っていない。その学期における学習状況や成績等を保護者や本人に知らせ，進歩の状況や長所・短所などを確認させ，今後の学習を動機付けたり，家庭での指導の参考にしてもらう。

　通知表の指導機能は，さらに，現在の教育の在り方，学校や学級の教育目標や努力事項，各教科の学習における着眼点，生活指導の目標等まで保護者や本人に認識させることもできる。指導要録は，保護者や本人にとっては影の存在であって，直接に関わりを持つのは通知表なのである。

　また，指導要録は法律で定められており，校長はこれを作成し，一定期間保存する義務を負っている。これに対し，通知表は法定簿ではないので，発行するかしないか，また発行するとした場合，どんな名称で，どんな内容で発行するかなどは，学校の自由である。ただ，現実には，教育上必要であるから，全国ほとんどの学校でこれを発行している。

評価の内容・方法上の異同

　指導要録と通知表は，その目的・機能が同一ではないので，記載内容が同一である必要はない。今回の通知では，域内の各学校において，指導要録の「指導に関する記録」に記載する事項を全て満たす通知表を作成するような場合には，指導要録と通知表の様式を共通のものとしてもよいことを明記している。また，教師の勤務負担軽減のためにも，統合型校務支援システム等

による電子化を進め，両者のデータの連動を図ることを推奨している。

　評価の方法についても，その目的・機能の違い等の理由から，両者には当然違いがあってもよい。しかし，違うのがよいということではない。

　このことで一番問題になるのは，教科の学習の評価の方法である。指導要録の証明機能は，主として「評定」によっており，その指導機能は，主として「観点別学習状況」と「所見」によっている。「観点別学習状況」の目標準拠評価（絶対評価）によって，指導要録の指導機能は強化された。しかし，その実施状況は必ずしも正確，適切ではなく，趣旨は普及徹底していない。

　指導要録の「各教科の学習の記録」の「評定」には，証明機能を果たす役割がある関係上，その評価法は，従来，比較的信頼性・客観性の高い相対評価を中心として用いていた。現在では，信頼性・客観性への不安を解消しないまま，教育上望ましいということから，目標準拠評価（絶対評価）を用いている。信頼性・客観性を確保する策を立て，実行を急ぐことが必要である。

　先述のとおり，通知表は法定簿ではないので，児童生徒が努力をする気になる情報，保護者が児童生徒の状況や学校教育が目指しているところを理解し，信頼して協力できる情報となるように，各学校で，次のような工夫をする。

①　欄の順序や内容を，現在の教育の考え方や学校の教育方針に沿って構成し，現在の教育の考え方や学校の教育方針を理解し，協力してもらう。

②　児童生徒の学習状況，進歩の状況，優れているところと劣っているところ，学年・クラスの評定の分布などを知らせ，保護者に関心と協力を求める。

③　児童生徒が記入する欄を設けるなど，学習状況，進歩の状況，長所や改善点を自己評価する機会を与え，今後の努力を動機付ける。

④　保護者から，教育についての質問，要望，児童生徒の家庭における状況，家庭での教育の考え方などを連絡する機会とし，密接な協力関係をつくる。

　いろいろな意見はあるが，指導要録は，専門家会議で，評価の現状と傾向を検討し，評価の在り方を示した国の基準である。したがって，通知表は，指導要録と大筋では一致し，一貫するように作成するのがよいということである。

3

調査書と指導要録

目的上の相違

　調査書（内申書ともいう）は，高等学校や大学等における入学者選抜の資料であるから，その目的・機能は，管理的な証明機能であり，指導機能はほとんどない。高等学校や大学等が，選抜資料として重視すればするほど，その証明機能は大きくなり，これを作成する学校の責任もまた，ますます大きくなる。したがって，教師が平常十分信頼性・妥当性のある評価を行い，資料を集積しておくことが大切である。

高等学校入学者選抜での利用をめぐって

　調査書は，在学中の本人の状態を，必要な項目ごとに記入し，進学先，就職先へあらかじめ届けるものである。その在学中の状態を記録してあるのが指導要録であるから，それに基づいて記入することになる。指導要録のすべての内容を調査書に写すのではないが，写した部分については原則として指導要録に忠実に従うべきで，勝手に改めてはならない。指導要録の証明機能を最も代表しているのが調査書であり，その記載内容については，高い信頼性・客観性が要求される。

　今回の指導要録の改訂について検討した報告によれば，高等学校入学者選抜において調査書に基づき中学校の学習評価を利用することについては，主に以下のメリットがあるとされる。

　① 学力検査を実施しない教科等の学力を把握することができること。
　② 学力検査当日の一時点での成績だけでなく，中学校の一定期間における学習評価を踏まえることで，当該生徒の学力をより正確・公平に把握することができること。

217

③　学力検査では把握することが難しい観点も含め，「知識・技能」，「思考・判断・表現」，「主体的に学習に取り組む態度」の各観点をバランスよく把握することができること。

　一方では，中学校の通常の授業で行われる日常的な評価が，厳格な公平性が求められる入学者選抜に利用されると，教師が評価材料の収集や記録，保護者への説明責任を果たすことに労力を費やす一方で，学習評価を生徒の学習改善や教師の指導の改善につなげていくという点がおろそかになる，といった課題も指摘されている。

　中学校における学習評価は，学習や指導の改善を目的として行われているものであり，高等学校入学者選抜に用いることを一義的な目的として行われるものではない。しかしながら，高等学校入学者選抜において調査書が大きな比重を占めていることから，これが中学校における学習評価やひいては学習活動に大きな影響を与えているという。

　以上は，調査書を作成する側だけでなく，それを利用する側にとっても課題である。今回の通知では，高等学校及びその設置者に対して，入学者選抜について次の改善を求めている。

①　新学習指導要領の趣旨を踏まえた各高等学校の教育目標の実現に向け，入学者選抜の質的改善を図るため，改めて入学者選抜の方針や選抜方法の組合せ，調査書の利用方法，学力検査の内容等について見直すこと。

②　調査書の利用に当たっては，そのねらいを明らかにし，学力検査の成績との比重や，学年ごとの学習評価の重み付け等について検討すること。例えば都道府県教育委員会等において，所管の高等学校に一律の比重で調査書の利用を義務付けているような場合には，各高等学校の入学者選抜の方針に基づいた適切な調査書の利用となるよう改善を図ること。

③　入学者選抜の改善に当たっては，新学習指導要領の趣旨等も踏まえつつ，学校における働き方改革の観点から，調査書の作成のために中学校の教職員に過重な負担がかかったり，生徒の主体的な学習活動に悪影響を及ぼしたりすることのないよう，入学者選抜のために必要な情報の整理や市区町村教育委員会及び中学校等との情報共有・連携を図ること。

付録

小学校，中学校，高等学校及び特別支援学校等における
　児童生徒の学習評価及び指導要録の改善等について（通知）… 220
小学校及び特別支援学校小学部の指導要録に記載する
　事項等 [別紙 1] … 227
各教科等・各学年等の評価の観点等及びその趣旨（小学校）…234
◆小学校児童指導要録（参考様式）… 245
◆中学校生徒指導要録（参考様式）… 248
◆保育所児童保育要録（様式の参考例）… 251
◆幼稚園幼児指導要録（様式の参考例）… 254

30 文科初第 1845 号
平成 31 年 3 月 29 日

各都道府県教育委員会教育長殿
各指定都市教育委員会教育長殿
各都道府県知事殿
附属学校を置く各国公立大学長殿
小中高等学校を設置する学校設置会社
を所轄する構造改革特別区域法第 12 条
第 1 項の認定を受けた各地方公共団体の長殿

文部科学省初等中等教育局長

永 山 賀 久

小学校，中学校，高等学校及び特別支援学校等における児童生徒の学習評価及び指導要録の改善等について（通知）

　この度，中央教育審議会初等中等教育分科会教育課程部会において，「児童生徒の学習評価の在り方について（報告）」（平成 31 年 1 月 21 日）（以下「報告」という。）がとりまとめられました。

　報告においては，新学習指導要領の下での学習評価の重要性を踏まえた上で，その基本的な考え方や具体的な改善の方向性についてまとめられています。

　文部科学省においては，報告を受け，新学習指導要領の下での学習評価が適切に行われるとともに，各設置者による指導要録の様式の決定や各学校における指導要録の作成の参考となるよう，学習評価を行うに当たっての配慮事項，指導要録に記載する事項及び各学校における指導要録作成に当たっての配慮事項等を別紙 1～5 及び参考様式のとおりとりまとめました。

　ついては，下記に示す学習評価を行うに当たっての配慮事項及び指導要録に記載する事項の見直しの要点並びに別紙について十分に御了知の上，各都道府県教育委員会におかれては，所管の学校及び域内の市区町村教育委員会に対し，各指定都市教育委員会におかれては，所管の学校に対し，各都道府県知事及び小中高等学校を設置する学校設置会社を所轄する構造改革特別区域法第 12 条第 1 項の認定を受けた各地方公共団体の長におかれては，所轄の学校及び学校法人等に対し，附属学校を置く各国公立大学長におかれては，その管下の学校に対し，新学習指導要領の下で，報告の趣旨を踏まえた学習指導及び学習評価並びに指導要録の様式の設定等が適切に行われるよう，これらの十分な周知及び必要な指導等をお願いします。さらに，幼稚園，特別支援学校幼稚部，保育所及び幼保連携型認定こども園（以下「幼稚園等」という。）と小学校（義務教育学校の前期課程を含む。以下同じ。）及び特別支援学校小学部との緊密な連携を図る観点から，幼稚園等においてもこの通知の趣旨の理解が図られるようお願いします。

なお，平成 22 年 5 月 11 日付け 22 文科初第 1 号「小学校，中学校，高等学校及び特別支援学校等における児童生徒の学習評価及び指導要録の改善等について」のうち，小学校及び特別支援学校小学部に関する部分は 2020 年 3 月 31 日をもって，中学校（義務教育学校の後期課程及び中等教育学校の前期課程を含む。以下同じ。）及び特別支援学校中学部に関する部分は 2021 年 3 月 31 日をもって廃止することとし，また高等学校（中等教育学校の後期課程を含む。以下同じ。）及び特別支援学校高等部に関する部分は 2022 年 4 月 1 日以降に高等学校及び特別支援学校高等部に入学する生徒（編入学による場合を除く。）について順次廃止することとします。

　なお，本通知に記載するところのほか，小学校，中学校及び特別支援学校小学部・中学部における特別の教科である道徳（以下「道徳科」という。）の学習評価等については，引き続き平成 28 年 7 月 29 日付け 28 文科初第 604 号「学習指導要領の一部改正に伴う小学校，中学校及び特別支援学校小学部・中学部における児童生徒の学習評価及び指導要録の改善等について」によるところとし，特別支援学校（知的障害）高等部における道徳科の学習評価等については，同通知に準ずるものとします。

記

1. 学習評価についての基本的な考え方
(1) カリキュラム・マネジメントの一環としての指導と評価
　「学習指導」と「学習評価」は学校の教育活動の根幹であり，教育課程に基づいて組織的かつ計画的に教育活動の質の向上を図る「カリキュラム・マネジメント」の中核的な役割を担っていること。
(2) 主体的・対話的で深い学びの視点からの授業改善と評価
　指導と評価の一体化の観点から，新学習指導要領で重視している「主体的・対話的で深い学び」の視点からの授業改善を通して各教科等における資質・能力を確実に育成する上で，学習評価は重要な役割を担っていること。
(3) 学習評価について指摘されている課題
　学習評価の現状としては，(1)及び(2)で述べたような教育課程の改善や授業改善の一連の過程に学習評価を適切に位置付けた学校運営の取組がなされる一方で，例えば，学校や教師の状況によっては，
・学期末や学年末などの事後での評価に終始してしまうことが多く，評価の結果が児童生徒の具体的な学習改善につながっていない，
・現行の「関心・意欲・態度」の観点について，挙手の回数や毎時間ノートをとっているかなど，性格や行動面の傾向が一時的に表出された場面を捉える評価であるような誤解が払拭しきれていない，
・教師によって評価の方針が異なり，学習改善につなげにくい，
・教師が評価のための「記録」に労力を割かれて，指導に注力できない，
・相当な労力をかけて記述した指導要録が，次の学年や学校段階において十分に活用

付録

通知

されていない,

といった課題が指摘されていること。

⑷　学習評価の改善の基本的な方向性

　⑶で述べた課題に応えるとともに，学校における働き方改革が喫緊の課題となっていることも踏まえ，次の基本的な考え方に立って，学習評価を真に意味のあるものとすることが重要であること。

【1】児童生徒の学習改善につながるものにしていくこと

【2】教師の指導改善につながるものにしていくこと

【3】これまで慣行として行われてきたことでも，必要性・妥当性が認められないものは見直していくこと

これに基づく主な改善点は次項以降に示すところによること。

2. 学習評価の主な改善点について

⑴　各教科等の目標及び内容を「知識及び技能」，「思考力，判断力，表現力等」，「学びに向かう力，人間性等」の資質・能力の三つの柱で再整理した新学習指導要領の下での指導と評価の一体化を推進する観点から，観点別学習状況の評価の観点についても，これらの資質・能力に関わる「知識・技能」，「思考・判断・表現」，「主体的に学習に取り組む態度」の3観点に整理して示し，設置者において，これに基づく適切な観点を設定することとしたこと。その際，「学びに向かう力，人間性等」については，「主体的に学習に取り組む態度」として観点別学習状況の評価を通じて見取ることができる部分と観点別学習状況の評価にはなじまず，個人内評価等を通じて見取る部分があることに留意する必要があることを明確にしたこと。

⑵　「主体的に学習に取り組む態度」については，各教科等の観点の趣旨に照らし，知識及び技能を獲得したり，思考力，判断力，表現力等を身に付けたりすることに向けた粘り強い取組の中で，自らの学習を調整しようとしているかどうかを含めて評価することとしたこと（各教科等の観点の趣旨は，本通知の別紙4及び別紙5に示している）。

⑶　学習評価の結果の活用に際しては，各教科等の児童生徒の学習状況を観点別に捉え，各教科等における学習状況を分析的に把握することが可能な観点別学習状況の評価と，各教科等の児童生徒の学習状況を総括的に捉え，教育課程全体における各教科等の学習状況を把握することが可能な評定の双方の特長を踏まえつつ，その後の指導の改善等を図ることが重要であることを明確にしたこと。

⑷　特に高等学校及び特別支援学校（視覚障害，聴覚障害，肢体不自由又は病弱）高等部における各教科・科目の評価について，学習状況を分析的に捉える観点別学習状況の評価と，これらを総括的に捉える評定の両方について，学習指導要領に示す各教科・科目の目標に基づき学校が地域や生徒の実態に即して定めた当該教科・科目の目標や内容に照らし，その実現状況を評価する，目標に準拠した評価として実施するこ

とを明確にしたこと。

3．指導要録の主な改善点について

　指導要録の改善点は以下に示すほか，別紙１から別紙３まで及び参考様式に示すとおりであること。設置者や各学校においては，それらを参考に指導要録の様式の設定や作成に当たることが求められること。

　⑴　小学校及び特別支援学校（視覚障害，聴覚障害，肢体不自由又は病弱）小学部における「外国語活動の記録」については，従来，観点別に設けていた文章記述欄を一本化した上で，評価の観点に即して，児童の学習状況に顕著な事項がある場合にその特徴を記入することとしたこと。

　⑵　高等学校及び特別支援学校（視覚障害，聴覚障害，肢体不自由又は病弱）高等部における「各教科・科目等の学習の記録」については，観点別学習状況の評価を充実する観点から，各教科・科目の観点別学習状況を記載することとしたこと。

　⑶　高等学校及び特別支援学校（視覚障害，聴覚障害，肢体不自由又は病弱）高等部における「特別活動の記録」については，教師の勤務負担軽減を図り，観点別学習状況の評価を充実する観点から，文章記述を改め，各学校が設定した観点を記入した上で，各活動・学校行事ごとに，評価の観点に照らして十分満足できる活動の状況にあると判断される場合に，○印を記入することとしたこと。

　⑷　特別支援学校（知的障害）各教科については，特別支援学校の新学習指導要領において，小・中・高等学校等との学びの連続性を重視する観点から小・中・高等学校の各教科と同様に育成を目指す資質・能力の三つの柱で目標及び内容が整理されたことを踏まえ，その学習評価においても観点別学習状況を踏まえて文章記述を行うこととしたこと。

　⑸　教師の勤務負担軽減の観点から，【１】「総合所見及び指導上参考となる諸事項」については，要点を箇条書きとするなど，その記載事項を必要最小限にとどめるとともに，【２】通級による指導を受けている児童生徒について，個別の指導計画を作成しており，通級による指導に関して記載すべき事項が当該指導計画に記載されている場合には，その写しを指導要録の様式に添付することをもって指導要録への記入に替えることも可能とするなど，その記述の簡素化を図ることとしたこと。

4．学習評価の円滑な実施に向けた取組について

　⑴　各学校においては，教師の勤務負担軽減を図りながら学習評価の妥当性や信頼性が高められるよう，学校全体としての組織的かつ計画的な取組を行うことが重要であること。具体的には，例えば以下の取組が考えられること。

　・評価規準や評価方法を事前に教師同士で検討し明確化することや評価に関する実践事例を蓄積し共有すること。

　・評価結果の検討等を通じて評価に関する教師の力量の向上を図ること。

・教務主任や研究主任を中心として学年会や教科等部会等の校内組織を活用すること。

(2) 学習評価については，日々の授業の中で児童生徒の学習状況を適宜把握して指導の改善に生かすことに重点を置くことが重要であること。したがって観点別学習状況の評価の記録に用いる評価については，毎回の授業ではなく原則として単元や題材など内容や時間のまとまりごとに，それぞれの実現状況を把握できる段階で行うなど，その場面を精選することが重要であること。

(3) 観点別学習状況の評価になじまず個人内評価の対象となるものについては，児童生徒が学習したことの意義や価値を実感できるよう，日々の教育活動等の中で児童生徒に伝えることが重要であること。特に「学びに向かう力，人間性等」のうち「感性や思いやり」など児童生徒一人一人のよい点や可能性，進歩の状況などを積極的に評価し児童生徒に伝えることが重要であること。

(4) 言語能力，情報活用能力や問題発見・解決能力など教科等横断的な視点で育成を目指すこととされた資質・能力は，各教科等における「知識・技能」，「思考・判断・表現」，「主体的に学習に取り組む態度」の評価に反映することとし，各教科等の学習の文脈の中で，これらの資質・能力が横断的に育成・発揮されることが重要であること。

(5) 学習評価の方針を事前に児童生徒と共有する場面を必要に応じて設けることは，学習評価の妥当性や信頼性を高めるとともに，児童生徒自身に学習の見通しをもたせる上で重要であること。その際，児童生徒の発達の段階等を踏まえ，適切な工夫が求められること。

(6) 全国学力・学習状況調査や高校生のための学びの基礎診断の認定を受けた測定ツールなどの外部試験や検定等の結果は，児童生徒の学習状況を把握するために用いることで，教師が自らの評価を補完したり，必要に応じて修正したりしていく上で重要であること。

このような外部試験や検定等の結果の利用に際しては，それらが学習指導要領に示す目標に準拠したものでない場合や，学習指導要領に示す各教科の内容を網羅的に扱うものではない場合があることから，これらの結果は教師が行う学習評価の補完材料であることに十分留意が必要であること。

(7) 法令に基づく文書である指導要録について，書面の作成，保存，送付を情報通信技術を用いて行うことは現行の制度上も可能であり，その活用を通して指導要録等に係る事務の改善を推進することが重要であること。特に，統合型校務支援システムの整備により文章記述欄などの記載事項が共通する指導要録といわゆる通知表のデータの連動を図ることは教師の勤務負担軽減に不可欠であり，設置者等においては統合型校務支援システムの導入を積極的に推進すること。仮に統合型校務支援システムの整備が直ちに困難な場合であっても，校務用端末を利用して指導要録等に係る事務を電磁的に処理することも効率的であること。

これらの方法によらない場合であっても，域内の学校が定めるいわゆる通知表の記

載事項が，当該学校の設置者が様式を定める指導要録の「指導に関する記録」に記載する事項を全て満たす場合には，設置者の判断により，指導要録の様式を通知表の様式と共通のものとすることが現行の制度上も可能であること。その際，例えば次のような工夫が考えられるが，様式を共通のものとする際には，指導要録と通知表のそれぞれの役割を踏まえることも重要であること。

・通知表に，学期ごとの学習評価の結果の記録に加え，年度末の評価結果を追記することとすること。
・通知表の文章記述の評価について，指導要録と同様に，学期ごとにではなく年間を通じた学習状況をまとめて記載することとすること。
・指導要録の「指導に関する記録」の様式を，通知表と同様に学年ごとに記録する様式とすること。

(8) 今後，国においても学習評価の参考となる資料を作成することとしているが，都道府県教育委員会等においても，学習評価に関する研究を進め，学習評価に関する参考となる資料を示すとともに，具体的な事例の収集・提示を行うことが重要であること。特に高等学校については，今般の指導要録の改善において，観点別学習状況の評価が一層重視されたこと等を踏まえ，教員研修の充実など学習評価の改善に向けた取組に一層，重点を置くことが求められること。国が作成する高等学校の参考資料についても，例えば，定期考査や実技など現在の高等学校で取り組んでいる学習評価の場面で活用可能な事例を盛り込むなど，高等学校の実態や教師の勤務負担軽減に配慮しつつ学習評価の充実を図ることを可能とする内容とする予定であること。

5．学習評価の改善を受けた高等学校入学者選抜，大学入学者選抜の改善について

「1．学習評価についての基本的な考え方」に示すとおり，学習評価は，学習や指導の改善を目的として行われているものであり，入学者選抜に用いることを一義的な目的として行われるものではないこと。したがって，学習評価の結果を入学者選抜に用いる際には，このような学習評価の特性を踏まえつつ適切に行うことが重要であること。

(1) 高等学校入学者選抜の改善について

報告を踏まえ，高等学校及びその設置者において今般の学習評価の改善を受けた入学者選抜の在り方について検討を行う際には，以下に留意すること。

・新学習指導要領の趣旨を踏まえた各高等学校の教育目標の実現に向け，入学者選抜の質的改善を図るため，改めて入学者選抜の方針や選抜方法の組合せ，調査書の利用方法，学力検査の内容等について見直すこと。
・調査書の利用に当たっては，そのねらいを明らかにし，学力検査の成績との比重や，学年ごとの学習評価の重み付け等について検討すること。例えば都道府県教育委員会等において，所管の高等学校に一律の比重で調査書の利用を義務付けているような場合には，各高等学校の入学者選抜の方針に基づいた適切な調査書の利用となるよう改善を図ること。

・入学者選抜の改善に当たっては，新学習指導要領の趣旨等も踏まえつつ，学校における働き方改革の観点から，調査書の作成のために中学校の教職員に過重な負担がかかったり，生徒の主体的な学習活動に悪影響を及ぼしたりすることのないよう，入学者選抜のために必要な情報の整理や市区町村教育委員会及び中学校等との情報共有・連携を図ること。

⑵　大学入学者選抜の改善について

　国においては新高等学校学習指導要領の下で学んだ生徒に係る「2025年度大学入学者選抜実施要項」の内容について2021年度に予告することとしており，予告に向けた検討に際しては，報告及び本通知の趣旨を踏まえ以下に留意して検討を行う予定であること。

・各大学において，特に学校外で行う多様な活動については，調査書に過度に依存することなく，それぞれのアドミッション・ポリシーに基づいて，生徒一人一人の多面的・多角的な評価が行われるよう，各学校が作成する調査書や志願者本人の記載する資料，申告等を適切に組み合わせるなどの利用方法を検討すること。

・学校における働き方改革の観点から，指導要録を基に作成される調査書についても，観点別学習状況の評価の活用を含めて，入学者選抜で必要となる情報を整理した上で検討すること。

小学校及び特別支援学校小学部の指導要録に記載する事項等【別紙 1】

〔1〕 学籍に関する記録

学籍に関する記録については，原則として学齢簿の記載に基づき，学年当初及び異動の生じたときに記入する。

1 児童の氏名，性別，生年月日及び現住所

2 保護者の氏名及び現住所

3 入学前の経歴

小学校及び特別支援学校小学部（以下「小学校等」という。）に入学するまでの教育・保育関係の略歴（在籍していた幼稚園，特別支援学校幼稚部，保育所又は幼保連携型認定こども園等の名称及び在籍期間等）を記入する。なお，外国において受けた教育の実情なども記入する。

4 入学・編入学等

(1) 入学

児童が第 1 学年に入学した年月日を記入する。

(2) 編入学等

第 1 学年の中途又は第 2 学年以上の学年に，在外教育施設や外国の学校等から編入学した場合，又は就学義務の猶予・免除の事由の消滅により就学義務が発生した場合について，その年月日，学年及び事由等を記入する。

5 転入学

他の小学校等から転入学してきた児童について，転入学年月日，転入学年，前に在学していた学校名，所在地及び転入学の事由等を記入する。

6 転学・退学等

他の小学校等に転学する場合には，転学先の学校が受け入れた日の前日に当たる年月日，転学先の学校名，所在地，転入学年及びその事由等を記入する。また，学校を去った年月日についても併記する。

在外教育施設や外国の学校に入るために退学する場合又は学齢（満 15 歳に達した日の属する学年の終わり）を超過している児童が退学する場合は，校長が退学を認めた年月日及びその事由等を記入する。

なお，就学義務が猶予・免除される場合又は児童の居所が 1 年以上不明である場合は，在学しない者として取り扱い，在学しない者と認めた年月日及びその事由等を記

227

入する。

7 卒業

校長が卒業を認定した年月日を記入する。

8 進学先

進学先の学校名及び所在地を記入する。

9 学校名及び所在地

分校の場合は，本校名及び所在地を記入するとともに，分校名，所在地及び在学した学年を併記する。

10 校長氏名印，学級担任者氏名印

各年度に，校長の氏名，学級担任者の氏名を記入し，それぞれ押印する。（同一年度内に校長又は学級担任者が代わった場合には，その都度後任者の氏名を併記する。）

なお，氏名の記入及び押印については，電子署名（電子署名及び認証業務に関する法律（平成 12 年法律第 102 号）第 2 条第 1 項に定義する「電子署名」をいう。）を行うことで替えることも可能である。

〔2〕 指導に関する記録

小学校における指導に関する記録については，以下に示す記載することが適当な事項に留意しながら，各教科の学習の記録（観点別学習状況及び評定），道徳科の記録，外国語活動の記録，総合的な学習の時間の記録，特別活動の記録，行動の記録，総合所見及び指導上参考となる諸事項並びに出欠の記録について学年ごとに作成する。

特別支援学校（視覚障害，聴覚障害，肢体不自由又は病弱）小学部における指導に関する記録については，小学校における指導に関する記録に記載する事項に加えて，自立活動の記録について学年ごとに作成するほか，入学時の障害の状態について作成する。

特別支援学校（知的障害）小学部における指導に関する記録については，各教科の学習の記録，特別活動の記録，自立活動の記録，道徳科の記録，外国語活動の記録，行動の記録，総合所見及び指導上参考となる諸事項並びに出欠の記録について学年ごとに作成するほか，入学時の障害の状態について作成する。

特別支援学校小学部に在籍する児童については，個別の指導計画を作成する必要があることから，指導に関する記録を作成するに当たって，個別の指導計画における指導の目標，指導内容等を踏まえた記述となるよう留意する。また，児童の障害の状態等に即して，学校教育法施行規則第 130 条の規定に基づき各教科の全部若しくは一部について合わせて授業を行った場合又は各教科，道徳科，外国語活動，特別活動及び自立活動の全部若しくは一部について合わせて授業を行った場合並びに特別支援学校小学部・中

学部学習指導要領（平成 29 年文部科学省告示第 73 号）第 1 章第 8 節の規定（重複障害者等に関する教育課程の取扱い）を適用した場合にあっては，その教育課程や観点別学習状況を考慮し，必要に応じて様式等を工夫して，その状況を適切に端的に記入する。

特別支援学級に在籍する児童の指導に関する記録については，必要がある場合，特別支援学校小学部の指導要録に準じて作成する。

なお，障害のある児童について作成する個別の指導計画に指導要録の指導に関する記録と共通する記載事項がある場合には，当該個別の指導計画の写しを指導要録の様式に添付することをもって指導要録への記入に替えることも可能である。

1　各教科の学習の記録

小学校及び特別支援学校（視覚障害，聴覚障害，肢体不自由又は病弱）小学部における各教科の学習の記録については，観点別学習状況及び評定について記入する。

特別支援学校（知的障害）小学部における各教科の学習の記録については，特別支援学校小学部・中学部学習指導要領（平成 29 年文部科学省告示第 73 号）に示す小学部の各教科の目標，内容に照らし，別紙 4（※）の各教科の評価の観点及びその趣旨を踏まえ，具体的に定めた指導内容，実現状況等を箇条書き等により文章で端的に記述する。（※編集部注：各教科等・各学年等の評価の観点等及びその趣旨）

(1)　観点別学習状況

小学校及び特別支援学校（視覚障害，聴覚障害，肢体不自由又は病弱）小学部における観点別学習状況については，小学校学習指導要領（平成 29 年文部科学省告示第 63 号）及び特別支援学校小学部・中学部学習指導要領（平成 29 年文部科学省告示第 73 号）（以下「小学校学習指導要領等」という。）に示す各教科の目標に照らして，その実現状況を観点ごとに評価し記入する。その際，「十分満足できる」状況と判断されるものを A，「おおむね満足できる」状況と判断されるものを B，「努力を要する」状況と判断されるものを C のように区別して評価を記入する。

小学校及び特別支援学校（視覚障害，聴覚障害，肢体不自由又は病弱）小学部における各教科の評価の観点について，設置者は，小学校学習指導要領等を踏まえ，別紙 4 を参考に設定する。

(2)　評定

小学校及び特別支援学校（視覚障害，聴覚障害，肢体不自由又は病弱）小学部における評定については，第 3 学年以上の各学年の各教科の学習の状況について，小学校学習指導要領等に示す各教科の目標に照らして，その実現状況を総括的に評価し記入する。

各教科の評定は，小学校学習指導要領等に示す各教科の目標に照らして，その実現状況を「十分満足できる」状況と判断されるものを 3，「おおむね満足できる」状況と判断されるものを 2，「努力を要する」状況と判断されるものを 1 のように区別して評価を記入する。

付録

別紙
1

229

評定に当たっては，評定は各教科の学習の状況を総括的に評価するものであり，「(1) 観点別学習状況」において掲げられた観点は，分析的な評価を行うものとして，各教科の評定を行う場合において基本的な要素となるものであることに十分留意する。その際，評定の適切な決定方法等については，各学校において定める。

2　特別の教科　道徳

　小学校等における道徳科の評価については，28文科初第604号「学習指導要領の一部改正に伴う小学校，中学校及び特別支援学校小学部・中学部における児童生徒の学習評価及び指導要録の改善等について（通知）」に基づき，学習活動における児童の学習状況や道徳性に係る成長の様子を個人内評価として文章で端的に記述する。

3　外国語活動の記録

　小学校及び特別支援学校（視覚障害，聴覚障害，肢体不自由又は病弱）小学部における外国語活動の記録については，評価の観点を記入した上で，それらの観点に照らして，児童の学習状況に顕著な事項がある場合にその特徴を記入する等，児童にどのような力が身に付いたかを文章で端的に記述する。

　評価の観点については，設置者は，小学校学習指導要領等に示す外国語活動の目標を踏まえ，別紙4を参考に設定する。

4　総合的な学習の時間の記録

　小学校及び特別支援学校（視覚障害，聴覚障害，肢体不自由又は病弱）小学部における総合的な学習の時間の記録については，この時間に行った学習活動及び各学校が自ら定めた評価の観点を記入した上で，それらの観点のうち，児童の学習状況に顕著な事項がある場合などにその特徴を記入する等，児童にどのような力が身に付いたかを文章で端的に記述する。

　評価の観点については，小学校学習指導要領等に示す総合的な学習の時間の目標を踏まえ，各学校において具体的に定めた目標，内容に基づいて別紙4を参考に定める。

5　特別活動の記録

　小学校及び特別支援学校（視覚障害，聴覚障害，肢体不自由又は病弱）小学部における特別活動の記録については，各学校が自ら定めた特別活動全体に係る評価の観点を記入した上で，各活動・学校行事ごとに，評価の観点に照らして十分満足できる活動の状況にあると判断される場合に，○印を記入する。

　評価の観点については，小学校学習指導要領等に示す特別活動の目標を踏まえ，各学校において別紙4を参考に定める。その際，特別活動の特質や学校として重点化した内容を踏まえ，例えば「主体的に生活や人間関係をよりよくしようとする態度」などのように，より具体的に定めることも考えられる。記入に当たっては，特別活動

の学習が学校や学級における集団活動や生活を対象に行われるという特質に留意する。

特別支援学校（知的障害）小学部における特別活動の記録については，小学校及び特別支援学校（視覚障害，聴覚障害，肢体不自由又は病弱）小学部における特別活動の記録に関する考え方を参考としながら文章で端的に記述する。

6　自立活動の記録

特別支援学校小学部における自立活動の記録については，個別の指導計画を踏まえ，以下の事項等を端的に記入する。

【1】指導目標，指導内容，指導の成果の概要に関すること
【2】障害の状態等に変化が見られた場合，その状況に関すること
【3】障害の状態を把握するため又は自立活動の成果を評価するために検査を行った場合，その検査結果に関すること

7　行動の記録

小学校及び特別支援学校（視覚障害，聴覚障害，肢体不自由又は病弱）小学部における行動の記録については，各教科，道徳科，外国語活動，総合的な学習の時間，特別活動やその他学校生活全体にわたって認められる児童の行動について，設置者は，小学校学習指導要領等の総則及び道徳科の目標や内容，内容の取扱いで重点化を図ることとしている事項等を踏まえて示している別紙4を参考にして，項目を適切に設定する。また，各学校において，自らの教育目標に沿って項目を追加できるようにする。

各学校における評価に当たっては，各項目の趣旨に照らして十分満足できる状況にあると判断される場合に，○印を記入する。

特別支援学校（知的障害）小学部における行動の記録については，小学校及び特別支援学校（視覚障害，聴覚障害，肢体不自由又は病弱）小学部における行動の記録に関する考え方を参考としながら文章で端的に記述する。

8　総合所見及び指導上参考となる諸事項

小学校等における総合所見及び指導上参考となる諸事項については，児童の成長の状況を総合的にとらえるため，以下の事項等を文章で箇条書き等により端的に記述すること。特に【4】のうち，児童の特徴・特技や学校外の活動等については，今後の学習指導等を進めていく上で必要な情報に精選して記述する。

【1】各教科や外国語活動，総合的な学習の時間の学習に関する所見
【2】特別活動に関する事実及び所見
【3】行動に関する所見
【4】児童の特徴・特技，学校内外におけるボランティア活動など社会奉仕体験活動，表彰を受けた行為や活動，学力について標準化された検査の結果等指導

上参考となる諸事項

【5】児童の成長の状況にかかわる総合的な所見

記入に際しては，児童の優れている点や長所，進歩の状況などを取り上げることに留意する。ただし，児童の努力を要する点などについても，その後の指導において特に配慮を要するものがあれば端的に記入する。

さらに，障害のある児童や日本語の習得に困難のある児童のうち，通級による指導を受けている児童については，通級による指導を受けた学校名，通級による指導の授業時数，指導期間，指導の内容や結果等を端的に記入する。通級による指導の対象となっていない児童で，教育上特別な支援を必要とする場合については，必要に応じ，効果があったと考えられる指導方法や配慮事項を端的に記入する。なお，これらの児童について個別の指導計画を作成している場合において当該指導計画に上記にかかわる記載がなされている場合には，その写しを指導要録の様式に添付することをもって指導要録への記入に替えることも可能である。

特別支援学校小学部においては，交流及び共同学習を実施している児童について，その相手先の学校名や学級名，実施期間，実施した内容や成果等を端的に記入する。

9　入学時の障害の状態

特別支援学校小学部における入学時の障害の状態について，障害の種類及び程度等を記入する。

10　出欠の記録

以下の事項を記入する。

⑴　授業日数

児童の属する学年について授業を実施した年間の総日数を記入する。学校保健安全法第 20 条の規定に基づき，臨時に，学校の全部又は学年の全部の休業を行うこととした日数は授業日数には含めない。

この授業日数は，原則として，同一学年のすべての児童につき同日数とすることが適当である。ただし，転学又は退学等をした児童については，転学のため学校を去った日又は退学等をした日までの授業日数を記入し，転入学又は編入学等をした児童については，転入学又は編入学等をした日以後の授業日数を記入する。

⑵　出席停止・忌引等の日数

以下の日数を合算して記入する。

【1】学校教育法第 35 条による出席停止日数，学校保健安全法第 19 条による出席停止日数並びに感染症の予防及び感染症の患者に対する医療に関する法律第 19 条，第 20 条，第 26 条及び第 46 条による入院の場合の日数

【2】学校保健安全法第 20 条により，臨時に学年の中の一部の休業を行った場合の日数

【3】忌引日数

【4】非常変災等児童又は保護者の責任に帰すことのできない事由で欠席した場合
などで，校長が出席しなくてもよいと認めた日数

【5】その他教育上特に必要な場合で，校長が出席しなくてもよいと認めた日数

(3)　出席しなければならない日数

授業日数から出席停止・忌引等の日数を差し引いた日数を記入する。

(4)　欠席日数

出席しなければならない日数のうち病気又はその他の事故で児童が欠席した日数を
記入する。

(5)　出席日数

出席しなければならない日数から欠席日数を差し引いた日数を記入する。

なお，学校の教育活動の一環として児童が運動や文化などにかかわる行事等に参加
したものと校長が認める場合には，指導要録の出欠の記録においては出席扱いとする
ことができる。

(6)　備考

出席停止・忌引等の日数に関する特記事項，欠席理由の主なもの，遅刻，早退等の
状況その他の出欠に関する特記事項等を記入する。

付録

別紙1

233

各教科等・各学年等の評価の観点等及びその趣旨（小学校）

国　語

	知識・技能	思考・判断・表現	主体的に学習に取り組む態度
観点の趣旨	日常生活に必要な国語について，その特質を理解し適切に使っている。	「話すこと・聞くこと」，「書くこと」，「読むこと」の各領域において，日常生活における人との関わりの中で伝え合う力を高め，自分の思いや考えを広げている。	言葉を通じて積極的に人と関わったり，思いや考えを広げたりしながら，言葉がもつよさを認識しようとしているとともに，言語感覚を養い，言葉をよりよく使おうとしている。
第1学年及び第2学年	日常生活に必要な国語の知識や技能を身に付けているとともに，我が国の言語文化に親しんだり理解したりしている。	「話すこと・聞くこと」，「書くこと」，「読むこと」の各領域において，順序立てて考える力や感じたり想像したりする力を養い，日常生活における人との関わりの中で伝え合う力を高め，自分の思いや考えをもっている。	言葉を通じて積極的に人と関わったり，思いや考えをもったりしながら，言葉がもつよさを感じようとしているとともに，楽しんで読書をし，言葉をよりよく使おうとしている。
第3学年及び第4学年	日常生活に必要な国語の知識や技能を身に付けているとともに，我が国の言語文化に親しんだり理解したりしている。	「話すこと・聞くこと」，「書くこと」，「読むこと」の各領域において，筋道立てて考える力や豊かに感じたり想像したりする力を養い，日常生活における人との関わりの中で伝え合う力を高め，自分の思いや考えをまとめている。	言葉を通じて積極的に人と関わったり，思いや考えをまとめたりしながら，言葉がもつよさに気付こうとしているとともに，幅広く読書をし，言葉をよりよく使おうとしている。
第5学年及び第6学年	日常生活に必要な国語の知識や技能を身に付けているとともに，我が国の言語文化に親しんだり理解したりしている。	「話すこと・聞くこと」，「書くこと」，「読むこと」の各領域において，筋道立てて考える力や豊かに感じたり想像したりする力を養い，日常生活における人との関わりの中で伝え合う力を高め，自分の思いや考えを広げている。	言葉を通じて積極的に人と関わったり，思いや考えを広げたりしながら，言葉がもつよさを認識しようとしているとともに，進んで読書をし，言葉をよりよく使おうとしている。

社　会

	知識・技能	思考・判断・表現	主体的に学習に取り組む態度
観点の趣旨	地域や我が国の国土の地理的環境，現代社会の仕組みや働き，地域や我が国の歴史や伝統と文化を通して社会生活について理解しているとともに，様々な資料や調査活動を通して情報を適切に調べまとめている。	社会的事象の特色や相互の関連，意味を多角的に考えたり，社会に見られる課題を把握して，その解決に向けて社会への関わり方を選択・判断したり，考えたことや選択・判断したことを適切に表現したりしている。	社会的事象について，国家及び社会の担い手として，よりよい社会を考え主体的に問題解決しようとしている。
第3学年	身近な地域や市区町村の地理的環境，地域の安全を守るための諸活動や地域の産業と消費生活の様子，地域の様子の移り変わりについて，人々の生活との関連を踏まえて理解しているとともに，調査活動，地図帳や各種の具体的資料を通して，必要な情報を調べまとめている。	地域における社会的事象の特色や相互の関連，意味を考えたり，社会に見られる課題を把握して，その解決に向けて社会への関わり方を選択・判断したり，考えたことや選択・判断したことを表現したりしている。	地域における社会的事象について，地域社会に対する誇りと愛情をもつ地域社会の将来の担い手として，主体的に問題解決しようとしたり，よりよい社会を考え学習したことを社会生活に生かそうとしたりしている。
第4学年	自分たちの都道府県の地理的環境の特色，地域の人々の健康と生活環境を支える働きや自然災害から地域の安全を守るための諸活動，地域の伝統と文化や地域の発展に尽くした先人の働きなどについて，人々の生活との関連を踏まえて理解しているとともに，調査活動，地図帳や各種の具体的資料を通して，必要な情報を調べまとめている。	地域における社会的事象の特色や相互の関連，意味を考えたり，社会に見られる課題を把握して，その解決に向けて社会への関わり方を選択・判断したり，考えたことや選択・判断したことを表現したりしている。	地域における社会的事象について，地域社会に対する誇りと愛情をもつ地域社会の将来の担い手として，主体的に問題解決しようとしたり，よりよい社会を考え学習したことを社会生活に生かそうとしたりしている。
第5学年	我が国の国土の地理的環境の特色や産業の現状，社会の情報化と産業の関わりについて，国民生活との関連を踏まえて理解しているとともに，地図帳や地球儀，統計などの各種の基礎的資料を通して，情報を適切に調べまとめている。	我が国の国土や産業の様子に関する社会的事象の特色や相互の関連，意味を多角的に考えたり，社会に見られる課題を把握して，その解決に向けて社会への関わり方を選択・判断したり，考えたことや選択・判断したことを説明したり，それらを基に議論したりしている。	我が国の国土や産業の様子に関する社会的事象について，我が国の国土に対する愛情をもち産業の発展を願う国家及び社会の将来の担い手として，主体的に問題解決しようとしたり，よりよい社会を考え学習したことを社会生活に生かそうとしたりしている。
第6学年	我が国の政治の考え方と仕組みや働き，国家及び社会の発展に大きな働きをした先人の業績や優れた文化遺産，我が国と関係の深い国の生活やグローバル化する国際社会における我が国の役割について理解しているとともに，地図帳や地球儀，統計や年表などの各種の基礎的資料を通して，情報を適切に調べまとめている。	我が国の政治と歴史及び国際理解に関する社会的事象の特色や相互の関連，意味を多角的に考えたり，社会に見られる課題を把握して，その解決に向けて社会への関わり方を選択・判断したり，考えたことや選択・判断したことを説明したりそれらを基に議論したりしている。	我が国の政治と歴史及び国際理解に関する社会的事象について，我が国の歴史や伝統を大切にして国を愛する心情をもち平和を願い世界の国々人々と共に生きることを大切にする国家及び社会の将来の担い手として，主体的に問題解決しようとしたり，よりよい社会を考え学習したことを社会生活に生かそうとしたりしている。

付録

観点及びその趣旨

235

算　数

	知識・技能	思考・判断・表現	主体的に学習に取り組む態度
観点の趣旨	・数量や図形などについての基礎的・基本的な概念や性質などを理解している。 ・日常の事象を数理的に処理する技能を身に付けている。	日常の事象を数理的に捉え，見通しをもち筋道を立てて考察する力，基礎的・基本的な数量や図形の性質などを見いだし統合的・発展的に考察する力，数学的な表現を用いて事象を簡潔・明瞭・的確に表したり目的に応じて柔軟に表したりする力を身に付けている。	数学的活動の楽しさや数学のよさに気付き粘り強く考えたり，学習を振り返ってよりよく問題解決しようとしたり，算数で学んだことを生活や学習に活用しようとしたりしている。
第1学年	・数の概念とその表し方及び計算の意味を理解し，量，図形及び数量の関係についての理解の基礎となる経験を積み重ね，数量や図形についての感覚を豊かにしている。 ・加法及び減法の計算をしたり，形を構成したり，身の回りにある量の大きさを比べたり，簡単な絵や図などに表したりすることなどについての技能を身に付けている。	ものの数に着目し，具体物や図などを用いて数の数え方や計算の仕方を考える力，ものの形に着目して特徴を捉えたり，具体的な操作を通して形の構成について考えたりする力，身の回りにあるものの特徴を量に着目して捉え，量の大きさの比べ方を考える力，データの個数に着目して身の回りの事象の特徴を捉える力などを身に付けている。	数量や図形に親しみ，算数で学んだことのよさや楽しさを感じながら学ぼうとしている。
第2学年	・数の概念についての理解を深め，計算の意味と性質，基本的な図形の概念，量の概念，簡単な表とグラフなどについて理解し，数量や図形についての感覚を豊かにしている。 ・加法，減法及び乗法の計算をしたり，図形を構成したり，長さやかさなどを測定したり，表やグラフに表したりすることなどについての技能を身に付けている。	数とその表現や数量の関係に着目し，必要に応じて具体物や図などを用いて数の表し方や計算の仕方などを考える力，平面図形の特徴を図形を構成する要素に着目して捉えたり，身の回りの事象を図形の性質から考察したりする力，身の回りにあるものの特徴を量に着目して捉え，量の単位を用いて的確に表現する力，身の回りの事象をデータの特徴に着目して捉え，簡潔に表現したり考察したりする力などを身に付けている。	数量や図形に進んで関わり，数学的に表現・処理したことを振り返り，数理的な処理のよさに気付き生活や学習に活用しようとしている。
第3学年	・数の表し方，整数の計算の意味と性質，小数及び分数の意味と表し方，基本的な図形の概念，量の概念，棒グラフなどについて理解し，数量や図形についての感覚を豊かにしている。 ・整数などの計算をしたり，図形を構成したり，長さや重さなどを測定したり，表やグラフに表したりすることなどについての技能を身に付けている。	数とその表現や数量の関係に着目し，必要に応じて具体物や図などを用いて数の表し方や計算の仕方などを考察する力，平面図形の特徴を図形を構成する要素に着目して捉えたり，身の回りの事象を図形の性質から考察したりする力，身の回りにあるものの特徴を量に着目して捉え，量の単位を用いて的確に表現する力，身の回りの事象をデータの特徴に着目して捉え，簡潔に表現したり適切に判断したりする力などを身に付けている。	数量や図形に進んで関わり，数学的に表現・処理したことを振り返り，数理的な処理のよさに気付き生活や学習に活用しようとしている。

	知識・技能	思考・判断・表現	主体的に学習に取り組む態度
第4学年	・小数及び分数の意味と表し方，四則の関係，平面図形と立体図形，面積，角の大きさ，折れ線グラフなどについて理解している。 ・整数，小数及び分数の計算をしたり，図形を構成したり，図形の面積や角の大きさを求めたり，表やグラフに表したりすることなどについての技能を身に付けている。	数とその表現や数量の関係に着目し，目的に合った表現方法を用いて計算の仕方などを考察する力，図形を構成する要素及びそれらの位置関係に着目し，図形の性質や図形の計量について考察する力，伴って変わる二つの数量やそれらの関係に着目し，変化や対応の特徴を見いだして，二つの数量の関係を表や式を用いて考察する力，目的に応じてデータを収集しデータの特徴や傾向に着目して表やグラフに的確に表現し，それらを用いて問題解決したり，解決の過程や結果を多面的に捉え考察したりする力などを身に付けている。	数学的に表現・処理したことを振り返り，多面的に捉え検討してよりよいものを求めて粘り強く考えたり，数学のよさに気付き学習したことを生活や学習に活用しようとしたりしている。
第5学年	・整数の性質，分数の意味，小数と分数の計算の意味，面積の公式，図形の意味と性質，図形の体積，速さ，割合，帯グラフなどについて理解している。 ・小数や分数の計算をしたり，図形の性質を調べたり，図形の面積や体積を求めたり，表やグラフに表したりすることなどについての技能を身に付けている。	数とその表現や計算の意味に着目し，目的に合った表現方法を用いて数の性質や計算の仕方などを考察する力，図形を構成する要素や図形間の関係などに着目し，図形の性質や図形の計量について考察する力，伴って変わる二つの数量やそれらの関係に着目し，変化や対応の特徴を見いだして，二つの数量の関係を表や式を用いて考察する力，目的に応じてデータを収集し，データの特徴や傾向に着目して表やグラフに的確に表現し，それらを用いて問題解決したり，解決の過程や結果を多面的に捉え考察したりする力などを身に付けている。	数学的に表現・処理したことを振り返り，多面的に捉え検討してよりよいものを求めて粘り強く考えたり，数学のよさに気付き学習したことを生活や学習に活用しようとしたりしている。
第6学年	・分数の計算の意味，文字を用いた式，図形の意味，図形の体積，比例，度数分布を表す表などについて理解している。 ・分数の計算をしたり，図形を構成したり，図形の面積や体積を求めたり，表やグラフに表したりすることなどについての技能を身に付けている。	数とその表現や計算の意味に着目し，発展的に考察して問題を見いだすとともに，目的に応じて多様な表現方法を用いながら数の表し方や計算の仕方などを考察する力，図形を構成する要素や図形間の関係などに着目し，図形の性質や図形の計量について考察する力，伴って変わる二つの数量やそれらの関係に着目し，変化や対応の特徴を見いだして，二つの数量の関係を表や式，グラフを用いて考察する力，身の回りの事象から設定した問題について，目的に応じてデータを収集し，データの特徴や傾向に着目して適切な手法を選択して分析を行い，それらを用いて問題解決したり，解決の過程や結果を批判的に考察したりする力などを身に付けている。	数学的に表現・処理したことを振り返り，多面的に捉え検討してよりよいものを求めて粘り強く考えたり，数学のよさに気付き学習したことを生活や学習に活用しようとしたりしている。

付録　観点及びその趣旨

理　科

	知識・技能	思考・判断・表現	主体的に学習に取り組む態度
観点の趣旨	自然の事物・現象についての性質や規則性などについて理解しているとともに、器具や機器などを目的に応じて工夫して扱いながら観察、実験などを行い、それらの過程や得られた結果を適切に記録している。	自然の事物・現象から問題を見いだし、見通しをもって観察、実験などを行い、得られた結果を基に考察し、それらを表現するなどして問題解決している。	自然の事物・現象に進んで関わり、粘り強く、他者と関わりながら問題解決しようとしているとともに、学んだことを学習や生活に生かそうとしている。
第3学年	物の性質、風とゴムの力の働き、光と音の性質、磁石の性質、電気の回路、身の回りの生物及び太陽と地面の様子について理解しているとともに、器具や機器などを正しく扱いながら調べ、それらの過程や得られた結果を分かりやすく記録している。	物の性質、風とゴムの力の働き、光と音の性質、磁石の性質、電気の回路、身の回りの生物及び太陽と地面の様子について、観察、実験などを行い、主に差異点や共通点を基に、問題を見いだし、表現するなどして問題解決している。	物の性質、風とゴムの力の働き、光と音の性質、磁石の性質、電気の回路、身の回りの生物及び太陽と地面の様子についての事物・現象に進んで関わり、他者と関わりながら問題解決しようとするとともに、学んだことを学習や生活に生かそうとしている。
第4学年	空気、水及び金属の性質、電流の働き、人の体のつくりと運動、動物の活動や植物の成長と環境との関わり、雨水の行方と地面の様子、気象現象及び月や星について理解しているとともに、器具や機器などを正しく扱いながら調べ、それらの過程や得られた結果を分かりやすく記録している。	空気、水及び金属の性質、電流の働き、人の体のつくりと運動、動物の活動や植物の成長と環境との関わり、雨水の行方と地面の様子、気象現象及び月や星について、観察、実験などを行い、主に既習の内容や生活経験を基に、根拠のある予想や仮説を発想し、表現するなどして問題解決している。	空気、水及び金属の性質、電流の働き、人の体のつくりと運動、動物の活動や植物の成長と環境との関わり、雨水の行方と地面の様子、気象現象及び月や星についての事物・現象に進んで関わり、他者と関わりながら問題解決しようとしているとともに、学んだことを学習や生活に生かそうとしている。
第5学年	物の溶け方、振り子の運動、電流がつくる磁力、生命の連続性、流れる水の働き及び気象現象の規則性について理解しているとともに、観察、実験などの目的に応じて、器具や機器などを選択して、正しく扱いながら調べ、それらの過程や得られた結果を適切に記録している。	物の溶け方、振り子の運動、電流がつくる磁力、生命の連続性、流れる水の働き及び気象現象の規則性について、観察、実験などを行い、主に予想や仮説を基に、解決の方法を発想し、表現するなどして問題解決している。	物の溶け方、振り子の運動、電流がつくる磁力、生命の連続性、流れる水の働き及び気象現象の規則性についての事物・現象に進んで関わり、粘り強く、他者と関わりながら問題解決しようとするとともに、学んだことを学習や生活に生かそうとしている。
第6学年	燃焼の仕組み、水溶液の性質、てこの規則性、電気の性質や働き、生物の体のつくりと働き、生物と環境との関わり、土地のつくりと変化及び月の形の見え方と太陽との位置関係について理解しているとともに、観察、実験などの目的に応じて、器具や機器などを選択して、正しく扱いながら調べ、それらの過程や得られた結果を適切に記録している。	燃焼の仕組み、水溶液の性質、てこの規則性、電気の性質や働き、生物の体のつくりと働き、生物と環境との関わり、土地のつくりと変化及び月の形の見え方と太陽との位置関係について、観察、実験などを行い、主にそれらの仕組みや性質、規則性、働き、関わり、変化及び関係について、より妥当な考えをつくりだし、表現するなどして問題解決している。	燃焼の仕組み、水溶液の性質、てこの規則性、電気の性質や働き、生物の体のつくりと働き、生物と環境との関わり、土地のつくりと変化及び月の形の見え方と太陽との位置関係についての事物・現象に進んで関わり、粘り強く、他者と関わりながら問題解決しようとしているとともに、学んだことを学習や生活に生かそうとしている。

生　活

	知識・技能	思考・判断・表現	主体的に学習に取り組む態度
観点の趣旨	活動や体験の過程において，自分自身，身近な人々，社会及び自然の特徴やよさ，それらの関わり等に気付いているとともに，生活上必要な習慣や技能を身に付けている。	身近な人々，社会及び自然を自分との関わりで捉え，自分自身や自分の生活について考え，表現している。	身近な人々，社会及び自然に自ら働きかけ，意欲や自信をもって学ぼうとしたり，生活を豊かにしたりしようとしている。

音　楽

	知識・技能	思考・判断・表現	主体的に学習に取り組む態度
観点の趣旨	・曲想と音楽の構造などとの関わりについて理解している。 ・表したい音楽表現をするために必要な技能を身に付け，歌ったり，演奏したり，音楽をつくったりしている。	音楽を形づくっている要素を聴き取り，それらの働きが生み出すよさや面白さ，美しさを感じ取りながら，聴き取ったことと感じ取ったこととの関わりについて考え，どのように表すかについて思いや意図をもったり，曲や演奏のよさなどを見いだし，音楽を味わって聴いたりしている。	音や音楽に親しむことができるよう，音楽活動を楽しみながら主体的・協働的に表現及び鑑賞の学習活動に取り組もうとしている。
第1学年及び第2学年	・曲想と音楽の構造などとの関わりについて気付いている。 ・音楽表現を楽しむために必要な技能を身に付け，歌ったり，演奏したり，音楽をつくったりしている。	音楽を形づくっている要素を聴き取り，それらの働きが生み出すよさや面白さ，美しさを感じ取りながら，聴き取ったことと感じ取ったこととの関わりについて考え，どのように表すかについて思いをもったり，曲や演奏の楽しさを見いだし，音楽を味わって聴いたりしている。	音や音楽に親しむことができるよう，音楽活動を楽しみながら主体的・協働的に表現及び鑑賞の学習活動に取り組もうとしている。
第3学年及び第4学年	・曲想と音楽の構造などとの関わりについて気付いている。 ・表したい音楽表現をするために必要な技能を身に付け，歌ったり，演奏したり，音楽をつくったりしている。	音楽を形づくっている要素を聴き取り，それらの働きが生み出すよさや面白さ，美しさを感じ取りながら，聴き取ったことと感じ取ったこととの関わりについて考え，どのように表すかについて思いや意図をもったり，曲や演奏のよさなどを見いだし，音楽を味わって聴いたりしている。	音や音楽に親しむことができるよう，音楽活動を楽しみながら主体的・協働的に表現及び鑑賞の学習活動に取り組もうとしている。
第5学年及び第6学年	・曲想と音楽の構造などとの関わりについて理解している。 ・表したい音楽表現をするために必要な技能を身に付け，歌ったり，演奏したり，音楽をつくったりしている。	音楽を形づくっている要素を聴き取り，それらの働きが生み出すよさや面白さ，美しさを感じ取りながら，聴き取ったことと感じ取ったこととの関わりについて考え，どのように表すかについて思いや意図をもったり，曲や演奏のよさなどを見いだし，音楽を味わって聴いたりしている。	音や音楽に親しむことができるよう，音楽活動を楽しみながら主体的・協働的に表現及び鑑賞の学習活動に取り組もうとしている。

付録　観点及びその趣旨

図画工作

	知識・技能	思考・判断・表現	主体的に学習に取り組む態度
観点の趣旨	・対象や事象を捉える造形的な視点について自分の感覚や行為を通して理解している。 ・材料や用具を使い，表し方などを工夫して，創造的につくったり表したりしている。	形や色などの造形的な特徴を基に，自分のイメージをもちながら，造形的なよさや美しさ，表したいこと，表し方などについて考えるとともに，創造的に発想や構想をしたり，作品などに対する自分の見方や感じ方を深めたりしている。	つくりだす喜びを味わい主体的に表現及び鑑賞の学習活動に取り組もうとしている。
第1学年及び第2学年	・対象や事象を捉える造形的な視点について自分の感覚や行為を通して気付いている。 ・手や体全体の感覚などを働かせ材料や用具を使い，表し方などを工夫して，創造的につくったり表したりしている。	形や色などを基に，自分のイメージをもちながら，造形的な面白さや楽しさ，表したいこと，表し方などについて考えるとともに，楽しく発想や構想をしたり，身の回りの作品などから自分の見方や感じ方を広げたりしている。	つくりだす喜びを味わい楽しく表現したり鑑賞したりする学習活動に取り組もうとしている。
第3学年及び第4学年	・対象や事象を捉える造形的な視点について自分の感覚や行為を通して分かっている。 ・手や体全体を十分に働かせ材料や用具を使い，表し方などを工夫して，創造的につくったり表したりしている。	形や色などの感じを基に，自分のイメージをもちながら，造形的なよさや面白さ，表したいこと，表し方などについて考えるとともに，豊かに発想や構想をしたり，身近にある作品などから自分の見方や感じ方を広げたりしている。	つくりだす喜びを味わい進んで表現したり鑑賞したりする学習活動に取り組もうとしている。
第5学年及び第6学年	・対象や事象を捉える造形的な視点について自分の感覚や行為を通して理解している。 ・材料や用具を活用し，表し方などを工夫して，創造的につくったり表したりしている。	形や色などの造形的な特徴を基に，自分のイメージをもちながら，造形的なよさや美しさ，表したいこと，表し方などについて考えるとともに，創造的に発想や構想をしたり，親しみのある作品などから自分の見方や感じ方を深めたりしている。	つくりだす喜びを味わい主体的に表現したり鑑賞したりする学習活動に取り組もうとしている。

家　庭

	知識・技能	思考・判断・表現	主体的に学習に取り組む態度
観点の趣旨	日常生活に必要な家族や家庭，衣食住，消費や環境などについて理解しているとともに，それらに係る技能を身に付けている。	日常生活の中から問題を見いだして課題を設定し，様々な解決方法を考え，実践を評価・改善し，考えたことを表現するなどして課題を解決する力を身に付けている。	家族の一員として，生活をよりよくしようと，課題の解決に主体的に取り組んだり，振り返って改善したりして，生活を工夫し，実践しようとしている。

240

体　育

	知識・技能	思考・判断・表現	主体的に学習に取り組む態度
観点の趣旨	各種の運動の行い方について理解しているとともに，基本的な動きや技能を身に付けている。また，身近な生活における健康・安全について実践的に理解しているとともに，基本的な技能を身に付けている。	自己の運動の課題を見付け，その解決のための活動を工夫しているとともに，それらを他者に伝えている。また，身近な生活における健康に関する課題を見付け，その解決を目指して思考し判断しているとともに，それらを他者に伝えている。	運動の楽しさや喜びを味わうことができるよう，運動に進んで取り組もうとしている。また，健康を大切にし，自己の健康の保持増進についての学習に進んで取り組もうとしている。
第1学年及び第2学年	各種の運動遊びの行い方について知っているとともに，基本的な動きを身に付けている。	各種の運動遊びの行い方を工夫しているとともに，考えたことを他者に伝えている。	各種の運動遊びの楽しさに触れることができるよう，各種の運動遊びに進んで取り組もうとしている。
第3学年及び第4学年	各種の運動の行い方について知っているとともに，基本的な動きや技能を身に付けている。また，健康で安全な生活や体の発育・発達について理解している。	自己の運動の課題を見付け，その解決のための活動を工夫しているとともに，考えたことを他者に伝えている。また，身近な生活における健康の課題を見付け，その解決のための方法を工夫しているとともに，考えたことを他者に伝えている。	各種の運動の楽しさや喜びに触れることができるよう，各種の運動に進んで取り組もうとしている。また，健康の大切さに気付き，自己の健康の保持増進についての学習に進んで取り組もうとしている。
第5学年及び第6学年	各種の運動の行い方について理解しているとともに，各種の運動の特性に応じた基本的な技能を身に付けている。また，心の健康やけがの防止，病気の予防について理解しているとともに，健康で安全な生活を営むための技能を身に付けている。	自己やグループの運動の課題を見付け，その解決のための活動を工夫しているとともに，自己や仲間の考えたことを他者に伝えている。また，身近な健康に関する課題を見付け，その解決のための方法や活動を工夫しているとともに，自己や仲間の考えたことを他者に伝えている。	各種の運動の楽しさや喜びを味わうことができるよう，各種の運動に積極的に取り組もうとしている。また，健康・安全の大切さに気付き，自己の健康の保持増進や回復についての学習に進んで取り組もうとしている。

外国語

	知識・技能	思考・判断・表現	主体的に学習に取り組む態度
観点の趣旨	・外国語の音声や文字，語彙，表現，文構造，言語の働きなどについて，日本語と外国語との違いに気付き，これらの知識を理解している。 ・読むこと，書くことに慣れ親しんでいる。 ・外国語の音声や文字，語彙，表現，文構造，言語の働きなどの知識を，聞くこと，読むこと，話すこと，書くことによる実際のコミュニケーションにおいて活用できる基礎的な技能を身に付けている。	・コミュニケーションを行う目的や場面，状況などに応じて，身近で簡単な事柄について，聞いたり話したりして，自分の考えや気持ちなどを伝え合っている。 ・コミュニケーションを行う目的や場面，状況などに応じて，音声で十分慣れ親しんだ外国語の語彙や基本的な表現を推測しながら読んだり，語順を意識しながら書いたりして，自分の考えや気持ちなどを伝え合っている。	外国語の背景にある文化に対する理解を深め，他者に配慮しながら，主体的に外国語を用いてコミュニケーションを図ろうとしている。

付　録

観点及びその趣旨

241

外国語活動の記録

	知識・技能	思考・判断・表現	主体的に学習に取り組む態度
観点の趣旨	・外国語を通して，言語や文化について体験的に理解を深めている。 ・日本語と外国語の音声の違い等に気付いている。 ・外国語の音声や基本的な表現に慣れ親しんでいる。	身近で簡単な事柄について，外国語で聞いたり話したりして自分の考えや気持ちなどを伝え合っている。	外国語を通して，言語やその背景にある文化に対する理解を深め，相手に配慮しながら，主体的に外国語を用いてコミュニケーションを図ろうとしている。

総合的な学習の時間の記録

	知識・技能	思考・判断・表現	主体的に学習に取り組む態度
観点の趣旨	探究的な学習の過程において，課題の解決に必要な知識や技能を身に付け，課題に関わる概念を形成し，探究的な学習のよさを理解している。	実社会や実生活の中から問いを見いだし，自分で課題を立て，情報を集め，整理・分析して，まとめ・表現している。	探究的な学習に主体的・協働的に取り組もうとしているとともに，互いのよさを生かしながら，積極的に社会に参画しようとしている。

特別活動の記録

	知識・技能	思考・判断・表現	主体的に学習に取り組む態度
観点の趣旨	多様な他者と協働する様々な集団活動の意義や，活動を行う上で必要となることについて理解している。 自己の生活の充実・向上や自分らしい生き方の実現に必要となることについて理解している。よりよい生活を築くための話合い活動の進め方，合意形成の図り方などの技能を身に付けている。	所属する様々な集団や自己の生活の充実・向上のため，問題を発見し，解決方法について考え，話し合い，合意形成を図ったり，意思決定をしたりして実践している。	生活や社会，人間関係をよりよく築くために，自主的に自己の役割や責任を果たし，多様な他者と協働して実践しようとしている。 主体的に自己の生き方についての考えを深め，自己実現を図ろうとしている。

行動の記録

＜小学校＞

項目	学年	趣旨
基本的な生活習慣	第1学年及び第2学年	安全に気を付け，時間を守り，物を大切にし，気持ちのよいあいさつを行い，規則正しい生活をする。
	第3学年及び第4学年	安全に努め，物や時間を有効に使い，礼儀正しく節度のある生活をする。
	第5学年及び第6学年	自他の安全に努め，礼儀正しく行動し，節度を守り節制に心掛ける。
健康・体力の向上	第1学年及び第2学年	心身の健康に気を付け，進んで運動をし，元気に生活をする。
	第3学年及び第4学年	心身の健康に気を付け，運動をする習慣を身に付け，元気に生活をする。
	第5学年及び第6学年	心身の健康の保持増進と体力の向上に努め，元気に生活をする。
自主・自律	第1学年及び第2学年	よいと思うことは進んで行い，最後までがんばる。
	第3学年及び第4学年	自らの目標をもって進んで行い，最後までねばり強くやり通す。
	第5学年及び第6学年	夢や希望をもってより高い目標を立て，当面の課題に根気強く取り組み，努力する。
責任感	第1学年及び第2学年	自分でやらなければならないことは，しっかりと行う。
	第3学年及び第4学年	自分の言動に責任をもち，課せられた役割を誠意をもって行う。
	第5学年及び第6学年	自分の役割と責任を自覚し，信頼される行動をする。
創意工夫	第1学年及び第2学年	自分で進んで考え，工夫しながら取り組む。
	第3学年及び第4学年	自分でよく考え，課題意識をもって工夫し取り組む。
	第5学年及び第6学年	進んで新しい考えや方法を求め，工夫して生活をよりよくしようとする。
思いやり・協力	第1学年及び第2学年	身近にいる人々に温かい心で接し，親切にし，助け合う。
	第3学年及び第4学年	相手の気持ちや立場を理解して思いやり，仲よく助け合う。
	第5学年及び第6学年	思いやりと感謝の心をもち，異なる意見や立場を尊重し，力を合わせて集団生活の向上に努める。
生命尊重・自然愛護	第1学年及び第2学年	生きているものに優しく接し，自然に親しむ。
	第3学年及び第4学年	自他の生命を大切にし，生命や自然のすばらしさに感動する。
	第5学年及び第6学年	自他の生命を大切にし，自然を愛護する。
勤労・奉仕	第1学年及び第2学年	手伝いや仕事を進んで行う。
	第3学年及び第4学年	働くことの大切さを知り，進んで働くようにする。
	第5学年及び第6学年	働くことの意義を理解し，人や社会の役に立つことを考え，進んで仕事や奉仕活動をする。

付録　観点及びその趣旨

勤労・奉仕	第1学年及び第2学年	自分の好き嫌いや利害にとらわれないで行動する。
	第3学年及び第4学年	相手の立場に立って公正・公平に行動する。
	第5学年及び第6学年	だれに対しても差別をすることや偏見をもつことなく，正義を大切にし，公正・公平に行動する。
公正・公平	第1学年及び第2学年	自分の好き嫌いや利害にとらわれないで行動する。
	第3学年及び第4学年	相手の立場に立って公正・公平に行動する。
	第5学年及び第6学年	だれに対しても差別をすることや偏見をもつことなく，正義を大切にし，公正・公平に行動する。
公共心・公徳心	第1学年及び第2学年	約束やきまりを守って生活し，みんなが使うものを大切にする。
	第3学年及び第4学年	約束や社会のきまりを守って公徳を大切にし，人に迷惑をかけないように心掛け，のびのびと生活する。
	第5学年及び第6学年	規則を尊重し，公徳を大切にするとともに，我が国や郷土の伝統と文化を大切にし，学校や人々の役に立つことを進んで行う。

＜中学校＞

項目	学年	趣旨
基本的な生活習慣	第1学年，第2学年及び第3学年	自他の安全に努め，礼儀正しく節度を守り節制に心掛け調和のある生活をする。
健康・体力の向上	第1学年，第2学年及び第3学年	活力ある生活を送るための心身の健康の保持増進と体力の向上に努めている。
自主・自律	第1学年，第2学年及び第3学年	自分で考え，的確に判断し，自制心をもって自律的に行動するとともに，より高い目標の実現に向けて計画を立て根気強く努力する。
責任感	第1学年，第2学年及び第3学年	自分の役割を自覚して誠実にやり抜き，その結果に責任を負う。
創意工夫	第1学年，第2学年及び第3学年	探究的な態度をもち，進んで新しい考えや方法を見付け，自らの個性を生かした生活を工夫する。
思いやり・協力	第1学年，第2学年及び第3学年	だれに対しても思いやりと感謝の心をもち，自他を尊重し広い心で共に協力し，よりよく生きていこうとする。
生命尊重・自然愛護	第1学年，第2学年及び第3学年	自他の生命を尊重し，進んで自然を愛護する。
勤労・奉仕	第1学年，第2学年及び第3学年	勤労の尊さや意義を理解して望ましい職業観をもち，進んで仕事や奉仕活動をする。
公正・公平	第1学年，第2学年及び第3学年	正と不正を見極め，誘惑に負けることなく公正な態度がとれ，差別や偏見をもつことなく公平に行動する。
公共心・公徳心	第1学年，第2学年及び第3学年	規則を尊重し，公徳を大切にするとともに，我が国の伝統と文化を大切にし，国際的視野に立って公共のために役に立つことを進んで行う。

小 学 校 児 童 指 導 要 録 （参 考 様 式）

様式1 （学籍に関する記録）

区分＼学年	1	2	3	4	5	6
学　級						
整理番号						

学 籍 の 記 録

	ふりがな		性	入学・編入学等	年　　月　　日　第1学年　入学 　　　　　　　　　　第　学年編入学
児 童	氏　名		別		
	生年月日	年　　　月　　　日生		転　入　学	年　　月　　日　第　学年転入学
	現住所				
保 護 者	ふりがな			転学・退学等	（　　　年　　月　　　日） 　　　年　　月　　　日
	氏　名				
	現住所			卒　業	年　　月　　　日
入学前の経歴				進　学　先	

学　校　名 及　　　び 所　在　地 (分校名・所在地等)	

年　　度	年度	年度	年度
区分＼学年	1	2	3
校長氏名印			
学級担任者 氏　名　印			

年　　度	年度	年度	年度
区分＼学年	4	5	6
校長氏名印			
学級担任者 氏　名　印			

付　録

参考様式

様式2（指導に関する記録）

児 童 氏 名		学 校 名		区分 学年	1	2	3	4	5	6
				学　　級						
				整理番号						

各 教 科 の 学 習 の 記 録

教科	観　点　　　　学　年	1	2	3	4	5	6
国語	知識・技能						
	思考・判断・表現						
	主体的に学習に取り組む態度						
	評定						
社会	知識・技能						
	思考・判断・表現						
	主体的に学習に取り組む態度						
	評定						
算数	知識・技能						
	思考・判断・表現						
	主体的に学習に取り組む態度						
	評定						
理科	知識・技能						
	思考・判断・表現						
	主体的に学習に取り組む態度						
	評定						
生活	知識・技能						
	思考・判断・表現						
	主体的に学習に取り組む態度						
	評定						
音楽	知識・技能						
	思考・判断・表現						
	主体的に学習に取り組む態度						
	評定						
図画工作	知識・技能						
	思考・判断・表現						
	主体的に学習に取り組む態度						
	評定						
家庭	知識・技能						
	思考・判断・表現						
	主体的に学習に取り組む態度						
	評定						
体育	知識・技能						
	思考・判断・表現						
	主体的に学習に取り組む態度						
	評定						
外国語	知識・技能						
	思考・判断・表現						
	主体的に学習に取り組む態度						
	評定						

特 別 の 教 科 道 徳

学年	学習状況及び道徳性に係る成長の様子
1	
2	
3	
4	
5	
6	

外 国 語 活 動 の 記 録

学年	知識・技能	思考・判断・表現	主体的に学習に取り組む態度
3			
4			

総 合 的 な 学 習 の 時 間 の 記 録

学年	学 習 活 動	観　　点	評　　価
3			
4			
5			
6			

特 別 活 動 の 記 録

内　　容	観　点　　　　学　年	1	2	3	4	5	6
学級活動							
児童会活動							
クラブ活動							
学校行事							

児 童 氏 名

行 動 の 記 録

項　　目 ＼ 学　年	1	2	3	4	5	6	項　　目 ＼ 学　年	1	2	3	4	5	6
基本的な生活習慣							思いやり・協力						
健康・体力の向上							生命尊重・自然愛護						
自主・自律							勤労・奉仕						
責任感							公正・公平						
創意工夫							公共心・公徳心						

総 合 所 見 及 び 指 導 上 参 考 と な る 諸 事 項

第1学年		第4学年	
第2学年		第5学年	
第3学年		第6学年	

出 欠 の 記 録

区分＼学年	授業日数	出席停止・忌引等の日数	出席しなければならない日数	欠席日数	出席日数	備　　考
1						
2						
3						
4						
5						
6						

付録　参考様式

中 学 校 生 徒 指 導 要 録 （参 考 様 式)

様式1（学籍に関する記録)

区分＼学年	1	2	3
学　級			
整理番号			

<table>
<tr><td colspan="6" align="center">学　　籍　　の　　記　　録</td></tr>
<tr>
<td rowspan="3">生徒</td>
<td>ふりがな</td>
<td></td>
<td rowspan="2">性別</td>
<td>入学・編入学等</td>
<td>年　　月　　日　第1学年　入学
第　学年編入学</td>
</tr>
<tr>
<td>氏　名</td>
<td></td>
</tr>
<tr>
<td>生年月日</td>
<td>年　　月　　日生</td>
<td>転　入　学</td>
<td>年　　月　　日　第　学年転入学</td>
</tr>
<tr>
<td></td>
<td>現住所</td>
<td colspan="2"></td>
<td rowspan="2">転学・退学等</td>
<td>（　　年　　月　　日）
年　　月　　日</td>
</tr>
<tr>
<td rowspan="3">保護者</td>
<td>ふりがな</td>
<td></td>
<td></td>
</tr>
<tr>
<td>氏　名</td>
<td></td>
<td rowspan="2">卒　業</td>
<td rowspan="2">年　　月　　日</td>
</tr>
<tr>
<td>現住所</td>
<td></td>
</tr>
<tr>
<td colspan="3">入学前の経歴</td>
<td>進　学　先
就　職　先　等</td>
<td></td>
</tr>
<tr>
<td colspan="3">学　校　名
及　　び
所　在　地
（分校名・所在地等)</td>
<td colspan="2"></td>
</tr>
</table>

年　度	年度	年度	年度
区分＼学年	1	2	3
校長氏名印			
学級担任者 氏　名　印			

様式2 (指導に関する記録)

生 徒 氏 名	学 校 名	区分 学年	1	2	3
		学 級			
		整理番号			

各 教 科 の 学 習 の 記 録

教科	観　点　　　　学　年	1	2	3	教科	観　点　　　　学　年	1	2	3
国語	知識・技能					知識・技能			
	思考・判断・表現					思考・判断・表現			
	主体的に学習に取り組む態度					主体的に学習に取り組む態度			
	評定					評定			

特 別 の 教 科　道 徳

社会	知識・技能				学年	学習状況及び道徳性に係る成長の様子
	思考・判断・表現					
	主体的に学習に取り組む態度				1	
	評定					
数学	知識・技能				2	
	思考・判断・表現					
	主体的に学習に取り組む態度				3	
	評定					

総 合 的 な 学 習 の 時 間 の 記 録

理科	知識・技能				学年	学 習 活 動	観　点	評　価
	思考・判断・表現							
	主体的に学習に取り組む態度							
	評定				1			
音楽	知識・技能							
	思考・判断・表現							
	主体的に学習に取り組む態度							
	評定				2			
美術	知識・技能							
	思考・判断・表現							
	主体的に学習に取り組む態度							
	評定				3			
保健体育	知識・技能							
	思考・判断・表現							
	主体的に学習に取り組む態度							
	評定							

特 別 活 動 の 記 録

技術・家庭	知識・技能				内　容	観　点　　　　学　年	1	2	3
	思考・判断・表現				学級活動				
	主体的に学習に取り組む態度								
	評定				生徒会活動				
外国語	知識・技能								
	思考・判断・表現				学校行事				
	主体的に学習に取り組む態度								
	評定								

付録

参考様式

生 徒 氏 名

行 動 の 記 録

項　　目　　　　　学　年	1	2	3	項　　目　　　　　学　年	1	2	3
基本的な生活習慣				思いやり・協力			
健康・体力の向上				生命尊重・自然愛護			
自主・自律				勤労・奉仕			
責任感				公正・公平			
創意工夫				公共心・公徳心			

総 合 所 見 及 び 指 導 上 参 考 と な る 諸 事 項

第1学年	
第2学年	
第3学年	

出 欠 の 記 録

区分　　学年	授業日数	出席停止・忌引等の日数	出席しなければならない日数	欠席日数	出席日数	備　　考
1						
2						
3						

（様式の参考例）

保育所児童保育要録（入所に関する記録）

<table>
<tr><td rowspan="3">児 童</td><td>ふりがな
氏 名</td><td colspan="4"></td><td>性 別</td><td></td></tr>
<tr><td colspan="4">年　　　月　　　日生</td></tr>
<tr><td>現住所</td><td colspan="6"></td></tr>
<tr><td rowspan="2">保護者</td><td>ふりがな
氏 名</td><td colspan="6"></td></tr>
<tr><td>現住所</td><td colspan="6"></td></tr>
<tr><td>入 所</td><td colspan="3">年　　　月　　　日</td><td>卒 所</td><td colspan="3">年　　　月　　　日</td></tr>
<tr><td>就学先</td><td colspan="7"></td></tr>
<tr><td>保育所名
及び所在地</td><td colspan="7"></td></tr>
<tr><td>施　設　長
氏　　　名</td><td colspan="7"></td></tr>
<tr><td>担当保育士
氏　　　名</td><td colspan="7"></td></tr>
</table>

付　録

参考様式

（様式の参考例）

保育所児童保育要録（保育に関する記録）

本資料は、就学に際して保育所と小学校（義務教育学校の前期課程及び特別支援学校の小学部を含む。）が子どもに関する情報を共有し、子どもの育ちを支えるための資料である。

		保育の過程と子どもの育ちに関する事項	最終年度に至るまでの育ちに関する事項
氏名	ふりがな	（最終年度の重点）	
生年月日	年　　月　　日		
性別		（個人の重点）	
ねらい （発達を捉える視点）		（保育の展開と子どもの育ち）	

健康	明るく伸び伸びと行動し、充実感を味わう。	
	自分の体を十分に動かし、進んで運動しようとする。	
	健康、安全な生活に必要な習慣や態度を身に付け、見通しをもって行動する。	
人間関係	保育所の生活を楽しみ、自分の力で行動することの充実感を味わう。	
	身近な人と親しみ、関わりを深め、工夫したり、協力したりして一緒に活動する楽しさを味わい、愛情や信頼感をもつ。	
	社会生活における望ましい習慣や態度を身に付ける。	
環境	身近な環境に親しみ、自然と触れ合う中で様々な事象に興味や関心をもつ。	
	身近な環境に自分から関わり、発見を楽しんだり、考えたり、それを生活に取り入れようとする。	
	身近な事象を見たり、考えたり、扱ったりする中で、物の性質や数量、文字などに対する感覚を豊かにする。	
言葉	自分の気持ちを言葉で表現する楽しさを味わう。	
	人の言葉や話などをよく聞き、自分の経験したことや考えたことを話し、伝え合う喜びを味わう。	
	日常生活に必要な言葉が分かるようになるとともに、絵本や物語などに親しみ、言葉に対する感覚を豊かにし、保育士等や友達と心を通わせる。	
表現	いろいろなものの美しさなどに対する豊かな感性をもつ。	
	感じたことや考えたことを自分なりに表現して楽しむ。	
	生活の中でイメージを豊かにし、様々な表現を楽しむ。	

幼児期の終わりまでに育ってほしい姿

姿各項目の内容等については、別紙に示す「幼児期の終わりまでに育ってほしい姿について」を参照すること。

健康な心と体
自立心
協同性
道徳性・規範意識の芽生え
社会生活との関わり
思考力の芽生え
自然との関わり・生命尊重
数量や図形、標識や文字などへの関心・感覚
言葉による伝え合い
豊かな感性と表現

（特に配慮すべき事項）

保育所における保育は、養護及び教育を一体的に行うことをその特性とするものであり、保育所における保育全体を通じて、養護に関するねらい及び内容を踏まえた保育が展開されることを念頭に置き、次の各事項を記入すること。
○保育の過程と子どもの育ちに関する事項
＊最終年度の重点：年度当初に、全体的な計画に基づき長期の見通しとして設定したものを記入すること。
＊個人の重点：1年間を振り返って、子どもの指導について特に重視してきた点を記入すること。
＊保育の展開と子どもの育ち：最終年度の1年間の保育における指導の過程と子どもの発達の姿（保育所保育指針第2章「保育の内容」に示された各領域のねらいを視点として、子どもの発達の実情から向上が著しいと思われるもの）を、保育所の生活を通して全体的、総合的に捉えて記入すること。その際、他の子どもとの比較や一定の基準に対する達成度についての評定によって捉えるものではないことに留意すること。あわせて、就学後の指導に必要と考えられる配慮事項等について記入すること。別紙を参照し、「幼児期の終わりまでに育ってほしい姿」を活用して子どもに育まれている資質・能力を捉え、指導の過程と育ちつつある姿をわかりやすく記入するように留意すること。
＊特に配慮すべき事項：子どもの健康の状況等、就学後の指導において配慮が必要なこととして、特記すべき事項がある場合に記入すること。
○最終年度に至るまでの育ちに関する事項
　子どもの入所時から最終年度に至るまでの育ちに関し、最終年度における保育の過程と子どもの育ちの姿を理解する上で、特に重要と考えられることを記入すること。

252

（様式の参考例）

幼児期の終わりまでに育ってほしい姿について

保育所保育指針第1章「総則」に示された「幼児期の終わりまでに育ってほしい姿」は、保育所保育指針第2章「保育の内容」に示されたねらい及び内容に基づいて、各保育所で、乳幼児期にふさわしい生活や遊びを積み重ねることにより、保育所保育において育みたい資質・能力が育まれている子どもの具体的な姿であり、特に小学校就学の始期に達する直前の年度の後半に見られるようになる姿である。「幼児期の終わりまでに育ってほしい姿」は、とりわけ子どもの自発的な活動としての遊びを通して、一人一人の発達の特性に応じて、これらの姿が育っていくものであり、全ての子どもに同じように見られるものではないことに留意すること。

健康な心と体	保育所の生活の中で、充実感をもって自分のやりたいことに向かって心と体を十分に働かせ、見通しをもって行動し、自ら健康で安全な生活をつくり出すようになる。
自立心	身近な環境に主体的に関わり様々な活動を楽しむ中で、しなければならないことを自覚し、自分の力で行うために考えたり、工夫したりしながら、諦めずにやり遂げることで達成感を味わい、自信をもって行動するようになる。
協同性	友達と関わる中で、互いの思いや考えなどを共有し、共通の目的の実現に向けて、考えたり、工夫したり、協力したりし、充実感をもってやり遂げるようになる。
道徳性・規範意識の芽生え	友達と様々な体験を重ねる中で、してよいことや悪いことが分かり、自分の行動を振り返ったり、友達の気持ちに共感したりし、相手の立場に立って行動するようになる。また、きまりを守る必要性が分かり、自分の気持ちを調整し、友達と折り合いを付けながら、きまりをつくったり、守ったりするようになる。
社会生活との関わり	家族を大切にしようとする気持ちをもつとともに、地域の身近な人と触れ合う中で、人との様々な関わり方に気付き、相手の気持ちを考えて関わり、自分が役に立つ喜びを感じ、地域に親しみをもつようになる。また、保育所内外の様々な環境に関わる中で、遊びや生活に必要な情報を取り入れ、情報に基づき判断したり、情報を伝え合ったり、活用したりするなど、情報を役立てながら活動するようになるとともに、公共の施設を大切に利用するなどして、社会とのつながりなどを意識するようになる。
思考力の芽生え	身近な事象に積極的に関わる中で、物の性質や仕組みなどを感じ取ったり、気付いたり、考えたり、予想したり、工夫したりするなど、多様な関わりを楽しむようになる。また、友達の様々な考えに触れる中で、自分と異なる考えがあることに気付き、自ら判断したり、考え直したりするなど、新しい考えを生み出す喜びを味わいながら、自分の考えをよりよいものにするようになる。
自然との関わり・生命尊重	自然に触れて感動する体験を通して、自然の変化などを感じ取り、好奇心や探究心をもって考え言葉などで表現しながら、身近な事象への関心が高まるとともに、自然への愛情や畏敬の念をもつようになる。また、身近な動植物に心を動かされる中で、生命の不思議さや尊さに気付き、身近な動植物への接し方を考え、命あるものとしていたわり、大切にする気持ちをもって関わるようになる。
数量や図形、標識や文字などへの関心・感覚	遊びや生活の中で、数量や図形、標識や文字などに親しむ体験を重ねたり、標識や文字の役割に気付いたりし、自らの必要感に基づきこれらを活用し、興味や関心、感覚をもつようになる。
言葉による伝え合い	保育士等や友達と心を通わせる中で、絵本や物語などに親しみながら、豊かな言葉や表現を身に付け、経験したことや考えたことなどを言葉で伝えたり、相手の話を注意して聞いたりし、言葉による伝え合いを楽しむようになる。
豊かな感性と表現	心を動かす出来事などに触れ感性を働かせる中で、様々な素材の特徴や表現の仕方などに気付き、感じたことや考えたことを自分で表現したり、友達同士で表現する過程を楽しんだりし、表現する喜びを味わい、意欲をもつようになる。

保育所児童保育要録（保育に関する記録）の記入に当たっては、特に小学校における子どもの指導に生かされるよう、「幼児期の終わりまでに育ってほしい姿」を活用して子どもに育まれている資質・能力を捉え、指導の過程と育ちつつある姿をわかりやすく記入するように留意すること。

また、「幼児期の終わりまでに育ってほしい姿」が到達すべき目標ではないことに留意し、項目別に子どもの育ちつつある姿を記入するのではなく、全体的、総合的に捉えて記入すること。

付録　参考様式

253

（様式の参考例）

幼稚園幼児指導要録（学籍に関する記録）

区分＼年度	平成　年度	平成　年度	平成　年度	平成　年度
学　　級				
整理番号				

幼　児	ふりがな 氏　名		性　別	
	平成　　年　　月　　日生			
	現住所			

保護者	ふりがな 氏　名	
	現住所	

入　　園	平成　年　月　日	入園前の 状　　況	
転 入 園	平成　年　月　日		
転・退園	平成　年　月　日	進学先等	
修　　了	平成　年　月　日		

幼 稚 園 名 及 び 所 在 地	

年度及び入園（転入園） ・進級時の幼児の年齢	平成　年度 歳　　か月	平成　年度 歳　　か月	平成　年度 歳　　か月	平成　年度 歳　　か月
園　　　長 氏 名　　印				
学級担任者 氏 名　　印				

254

（様式の参考例）

幼稚園幼児指導要録（指導に関する記録）

ふりがな 氏名 平成　年　月　日生 性別	指導の重点等	平成　年度 （学年の重点） （個人の重点）	平成　年度 （学年の重点） （個人の重点）	平成　年度 （学年の重点） （個人の重点）
ねらい （発達を捉える視点）				

		ねらい（発達を捉える視点）	指導上参考となる事項		
健康		明るく伸び伸びと行動し、充実感を味わう。			
		自分の体を十分に動かし、進んで運動しようとする。			
		健康、安全な生活に必要な習慣や態度を身に付け、見通しをもって行動する。			
人間関係		幼稚園生活を楽しみ、自分の力で行動することの充実感を味わう。			
		身近な人と親しみ、関わりを深め、工夫したり、協力したりして一緒に活動する楽しさを味わい、愛情や信頼感をもつ。			
		社会生活における望ましい習慣や態度を身に付ける。			
環境		身近な環境に親しみ、自然と触れ合う中で様々な事象に興味や関心をもつ。			
		身近な環境に自分から関わり、発見を楽しんだり、考えたりし、それを生活に取り入れようとする。			
		身近な事象を見たり、考えたり、扱ったりする中で、物の性質や数量、文字などに対する感覚を豊かにする。			
言葉		自分の気持ちを言葉で表現する楽しさを味わう。			
		人の言葉や話などをよく聞き、自分の経験したことや考えたことを話し、伝え合う喜びを味わう。			
		日常生活に必要な言葉が分かるようになるとともに、絵本や物語などに親しみ、言葉に対する感覚を豊かにし、先生や友達と心を通わせる。			
表現		いろいろなものの美しさなどに対する豊かな感性をもつ。			
		感じたことや考えたことを自分なりに表現して楽しむ。			
		生活の中でイメージを豊かにし、様々な表現を楽しむ。			

出欠状況		年度	年度	年度	備考		
	教育日数						
	出席日数						

学年の重点：年度当初に、教育課程に基づき長期の見通しとして設定したものを記入
個人の重点：1年間を振り返って、当該幼児の指導について特に重視してきた点を記入
指導上参考となる事項：
(1) 次の事項について記入すること。
　①1年間の指導の過程と幼児の発達の姿について以下の事項を踏まえ記入すること。
　・幼稚園教育要領第2章「ねらい及び内容」に示された各領域のねらいを視点として、当該幼児の発達の実情から向上が著しいと思われるもの。
　　その際、他の幼児との比較や一定の基準に対する達成度についての評定によって捉えるものではないことに留意すること。
　・幼稚園生活を通して全体的、総合的に捉えた幼児の発達の姿。
　②次の年度の指導に必要と考えられる配慮事項等について記入すること。
(2) 幼児の健康の状況等指導上特に留意する必要がある場合等について記入すること。
備考：教育課程に係る教育時間の終了後等に行う教育活動を行っている場合には、必要に応じて当該教育活動を通した幼児の発達の姿を記入すること。

(様式の参考例)

幼稚園幼児指導要録（最終学年の指導に関する記録）

ふりがな		平成　　年度
氏名		（学年の重点）
平成　年　月　日生	指導の重点等	
性別		（個人の重点）

ねらい
（発達を捉える視点）

健康	明るく伸び伸びと行動し、充実感を味わう。	指導上参考となる事項
	自分の体を十分に動かし、進んで運動しようとする。	
	健康、安全な生活に必要な習慣や態度を身に付け、見通しをもって行動する。	
人間関係	幼稚園生活を楽しみ、自分の力で行動することの充実感を味わう。	
	身近な人と親しみ、関わりを深め、工夫したり、協力したりして一緒に活動する楽しさを味わい、愛情や信頼感をもつ。	
	社会生活における望ましい習慣や態度を身に付ける。	
環境	身近な環境に親しみ、自然と触れ合う中で様々な事象に興味や関心をもつ。	
	身近な環境に自分から関わり発見を楽しんだり、考えたりし、それを生活に取り入れようとする。	
	身近な事象を見たり、考えたり、扱ったりする中で、物の性質や数量、文字などに対する感覚を豊かにする。	
言葉	自分の気持ちを言葉で表現する楽しさを味わう。	
	人の言葉や話などをよく聞き、自分の経験したことや考えたことを話し、伝え合う喜びを味わう。	
	日常生活に必要な言葉が分かるようになるとともに、絵本や物語などに親しみ、言葉に対する感覚を豊かにし、先生や友達と心を通わせる。	
表現	いろいろなものの美しさなどに対する豊かな感性をもつ。	
	感じたことや考えたことを自分なりに表現して楽しむ。	
	生活の中でイメージを豊かにし、様々な表現を楽しむ。	

出欠状況		年度	備考
	教育日数		
	出席日数		

幼児期の終わりまでに育ってほしい姿

「幼児期の終わりまでに育ってほしい姿」は、幼稚園教育要領第2章に示すねらい及び内容に基づいて、各幼稚園で、幼児期にふさわしい遊びや生活を積み重ねることにより、幼稚園教育において育みたい資質・能力が育まれている幼児の具体的な姿であり、特に5歳児後半に見られるようになる姿である。「幼児期の終わりまでに育ってほしい姿」は、とりわけ幼児の自発的な活動としての遊びを通して、一人一人の発達の特性に応じて、これらの姿が育っていくものであり、全ての幼児に同じように見られるものではないことに留意すること。

健康な心と体	幼稚園生活の中で、充実感をもって自分のやりたいことに向かって心と体を十分に働かせ、見通しをもって行動し、自ら健康で安全な生活をつくり出すようになる。
自立心	身近な環境に主体的に関わり様々な活動を楽しむ中で、しなければならないことを自覚し、自分の力で行うために考えたり、工夫したりしながら、諦めずにやり遂げることで達成感を味わい、自信をもって行動するようになる。
協同性	友達と関わる中で、互いの思いや考えを共有し、共通の目的の実現に向けて、考えたり、工夫したり、協力したりし、充実感をもってやり遂げるようになる。
道徳性・規範意識の芽生え	友達と様々な体験を重ねる中で、してよいことや悪いことが分かり、自分の行動を振り返ったり、友達の気持ちに共感したりし、相手の立場に立って行動するようになる。また、きまりを守る必要性が分かり、自分の気持ちを調整し、友達と折り合いを付けながら、きまりをつくったり、守ったりするようになる。
社会生活との関わり	家族を大切にしようとする気持ちをもつとともに、地域の身近な人と触れ合う中で、人との様々な関わり方に気付き、相手の気持ちを考えて関わり、自分が役に立つ喜びを感じ、地域に親しみをもつようになる。また、幼稚園内外の様々な環境に関わる中で、遊びや生活に必要な情報を取り入れ、情報に基づき判断したり、情報を伝え合ったり、活用したりするなど、情報を役立てながら活動するようになるとともに、公共の施設を大切に利用するなどして、社会とのつながりなどを意識するようになる。
思考力の芽生え	身近な事象に積極的に関わる中で、物の性質や仕組みなどを感じ取ったり、気付いたりし、考えたり、予想したり、工夫したりするなど、多様な関わりを楽しむようになる。また、友達の様々な考えに触れる中で、自分と異なる考えがあることに気付き、自ら判断したり、考え直したりするなど、新しい考えを生み出す喜びを味わいながら、自分の考えをよりよいものにするようになる。
自然との関わり・生命尊重	自然に触れて感動する体験を通して、自然の変化などを感じ取り、好奇心や探究心をもって考え言葉などで表現しながら、身近な事象への関心が高まるとともに、自然への愛情や畏敬の念をもつようになる。また、身近な動植物に心を動かされる中で、生命の不思議さや尊さに気付き、身近な動植物への接し方を考え、命あるものとしていたわり、大切にする気持ちをもって関わるようになる。
数量や図形、標識や文字などへの関心・感覚	遊びや生活の中で、数量や図形、標識や文字などに親しむ体験を重ねたり、標識や文字の役割に気付いたりし、自らの必要感に基づきこれらを活用し、興味や関心、感覚をもつようになる。
言葉による伝え合い	先生や友達と心を通わせる中で、絵本や物語などに親しみながら、豊かな言葉や表現を身に付け、経験したことや考えたことなどを言葉で伝えたり、相手の話を注意して聞いたりし、言葉による伝え合いを楽しむようになる。
豊かな感性と表現	心を動かす出来事などに触れ感性を働かせる中で、様々な素材の特徴や表現の仕方などに気付き、感じたことや考えたことを自分で表現したり、友達同士で表現する過程を楽しんだりし、表現する喜びを味わい、意欲をもつようになる。

学年の重点：年度当初に、教育課程に基づき長期の見通しとして設定したものを記入

個人の重点：1年間を振り返って、当該幼児の指導について特に重視してきた点を記入

指導上参考となる事項：

(1) 次の事項について記入すること。

　①1年間の指導の過程と幼児の発達の姿について以下の事項を踏まえ記入すること。

　　・幼稚園教育要領第2章「ねらい及び内容」に示された各領域のねらいを視点として、当該幼児の発達の実情から向上が著しいと思われるもの。

　　　その際、他の幼児との比較や一定の基準に対する達成度についての評定によって捉えるものではないことに留意すること。

　　・幼稚園生活を通して全体的、総合的に捉えた幼児の発達の姿。

　②次の年度の指導に必要と考えられる配慮事項等について記入すること。

　③最終学年の記入に当たっては、特に小学校等における児童の指導に生かされるよう、幼稚園教育要領第1章総則に示された「幼児期の終わりまでに育ってほしい姿」を活用して幼児に育まれている資質・能力を捉え、指導の過程と育ちつつある姿を分かりやすく記入するように留意すること。また、「幼児期の終わりまでに育ってほしい姿」が到達すべき目標ではないことに留意し、項目別に幼児の育ちつつある姿を記入するのではなく、全体的、総合的に捉えて記入すること。

(2) 幼児の健康の状況等指導上特に留意する必要がある場合等について記入すること。

備考：教育課程に係る教育時間の終了後等に行う教育活動を行っている場合には、必要に応じて当該教育活動を通した幼児の発達の姿を記入すること。

■編著者一覧 （2019 年 8 月現在）

無藤　　隆	（むとう たかし）	白梅学園大学大学院特任教授	1 章 1・2 節
石田　恒好	（いしだ つねよし）	文教大学学園長	3 章 5・6 節
吉冨　芳正	（よしとみ よしまさ）	明星大学教授	1 章 3 節，3 章 8 節
石塚　　等	（いしづか ひとし）	横浜国立大学教授	1 章 4・5・6 節，2 章
服部　　環	（はっとり たまき）	法政大学教授	3 章 7 節
宮本　友弘	（みやもと ともひろ）	東北大学准教授	5 章
鈴木　秀幸	（すずき ひでゆき）	一般社団法人教育評価総合研究所代表理事	

3 章 1 節（各教科の学習の記録）

■著者一覧 （執筆順，2019 年 8 月現在）

吉田　裕久	（よしだ ひろひさ）	安田女子大学教育学部長・教授	3 章 1 節（国語）
廣嶋憲一郎	（ひろしま けんいちろう）	聖徳大学大学院教授	3 章 1 節（社会）
齊藤　一弥	（さいとう かずや）	島根県立大学教授	3 章 1 節（算数）
片平　克弘	（かたひら かつひろ）	筑波大学教授	3 章 1 節（理科）
村川　雅弘	（むらかわ まさひろ）	甲南女子大学教授	3 章 1 節（生活）
宮下　俊也	（みやした としや）	奈良教育大学理事・副学長	3 章 1 節（音楽）
西村　徳行	（にしむら とくゆき）	東京学芸大学准教授	3 章 1 節（図画工作）
鈴木　明子	（すずき あきこ）	広島大学教授	3 章 1 節（家庭）
岡出　美則	（おかで よしのり）	日本体育大学教授	3 章 1 節（体育）
菅　　正隆	（かん まさたか）	大阪樟蔭女子大学教授	3 章 1 節（外国語），3 章 3 節
押谷　由夫	（おしたに よしお）	武庫川女子大学大学院教授	3 章 2 節
佐藤　　真	（さとう しん）	関西学院大学教授	3 章 4 節
川間健之介	（かわま けんのすけ）	筑波大学教授	4 章

新指導要録の解説と実務 小学校

2019 年 11 月 20 日 　初版第 1 刷発行 ［検印省略］

編著者　ⓒ無藤隆・石田恒好・吉冨芳正・石塚等
　　　　服部環・宮本友弘・鈴木秀幸
発行人　福富　泉
発行所　株式会社　図書文化社
　　　　〒112-0012 東京都文京区大塚 1-4-15
　　　　電話 03-3943-2511　FAX 03-3943-2519
DTP・デザイン　広研印刷株式会社・CCK
印刷・製本　　　広研印刷株式会社

JCOPY ＜出版者著作権管理機構 委託出版物＞
本書の無断複製は著作権法上での例外を除き禁じられています。
複製される場合は，そのつど事前に，出版者著作権管理機構
（電話 03-5244-5088，FAX 03-5244-5089，e-mail: info@jcopy.or.jp）
の許諾を得てください。

乱丁・落丁本の場合はお取り替えいたします。
定価はカバーに表示してあります。
ISBN978-4-8100-9738-2　C3337

図書文化社　評価の書籍

新教科道徳の評価はこれで安心！

道徳の評価
通信簿と指導要録の記入文例　小学校 中学校

石田恒好・押谷由夫・柳沼良太・長谷徹・谷合明雄 編著
A5判,160頁，定価（本体2,000円＋税）

ここがポイント
◎通信簿と指導要録両方の文例を掲載
◎道徳の視点別，定番教材別の文例を掲載

指導要録と連動した通信簿づくりに！

資質・能力を育てる
通信簿の文例＆言葉かけ集

【小学校低～高学年 編著者】　　【中学校 編著者】
石田恒好・山中ともえ　　　　　　石田恒好・嶋﨑政男

A5判,192～208頁，定価（本体1,800円＋税）

ここがポイント
◎子どもの実態に応じて「よさを認め伸ばす文例」がすぐ見つかる。
◎「特別の教科 道徳」「小学校外国語」など新教科の文例も収録。

評価のキーパーソンによる，要録解説の決定版！

新指導要録の解説と実務
小学校／中学校2分冊

無藤隆・石田恒好・吉冨芳正・石塚等・服部環・宮本友弘・鈴木秀幸 編著
A5判,256～260頁，定価（本体2,400円＋税）

ここがポイント
◎平成31年「指導要録の改善についての通知」に対応。
◎新観点「知識・技能」「思考・判断・表現」「主体的に学習に取り組む態度」による観点別評価から評定まで徹底解説。

記入例でわかる，新指導要録の書き方！

新指導要録の記入例と用語例
小学校／中学校2分冊

【小学校 編著者】
無藤隆・石田恒好・山中ともえ・吉冨芳正・石塚等・櫻井茂男・平山祐一郎
【中学校 編著者】
無藤隆・石田恒好・嶋﨑政男・吉冨芳正・石塚等・櫻井茂男・平山祐一郎
A5判,160頁，定価（本体1,400円＋税）

2020年2月発売

ここがポイント
◎あらゆる事例を想定した，豊富な記入例と用語例。
◎「入学時」「学年末」など記入の時期ごとに記入例を探せる。